Science Everywhere

科学
四方

新科学时代的思考

吴家睿 —— 著

上海科技教育出版社

对本书的评价

◇

"睿思三部曲"是我对吴家睿三部著作《后基因组时代的思考》(2007年)、《大健康时代的思考》(2023年)和《新科学时代的思考》(2024年)的统称。它们汇聚了20多年来作者以种种视角对科学、社会和哲学进行独立思考的精华。这本《新科学时代的思考》,面对当前复杂科学世界展开了根本性的反思,从科学范式、科学结构和科学传播三个维度予以系统阐释。其可贵之处在于,作者基于自身的科研活动与科研管理经历,以敏锐的洞察力和深厚的文字功底,持续跟进各种重大科学进展和科学事件,做出适时的思考与评述。它们宛如一部奏鸣曲的三个乐章,你愈是用心倾听,愈能感悟其妙。

——卞毓麟,
天文学家,上海市科普作家协会终身名誉理事长

◇

当代科学技术发展迅速,深刻地改变着世界的面貌和人们的生活。吴家睿老师把当今科学发展的时代称为"新科学时代"。"新"在哪里?科学自身发生了变化,出现了新的科学范式、新的学科交叉融合形式、新的科学组织形态,科学与社会的关系也发生了新的变化。新科学时代带来了新的发展机会,也带来了新的问题和挑战,需要全方位的反思,需要新思想指引变革。吴老师的思考从科学观开始,经过科技态势与科技治理,到科学传播,对当前诸多重要的科学议题、发展趋势和困局做了深入分析和探讨,提出了自己独到的见解。这是一名科学研究工作者的实践洞见,是一位科学家的哲学反思,是一个科学传播者的切身体会。众多闪光的思想碎片汇成涓涓的思想泉流,带你进入新时代科学发展潮流之中,一起思考,共同寻找那变革与发展的答案。

——樊春良,
中国科学院科技战略咨询研究院研究员

◇

  吴家睿教授是活跃在生命科学前沿的科学家,也是科学时代的善思者、深思者。本书从科学精神、科技治理和科普创作三个方面展开他对科学时代的"复杂性思考",鞭辟入里、发人深省,值得高度关注。

——吴国盛,
清华大学科学史系教授

内容提要

进入21世纪以来,科学呈现出加速发展的趋势,新范式、新理论、新技术层出不穷,迭代速度令人眼花缭乱。与此同时,研究人员的科学观、世界观、价值观也处在快速演变,相互缠绕或冲突的内卷之中。可以说,今天的科学世界正面临着全方位的复杂性挑战,而破局的关键在于要从简单性思维转变到复杂性思维。作者在自身的科研活动和科研管理经历中,深切地感受到了科学世界的复杂性及其带来的困扰,本书即为作者从科学范式与科学精神、科技态势与科技治理、科学传播与科普创作等角度针对这些困扰展开的思考,极富思想性、启迪性。

作者简介

吴家睿，上海交通大学主动健康战略与发展研究院执行院长，中国科学院上海高等研究院国家蛋白质科学研究(上海)设施主任，中国科学院系统生物学重点实验室主任；《医学与哲学》副主编，《生命的化学》副主编；上海市科普作家协会理事长；博古睿研究院中国中心2023—2024年度博古睿学者。作为中国系统生物学的主要推动者和领军人才，筹建了中国科学技术大学系统生物学系并担任系主任(2005—2014)；筹建了中国生物化学与分子生物学会分子系统生物学专业委员会并担任主任委员(2012—2021)；筹建了中国科学院系统生物学重点实验室并担任主任至今；其实验室主要采用系统生物学方法研究糖尿病和肿瘤等重大慢性病发生与发展的分子机制。

CONTENTS 目录

目 录

001 — 自序 复杂的科学世界需要复杂性思维

001 — **科学范式与科学精神**

003 — 导读 复杂的科学范式

007 — "精英中心化"科研范式的特征及其面临的挑战

018 — 生命科学的内卷困局及其破解之路

031 — 确定性思维模式在生命科学领域面临的挑战

045 — 生命科学面临的实验可重复性之危机

058 — 从发现孟德尔看生命科学领域的范式

068 — 后基因组时代的生命观与科学观

079 — 生命大科学——从微观到介观的组学研究

089 — 围在"墙"里的科学

095 — **科技态势与科技治理**

097 — 导读 复杂的科学结构

102 — 多学科研究的三种形态

111 — 新生物学——生命科学交叉的第二次浪潮

120 — 人类细胞图谱计划面临的挑战

134 — 泛基因组——观察生物多样性和统一性的新视窗

145 — 基础研究的再认识

154 —— 科研活动的第三种形态——高风险导向型技术研究

163 —— 复杂时代的复杂战略——评《NIH拓展战略规划》

173 —— 基于"平衡原则"的科技伦理治理

182 —— 生命健康伦理治理中值得关注的三种基本关系

190 —— 对人类遗传资源管理涉及的三种关系之讨论

197 —— **科学传播与科普创作**

199 —— 导读　复杂的科学传播

203 —— 学术交流的"破坏性创新"——预印本

210 —— 学术交流面临的非学术挑战

222 —— 新时代科普创作的新认识

230 —— 科普创作三问

236 —— 科普创作之我见

243 —— 创作案例　人类社会行为的双重属性

254 —— 创作案例　"生命之书"的阅读与创作

265 —— 外国人名译名对照表

267 —— 英文缩略词表

269 —— 主要参考文献

自序　复杂的科学世界需要复杂性思维

在2018年的一次学术会议开幕致辞中,笔者借用了英国著名作家狄更斯的一句名言来评论当今的科学现状——"这是一个最好的时代,也是一个最坏的时代"。可想而知,当人们处在美好事物与糟糕事物交织在一起的状况下,必然会面对由此而来的复杂性之挑战。这也正是笔者当下最真切的感受。例如,科学研究过去是以"假设驱动的研究范式"为主,今天则演化出了"大数据驱动的研究范式"等多种新颖的研究范式,导致科学研究的路径和策略复杂多变。

需要强调的是,虽然我们往往被告知科学只关心客观事实,不涉及价值判断,但现实并非如此。正如美国知名遗传学家列万廷在其《作为意识形态的生物学》(Biology as Ideology)一书中对科学所做的评论:"在关于自然的纯粹科学和客观知识的神秘伪装下,实际上是政治的、经济的和社会的意识形态。"这种状况在当今世界处于大变革时期尤为突出。

不仅科学具有多面性,科学研究者也同样具有多面性。如果说早期研究者往往是在单纯的好奇心驱动下开展科学探索,那么这种纯粹的科研形式在当前建制化的科学体系里已不复存在:一方面科学研究已经成为研究者赖以谋生的社会职业,另一方面科学研究需要国家或市场资源的资助;从事科学研究的目的不仅是出于对科学的兴趣,而且涉及各种个人或团体的利益。英国著名数学家哈代在《一个数学家的辩白》(A Mathematician's Apology)中明确指出,"期望得到名声、地位甚至随之而来的权力和金钱"是研究者从事某项研究的"高尚动机"。

由此可见,科学世界本身的复杂性和其所处的时代之复杂性为人们如何看待科学、如何开展研究及利用其成果带来了巨大的挑战。在这些年的科学研究和科研管理经历中,笔者不停地感受着这种复杂性带来的困扰,或主动地或被动地进行着思考;本书的25篇文章正是一次次思考之记录。笔者将这些文章划分为三个专题,试图从三个不同的维度来讨论当今科学世界的复杂性。

复杂的科学范式　早期的科学研究通常属于个人的业余爱好;到了19世纪前后,科学研究主要表现为欧洲各国大学所开展的学术活动;在20世纪中叶的美国,科学研究转变为一种国家主导的建制化活动,并随后逐渐演化成为国际科学界之主流。这种"举国体制"的科学体系推崇科学的实用价值,从而推动美国乃至世界进入科技产品极大丰富的今天。与此同时,科学在演化过程中出现了不同程度的内卷,一方面形成了大大小小的各种专业或学科的小圈子,另一方面强化了科学共同体在科研活动中的功利化目标。因此,笔者在第一个专题"科学范式与科学精神"讨论的话题之一就是:科技体系内卷之危害以及如何打破或扭转这种趋势。

现代科学体系成形于牛顿时代,占主流的指导思想是还原论,即世界运行的底层规律是确定的、线性的,可预测、可控制。然而,当前科学进展揭示出的是一个非线性的、充满偶然性的复杂世界。这种转变在生命科学领域最具代表性:现代生命科学源起物理学和化学等物质科学的介入,立于还原论的基础之上,认为生物体的生理活动或病理活动都可以在分子层面,依据基因和蛋白质的结构与功能,进行解释和调控。这种还原论研究范式在推动生物学发展的同时带来了碎片化的弊病。人类基因组计划演化出了基于系统论、整体论的生命大科学研究新范式。为此,笔者在该专题的另外一个论题是,反思还原论的局限性并讨论了复杂性思维。

复杂的科学结构　虽然现代科学从诞生之时就有着分门别类的学科划分,但是学科之间的交叉也从未停止,尤其在当下现代科学的体系结构呈现出纵横交错的复杂图景。学科交叉在科学的发展中扮演着重要的角色,如20世纪中叶诞生的分子生物学就源于物理学、化学与生物学的交叉。进入21世纪,学科交叉之重要性更为凸显,出现了会聚科学和数据科学等不同形态的学科交叉。笔者在"科技态势与科技治理"专题中对学科交叉进行了系统的介绍和讨论,并通过对"人类细胞图谱"(HCA)大科学计划和"泛基因组"研究新思路等内容的分析,探讨了生命科学的最新发展趋势。

科学结构总体而言可以划分为基础科学和应用科学两大类型。尽管基础研究当今在中国正得到前所未有的重视,但是人们对它的认识仍然存在误区。笔者在该专题中系统地梳理了基础科学的特征,分析了它和应用科学之间的关系,还介绍了这两种科学研究类型之外的第三种研究类型:高风险导向型技术研究。当今科技体系的复杂结构为其伦理治理带来了新的挑战,需要科技管理者和科技工作者高度重视。笔者在该专题中也对此进行了探讨,提出了科技伦理治理的"平衡原则",并梳理了在生命伦理治理和人类遗传资源管理方面需要重视的基本关系。

复杂的科学传播　20世纪中叶形成的建制化科学体系演化出了以科学"精英"为核心的研究范式,催生了各种专业或学科的学术小圈子和内卷的学术交流方式。随着当前多学科交叉潮流的普及以及"开放科学"的兴起,传统的学术交流方式已经不再能够满足科学共同体的需求,科学传播和学术交流进入了变革时期,而预印本和"开放获取"等新型学术传播方式的出现正是变革期的代表。笔者在第三个专题"科学传播与科普创作"中,介绍和分析了预印本之特点和当前学术交流面临的挑战,并讨论了构建科学传播开放体系的要点。

建制化科学体系的另一个弊端是科学共同体逐渐与公众隔离。科学传播被简单地视为由科技专家向普通民众普及知识的单向流动,而科普活动只不过是为科学研究锦上添花。这种传统的科学单向传播方式在今天已经被越来越多的有识之士所批评,他们认为,科学传播活动应该是科学家与公众之间的双向交流与互动,需要把科学打造为一种全社会参与的开放体系。值得指出的是,《关于新时代进一步加强科学技术普及工作的意见》中明确提出,把科学普及放在与科技创新同等重要的位置。笔者在该专题讨论了科学普及的新趋势和新特征,介绍了自己在科普创作中的体会,并提供两篇自己的科普创作案例。

本书收录的25篇文章均陆续发表在我国各种学术、科普刊物和图书上,其中最早的一篇发表在科学出版社出版的《2013科学发展报告》,最新一篇发表在2024年的《中国科学院院刊》。感谢上海科技教育出版社提供契机,让笔者系统地整理了本人在这10年时间中对这个复杂的科学世界之思考。笔者在整理这些文章时尽可能保证其"原汁原味",仅仅在文字和体例上略有修改。其目的之一是要保留笔者的心路历程,更主要的是要"实时"地反映科学世界的复杂性。

一

科学范式与科学精神

我的科学观

面对变幻莫测的世界，人类需要通过科学来提供确定性的力量，让世间万物可解释、可预测、可控制。研究者的首要任务是追求一个确定性的世界，即包括生命在内的一切事物之存在和运行都是被决定的，皆有规律可循。但这或许是人类的一厢情愿，回望宇宙乃至生命的整个演化过程，展现出的其实是充满了偶然性的事件。

研究者其次是追求确定性的知识——只要人们不断努力，就能提升知识的完备性，从"相对真理"递进为"绝对真理"。但美国著名物理学家费曼并不这样认为。在他看来，科学的本质中存在不确定性，"我们在科学研究中所说的一切，所得出的所有结论，都具有不确定性，因为它们只是结论。它们是关于会发生什么事情的猜测。你不可能知道会发生什么，因为你不可能进行最完备的实验"。

随着研究阅历之延伸、理性思维之拓展，笔者逐渐认识到，不确定性在生物界乃至整个自然界中的存在及其意义，也非常认同费曼的观点——科学的本质中存在不确定性。拙著《生物学是什么》一书的结束语这样写道："生物学面临的最大挑战是，来自研究者的决定论思维与生命的偶然性特征之间的冲突。"

◆ 导读

复杂的科学范式

20世纪中叶,建制化科学在美国逐渐成形,并成为世界各国科研体制的主流形态。它主要体现为"三个化":科学研究的职业化、科研人员的等级化和科学交流的专业化。这种科研体制侧重于追求科学的实用价值,其成功地让世界进入技术日新月异的时代,但同时自身逐渐演化成为高度内卷的封闭体系,并派生出了围绕着科学精英开展科研活动的"精英中心化"科研范式。本专题的第1篇文章《"精英中心化"科研范式的特征及其面临的挑战》系统地分析了"精英中心化"科研范式在推动科技进步的同时所带来的问题。一方面,该科研范式强化了科学共同体在科研活动中的功利化目标,倡导研究人员关注专业领域的前沿热点或主流赛道,鼓励科研人员按照特定的人才等级制度去追求自身的职业发展;另一方面,它导致研究人员"患得患失"和过度注重"成名成家",进而压抑了研究人员那种"仰望星空"和"勇于批判"的科学精神。

当今这种科学内卷现象在生命科学领域中有着明显的负面影响,亟须破解。第2篇文章《生命科学的内卷困局及其破解之路》对此进行了详细的讨论。首先,大多数研究者在还原论的指导下碎片化地看待生命,注重研究个别的基因或蛋白质,并认为生物学过程是按照决定论的方式运行的。为此,我们需要重塑整体和系统的科学观。其次,实验生物学方法注重专业化"流量"和实验的圆满程度。为此，我们需要给研究工作留出理论和想象的空间。再次，研究人员目前处于强烈的功利主义之影响下。为此，我们需要让科学精神摆脱功利的束缚。

要破解科学中的内卷现象，重点之一是改变研究者的确定性思维模式。第3篇文章《确定性思维模式在生命科学领域面临的挑战》从本体论和认识论的角度对生命科学进行了相应的分析。20世纪初诞生的生命科学正是建立在确定性思维的基础之上，即生物体内一切活动或过程的发生发展都有着确定的因果关系；生命科学研究的主要任务就是去揭示这种活动机制。但是，21世纪后基因组时代的科学研究进展让这种确定性思维受到了巨大的挑战。首先，生命是一个开放的、"万物互联"的复杂系统，具有高度的变异和演化能力，自身内部组分之间及其与环境之间存在着广泛的相互作用，从而导致生命活动或过程存在着相当程度的不确定性；其次，科学实验是不完备的，不可能穷尽所有的实验条件；再次，研究者的知识和认识能力是有限的，研究结论通常具有一定程度的不确定性。把人的有限认知能力和生命的无限可能性结合起来考虑，就意味着研究者需要放弃确定性思维。

从某种意义上说，不确定性挑战与当前科学实验的可重复性危机高度相关。第4篇文章《生命科学面临的实验可重复性之危机》围绕着生命科学领域的可重复性危机进行了全面的分析。这种危机一方面表现为许多生物学实验结果的可重复性不高，其原因涉及人和物等各种因素，如生物学实验中常用的抗体和细胞等实验材料的不稳定性。另一方面则表现为一些研究结论的可重复性也有问题。其原因更为复杂，不仅涉及实验本身，而且涉及生命的复杂性。此外，新的生命科学研究范式——数据密集型研究，也为实验可重复性带来特有的挑战。面对可重复性挑战，不仅需要科学共同体进一步完善实验研究的规范和方法，而且需要重新弘扬失去的科学精神，恢复健康的学术环境。

这几篇文章涉及一个关键概念——范式（paradigm）。这一术语源自美国科学哲学家库恩的《科学革命的结构》（*The Structure of Scientific Revolutions*）一书。这部发表于1962年的科学哲学名著通过对物理学史的分析探讨了科学的特征和发展规律，认为科学的发展体现在研究范式的转换或取代。范式这个概念已经被学术界广泛认可，但其内涵和外延至今依然争论不断。笔者通过分析生命科学史的一个著名案例——孟德尔遗传定律的重新发现——来探讨这个概念，指出范式在不同的科学领域具有不同的特征与作用。

本专题也讨论了笔者对生命的哲学思考，涉及两个永恒的论题，一个是本体论，即生命是什么；另一个则是方法论，即怎样认识生命。从本体论的角度来看，要定义"生命"，不能仅限于构成生命的材料——DNA或蛋白质等生物大分子，而要认识到，这些生命材料体现了生命活动离不开特定环境的支持。因此，生命不再是用还原论或活力论观点进行简单的划分，而是构成材料和环境之统一。笔者用这样一个公式来表达：生命=生物质料+活力环境。从方法论的角度来看，人类基因组计划引发了大数据驱动的研究新范式，它打破了传统决定论的封闭性和局限性，不仅有助于研究人员从全局的角度看问题，而且可以帮助其发现在假设或者现有理论范围之外的全新知识，从而补充和完善生命科学的方法论体系。

从方法论的角度来看，不同于传统生命科学以"个体户"研究为主的研究模式，人类基因组计划开启了生命大科学的研究新模式，仅2001年发表的关于人类基因组草图的文章，主要作者就有近300人，涉及6个国家的48家单位或组织。为此，本专题的第7篇文章《生命大科学——从微观到介观的组学研究》，系统地介绍了基因组学和蛋白质组学等生命大科学的特征，即大数据驱动的研究新范式——组学数据或研究成果被不断地迭代。此外，该文对其发展趋势进行了分析，指出人类细胞图谱大科学研究计划将分子层面的组学研究推进到细胞乃至组织和器官层面,从而让研究人员能够整合的不同层次的组学数据来认识生命复杂系统,并以整合视野去理解生物个体不同层面的发育过程和整体的调控规律。

从这些文章中可以看到,科学研究并非人们认为的那样纯粹——客观且价值中立,并且科学家也受到各种社会因素的制约。在本专题最后一篇文章《围在"墙"里的科学》中,笔者指出,尽管当今的科学力量有增无减,但是社会对科学的影响也同样有着明显增强。可以说,科学在发展的过程中,就一直受到四面无形的"墙"之包围:围在宗教里的科学,围在战争里的科学,围在利益里的科学,围在伦理里的科学。

一 "精英中心化"科研范式的特征及其面临的挑战

早期的科学研究通常属于个人的业余爱好;到了19世纪,科学研究主要表现为在大学进行的社会性活动。然而,在20世纪中叶,科学研究转变为一种国家主导的建制化活动。这种转变的主要推手是1945年美国科学研究发展局主任布什提交给时任美国总统罗斯福的一份科技发展战略报告《科学——无尽的前沿》(Science, the Endless Frontier,本文简称"布什报告")。2021年,中信出版集团出版了含有美国科学促进会前首席执行官霍尔特长篇导读的"布什报告"的中文译本。在该中译本所附的一篇评论中,吴军博士有这样一个评价:"如果要在美国历史上只选一个人,对美国的科研整体贡献最大,这个人就是布什。如果只选一份决定了美国科研决策,而且影响至今的报告,则非《科学——无尽的前沿》莫属。"(布什、霍尔特,2021)

"布什报告"的核心思想是:科学进步是国家繁荣和安全所必不可少的,因此,科学是政府应当关心的事情。随着美国在第二次世界大战后成长为世界科技强国,这种举国体制的科研范式也成为国际主流。它主要体现为"三个化":科学研究的职业化、科研人员的等级化、科学交流的专业化。在美国政体和文化对个人主义的推崇以及市场经济那只"看不见的手"的引导下,"三个化"之间相互协同作用,推演出一种围绕着科学精英开展研究活动的"精英中心化"科研范式。进入21世纪,世界正在面临前所未有之大变局,而科技界率先面临冲击！显然,以"精英中心化"的科研范式也很有必要进行讨论和反思。

科研目标的追求与选择

"布什报告"首次明确提出,政府对科学支持的重要方式在于保障探索的自由。"广泛的科学进步源于学者的思想自由及研究自由,他们理应在好奇心的驱使下探索未知,自主选择研究的方向。……研究自由在任何政府资助的科学规划中都必须得到保障。"此后,"自由探索"成为国家科研体制中所倡导的"普世价值观"。

在政府主导、市场配合的举国体制内,科学研究基本上都是职业化的,即研究人员利用专业知识和技能开展研究工作,并获得相应的报酬作为其主要生活来源。这一点不同于把科研作为个人业余爱好的非职业化研究。例如,研究进化论的达尔文或研究遗传学的孟德尔,他们的研究工作与其"生活来源"没有直接关系,不需要通过研究工作获取报酬来维持生计。也就是说,由于职业研究者需要考虑报酬等经济因素,总是会涉及不同程度的功利性因素,因此其科研目标的追求和选择往往难以做到真正的"自由探索"。相反,职业研究者通常是把自己定位在符合体制规范和期望的目标内,要追随"主流科学家"(well-represented scientist),进而成为他们中的一员,而不能去从事不被认可或失败风险高的研究工作,成为"边缘科学家"(marginalized scientist)。

在一个存在主流科学家与非主流科学家显著差异化的体制里,职业研究者往往在确定科研目标时容易出现"赶时髦"或者"追热点"的倾向。他们通常不会去寻找一个冷僻的甚至难以想象的角度开展自己的研究,而是非常容易就沿着专业领域公认或者关注的方向前进。以生命科学领域的基因研究为例,研究一个受到高度关注的基因更有"市场价值",比如研究成果容易发表在著名科技期刊上,或者更容易获得高引用率。《自然》(Nature)杂志在2017年发表的一篇文章中指出,在美国国家医学图书馆收集的海量文献中,1/4的文献只涉及人类2万多个基因中的100个"明星"基因。其中的"冠军"是一个肿瘤抑制基因——*p53*,直接相关的文章近万篇,平均每天有两篇关于*p53*的生物学研究文章发表(Dolgin, 2017)。2021年的一篇分析人类基因组文献的文章发现,这种"大部分关注聚焦于少数基因"的问题仍没有得到实质性的改善,以至于该文作者明确指出:"当前生物学面临的一个挑战是,要认清进行研究的动机是什么。研究者是应该把经费、时间及精力投入到最重要或最紧迫的工作上,还是因为能可靠地获得资助和喝彩而投入到更多一模一样的工作上?"(Gates, 2021)

2020年,来自世界各地的31位科学家联合发表了一份公开信,希望科学界和科技管理者关注边缘科学家,"大多数主流科学家,即符合主流文化所期望的科学家形象和行为的科学家——不知道或不理解边缘科学家遇到的挑战"(Urbina-Blanco et al., 2020)。笔者在这里以一位生物医学领域的边缘科学家——匈牙利裔美国女科学家考里科为例。没有她,就没有如今广为采用的mRNA新冠疫苗。有一篇报道这样描写道:"她的年薪,至今没超过6万美元。苦熬40年,她的研究一直被认为是没有希望的,是死路一条。没有科研经费,被解雇,被驱赶,被降职,被像虫豸一样遭到嘲笑和羞辱,是她40年来的家常便饭。"即使在纯数学领域也未能免俗。北京大学毕业的数学天才张益唐同样是一位边缘数学家,因为他选择只做最重要的数学问题研究。这显然是很冒险的事情,有可能一事无成。在过往40多年的学术生涯里,他只发表过3篇论文。他在44岁时才获得美国新罕布什尔大学担任临时讲师的机会,50岁才被学校聘为正式讲师。他在2001年发表了一篇与黎曼猜想相关的论文。当时该校的数学系主任——一位证明了四色定理的世界级数学家——想直接通过这篇文章将张益唐擢升到教授级别,却因遭到系里同事的反对而没有通过——理由之一是论文数量不够。2013年,张益唐终于因证明了孪生素数猜想而一举成名。如今,这些"逆袭"的边缘科学家随着其成功终于进入人们的视野而被接纳,甚至变成主流科学家。但是,那些尚未成功的和处于失败的边缘科学家呢？依然在重复着昨天的故事！

可以认为,职业研究者通常要追求的首要目标是,被现行科研体制和主流科学家认可。中国科学院心理研究所曾对包括科研人员、支撑人员、管理人员等在内的1万多名科技工作者进行了问卷调查,并于2021年发布了《2019年科技工作者心理健康状况调查报告》。该报告指出,近1/4的受访者有不同程度的抑郁表现,超过1/2的人存在不同程度的焦虑表现。其中一个主要问题是自我评价偏低——不断对标国内外同行"大牛"的科研人员,很难对自己满意。

在这种追求被现行科学体制认可的驱动下,不仅容易引起研究者"患得患失",而且也很容易让研究者把目标锁定在"成名成家",由此在学术界衍生出了一类"精致的利己主义者"。这一说法源于北京大学中文系钱理群教授的一段话:"我们的一些大学,包括北京大学,正在培养一些'精致的利己主义者',他们智商高、世俗、老道、善于表演、懂得配合,更善于利用体制达到自己的目的。"

综上所述,传统科研体制打造的是一个以科学精英为核心的科研范式。在旧版的"布什报告"附录四"发现和培养科学人才委员会的报告"中,引用了时任哈佛大学校长的科南特博士的观点:"10个二流人物抵不上1个第一流的人。"这种"精英中心化"学术范式的特征是,树立起精英文化的目标——追求卓越。上文说到的那封公开信是这样评价的:"传统的卓越观在历史上是从非多元化的(科学)共同体中塑造的,人们就像崇拜流行文化的偶像一样崇拜牛顿、爱迪生和爱因斯坦等科学精英——从普通的社会背景中脱颖而出的天才。这种对卓越的狭隘看法导致资源倾斜到已经得到认可的、确立了地位的主流科学家手中;进而限制了科学的进步,限制了根本性新思想和交叉学科研究领域之发展。"(Urbina-Blanco et al., 2020)

科研人员的评估与资助

"布什报告"对美国乃至世界科学研究的一个主要影响是,它明确提出了基于科研人员评价而提供不同等级的资助和待遇的功利化策略:"向那些表现出自己值得拥有进一步机会的人提供更多机会,向那些证明自己在不断向前的人提供最多的机会,这就是我们建议的人才发现和人才发展方式,这就是美国人方式:一个人为成就自己而努力。"

这种等级式的人才价值观在今天的学术界已经深入人心,成为最基本的"游戏规则"。无论是在公立的还是在私立的研究领域,基本上每一个专业技术人员都被置于一个特定的层级之上。例如,在中国的学术界,科研人员通常被分为初级职称、中级职称和高级职称;每个层级还进行了细分,如高校的专业岗位职称一共分为13个等级,其中教授岗位分为7个等级,正教授岗位从一至四级,副教授岗位从五至七级;中级岗位分为三个等级,包括八至十级;初级岗位分为三个等级,从十一至十三级。每一个等级都对应着相应的薪酬和其他待遇。除了这些标准化的专业岗位职称外,高校管理部门还常常自行规定各种特殊的专业岗位职称,如"特聘研究员／副研究员""特聘教授／副教授""讲席教授"等,以满足特定类型人才的引进或支持。

更重要的是,这种人才等级制被设计成一个流动的模式,进而产生一种从低等级升至高等级的"向心力"——科研人员要有自己的职业规划,从学生到学者再到学术权威。美国高校中常用的长聘教轨制(tenure track)就是典型代表,即青年科研人员通常先被聘用为非终身职位的助理教授,经过若干年(一般5—6年)的科研与教学工作之后进行评审。通过者就可以被聘为终身职位的副教授,再过若干年还有望晋升为正教授;评审未通过者则通常要离开这个单位。这个模式被形象地称为"非升即走"。中国的许多高校近几年也开始引进这种长聘教轨制,希望借此打破传统体制的铁饭碗。此外,中国学术界也有一套自己的职称评审制度。在2019年7月国家人力资源和社会保障部发布的《职称评审管理暂行规定》中就明确指出:"职称评审是按照评审标准和程序,对专业技术人才品德、能力、业绩的评议和认定。职称评审结果是专业技术人才聘用、考核、晋升等的重要依据。"如果说等级制告诉了科技人员在科技市场的人才价值标准,那么等级流动制则给了科技人员提升自我价值的驱动力。

显然,研究者的科研等级之确定和流动离不开相应的评价指标和评估活动。为此,在业内产生了相当复杂的评估体系乃至评估"文化"。起初在美国学术界流行的是"不发表就玩完"(publish or perish),到了中国学术界则有了进一步的发展,不仅要看发表文章的数量,而且要看刊载文章的期刊之影响因子以及文章的引用率等。不仅"院士"头衔成为最高级别的职称,而且许多承担人才项目的资格也成为"荣誉称号"并配有相应的待遇。2018年6月,国家自然科学基金委员会发布关于避免人才项目异化使用的公开信,明确指出,基金人才项目负责人不是荣誉称号,不要为其贴上永久性标签。同年,科技部等多个部门联合发布《关于开展清理"唯论文、唯职称、唯学历、唯奖项"专项行动的通知》(简称"四唯"清理行动)。这项行动至今仍在进行中。2020年,科技部等四部门联合发布《关于持续开展减轻科研人员负担激发创新活力专项行动的通知》,指出:"清理规范科技评价活动中人才'帽子'作为评审评价指标的使用、人才'帽子'与物质利益直接挂钩的问题。'四唯'清理行动深入推动落实破除'SCI至上''唯论文'等硬措施,树好科技评价导向。"为此,国家有关部门推出了一系列具体的管理措施,如2020年2月,科技部发布了《关于破除科技评价中"唯论文"不良导向的若干措施(试行)》的通知。但是,只要科研人才等级制存在并与物质利益挂钩,如何进行评价就始终是一个必须面对的问题。

这种带有强烈的功利化色彩的科研人才等级制使得科研资源分配具有明显的倾向性,进而推动和强化了"精英中心化"科研范式。首先,科研资源往往被集中到具有高等级职称的研究者身上,并吸引其他低等级职称的科学家成为其附属。其次,科研资源倾向于分配给那些能够不断产出研究成果,而且其成果可以进行定量评估的研究者。可以说,这种科研资源分配的倾向性就是形成"四唯"的重要基础。正如霍尔特"布什报告"导读中所指出的:"一般而言,通过学术评估所授予的研究经费往往集中于精英和既定的模式。"值得注意的是,这一点正好违背了"布什报告"的初衷——鼓励"自由探索"。在2010年一篇纪念"布什报告"发表65周年的文章中,作者感慨道:"近几十年来,科学政策已经把其关注点转移到对社会具有可测度的利益之上。那种关于基础研究的模糊概念似乎不再适应当下的环境,即对预期研究成果进行含糊的描述在今天对公共经费高度竞争的环境下是不够的。"(Pielke,2010)这也正是当前中国在原创性研究方面支持不足的一个主要原因。网络上广为流传的中国工程院徐匡迪院士在上海大学做的一次报告中这样说:"颠覆性技术,这种创新在目前的行政审批和评审制度下,是难以实现的。"为了解决这个难题,国家自然科学基金委员会2018年提出了自然科学基金的改革策略,首先就是要"鼓励探索,突出原创"。

科研活动的合作与交流

"布什报告"还有一个不容易被注意到的作用,即促成了封闭式科研体系的形成。首先是各种专业或学科的学术圈之形成。美国芝加哥大学科学社会学家戴维是这样描写美国学术界的:"在美国,每个领域的科学家和学者都属于一个专业共同体。他们在这个共同体中的地位是一件十分重要的事,其重要程度比其他国家大得多。"而霍尔特在"布什报告"的导读中也得出相似的结论:"时至今日,大学及政府研究的规划、选择乃至评估,基本上都已经交由各自学科决策,而且做出决策的通常都是研究者本人。"

囿于以成功者为中心的学术交流模式的封闭性,这种模式引发和强化了科研社会中"强者愈强,弱者愈弱"的马太效应。2021年,美国普林斯顿大学的研究者发表了一篇涉及118个学科、400万名作者和2600万篇科学论文的引用关联分析文章,发现位于顶端1%引用率最高的科学家,其在2000—2015年引用数量从14%增加到21%。这种引用不平等现象的基尼系数从0.65升高到0.70,即少数科学家精英发表的论文得到了更高比例的引用次数。论文作者的进一步分析表明,与"普通科学家"(ordinary scientist)相比,顶端1%引用率最高的科学家获得资助的概率更高。这使得他们能够扩大他们的实验室和合作网络,进而导致发表更多的论文并得到更高的引用率(Nielsen & Andersen,2021)。

学术圈的形成,不仅有利于精英科学家的研究实力和影响力之增加,而且能够有助于排斥观点不同的或非主流的科学家。值得注意的是,学术圈不仅仅是一种学术的圈子,还是一种典型的"名利场"——在圈子里的研究者通常是又有名又有利。由于职称或者经费等科研资源的有限性,研究者之间的关系成为"你输我赢"的零和博弈,进而演化出了"走关系,打招呼"的学术人情化和利益化的生态环境。国家自然科学基金委员会原主任杨卫教授在2020年9月的一次公开采访中这样谈到基金的评审:"在某一年,依照当时一份文件,公开了专家信息。结果很多专家的手机都被打爆了,电话、短信几百个。这些申请人并不直接找相应的评审专家,而是去找一个评审专家最难拒绝的人当说客,这就带来很多问题。"杨卫主任还说到,即使是简单地为杂志评审稿件,评审人也很难做到公平公正,"毕竟目前来看,中国还是比较讲人情的,如果把审稿人公布给申请人,还要求提出尖锐的意见,大部分人就拒绝审稿了。即使不拒绝,其意见也会含混不清、模棱两可"。

针对目前的科技环境现况,科技部于2020年7月颁布了《科学技术活动违规行为处理暂行规定》,其中定义科技人员违规行为的第一条就是"在科学技术活动的申报、评审、实施、验收、监督检查和评估评价等活动中提供虚假材料,组织'打招呼''走关系'等请托行为"。科技活动咨询评审专家的违规行为则有:接受"打招呼""走关系"等请托;引导、游说其他专家或工作人员,影响咨询、评审、评估、评价、监督检查过程和结果;索取、收受利益相关方财物或其他不正当利益,等等。

"布什报告"不仅促进了各种专业或学科的小圈子之形成,还导致一个远离公众的封闭式科学大圈子的形成。霍尔特一针见血地指出:"布什相信,科学进步本质上依赖的是科学家无须考虑实际目的的自由基础研究,因此他所提倡的科研体系在促进研究繁荣的同时,也促成了科学与公众的隔绝。"这一问题在2020年2月26日美国科学院为纪念"布什报告"发表75周年的科技政策专题研讨会上被列为重要论题,与会专家分别从科学与社会之间的关系、科学家与公众之间的交流和互动等方面进行了充分讨论。在会议做出的4个结论中,第2个结论就是关于科学与公众之间的互动:"传统的科学模式中一个组成部分是,科学家没有责任与公众接触;那些去与公众交流的科学家甚至受到诋毁。虽然这种态度已经开始发生改变,但科学家需要做更多的工作来与公众充分互动。此外,交流应该是双向的,科学家们要去了解公众的想法和需求,以及如何做才能够赢得公众的信任。"

这种封闭的科研体系具有高度自主和自我强化的特点,如霍尔特所说:"今日我们所见的体系实际上更像是科学家的公仆,即一种资助科学家自由选择所从事工作的体系。"如果说在"布什报告"基础上构建的这种科研范式在其"青壮年期"表现出了旺盛的生命力,那么今天该范式已经进入了"老年期",表现出内卷的趋势。上海交通大学李侠教授是这样解释的:"内卷是一种规则范式在穷尽其生产力功能之后所呈现出的一种无差别吞噬或者沉没效应。在原有的范式下,规则已经率先内卷,变得无比细致与烦琐。……内卷的实质在于导致系统内所有区域都变成高成本区域。这种环境会挤压/剥夺所有系统内个体的收益空间,使该系统成为一个产出/收益的贫乏之地。"也就是说,这种科研体系已经不能适应当前的科学发展和社会需求,需要从根本上进行改变和重构。

结语:恢复科学的张力

在生命进化的过程中,人类从动物性的感官需求和感性认知演化出了人性特有的精神需求和理性认知。科学就是这种"二元性"需求的结晶,正如德国哲学家康德所说,所有的知识都开始于感性,然后进入知性,最后以理性告终。理想的科学结构应该是在物质性追求和精神性追求之间保持一个恰当的张力。但是,"布什报告"打破了这种张力,强调科学的实用价值:"如果没有科学的进步,其他方面再多的成就也无法确保我们作为一个国家在现代世界中的健康、繁荣和安全。"

应该说,"布什报告"的主要贡献并不仅仅是强调了科学的实用价值,而更重要的是提出了一种实现科学实用价值的基本思路,即在国家的支持下以职业化的科研精英为核心开展专业化研究活动。这种思路逐渐演化成为封闭的"精英中心化"科研范式。"布什报告"的成功让美国乃至世界进入技术日新月异的时代。但是,在科技产品极大丰富的今天,人们"仰望星空"和"追寻心中道德律"的科学精神却在明显地衰退。科学是什么?显然不仅仅是有形的产品和成果。霍尔特认为:"从本质上讲,科学是一种提出问题的方式,它能使我们获得关于事物本质的最可靠知识。这是它最根本的贡献。"今天，我们需要建立开放的、多元的"去精英中心化"科研新范式。而要做到这一点，首先就是要恢复科学在物质性追求和精神性追求之间的张力。正如霍尔特在"布什报告"的导读结尾所说："几十年来，美国致力于促进科学进步，为科学家的研究投入了数千亿美元，现在已经到了做出同样重大承诺的时刻，那就是将科学过程充分融入我们的公共生活。"

原载于《科学通报》杂志2021年第66卷第27期，文字有改动。

一

生命科学的内卷困局及其破解之路

内卷是近几年流行的一个热词。该词与进化可以说正好相反:进化意味着系统是开放的,目标是外向的,能够不断地演化出新的形态,而内卷则指系统是封闭的,目标是内敛的,发展到一定程度后便停滞不前。笔者认为,当前的生命科学也存在着一定程度的内卷现象,需要予以破解。

基于还原论的生命科学思维之内卷与破局

还原论是现代生命科学形成与发展之最重要的理论基础。DNA双螺旋结构发现者之一的克里克就是这样认为的:"现代生物学研究的最终目标是用物理学和化学解释全部生物学现象。"美国著名肿瘤生物学家温伯格对此有过一个很好的总结:"在20世纪,生物学从传统的描述性科学转变成为一门假设驱动的实验科学。与此紧密联系的是还原论占据了统治地位,即对复杂生命系统的理解可以通过将其拆解为组成的零部件并逐个地拿出来进行研究。"(Weinberg,2010)

内卷:"盲人摸象"式碎片化的生命观

在还原论指导下,研究者通常把揭示构成生物"机器"的分子零部件之作用机制视为其研究的主要目标。研究者的那种研究蛋白质等生物大分子三维结构的热情正是这种研究策略的突出体现,即从原子水平去解释生物大分子的空间结构及其功能,进而去发现生物体内精确的分子作用机制。需要指出的是,当今这种对"机制"的追求并不局限于分子生物学等微观生物学科,而是贯穿于整个生命科学领域。例如,在国家自然科学基金委员会生命科学部公布的"十三五"15个优先发展领域中,标题出现"机制"一词的有9个,其中就包括了"物种演化的分子机制"和"农业生物抗病虫机制"等;剩余6个标题虽没有出现"机制"一词,基本上也还是与机制有关,如"重要性状的遗传规律解析""神经环路的形成及功能调控"等。

如果说这种追求"机制"的还原论思维模式在20世纪中叶对现代生命科学的诞生和发展起到了重要的推动作用,那么今天则使生命科学进入了一个内卷的状态。首先是碎片化地看待生命。在分子生物学发展初期,由于研究手段的局限,研究者只能把生命这架复杂的"机器"拆解为零部件,逐个将单个基因或蛋白质进行研究;与此配套的是碎片化的生命观,即生物体的功能或活动通常从单个生物大分子的结构和性质去解释,"一个基因一种疾病"的观点成为"时尚"。但是,在人类基因组计划的推动下,生命科学进入了后基因组时代,这种碎片化的生命观显然就不合时宜了。《自然》2008年在一篇社论中明确指出:"分子生物学是自身成功的牺牲品。似乎在一夜之间就从一个基因、一个蛋白质、一个分子、一次研究一个,转变为所有基因、所有蛋白质、所有分子、一次研究所有。一切都按组学的规模进行。"这种转变不仅仅是研究对象的数量增加,更重要的是对生命的认知从简单性思维转变为复杂性思维。2014年,温伯格在总结40年肿瘤生物学研究的文章中这样写道:"从事肿瘤研究的科学家见证了这个时期的疯狂转变:从最初面对无数难以理解的病理现象的困惑,到树立了还原论必胜的信念,最近几年再回到重新面对肿瘤这个疾病无尽的复杂性。"(Weinberg,2014)

内卷:困在决定论框架里的因果推断

追求"机制"的还原论思维模式的第二个重要特点是,认为生命这部"机器"是按照决定论的方式运行的,就如奥地利物理学家薛定谔在其1944年出版的《生命是什么?》(What is life?)一书中所提出的,生命体内部发生的事件必须遵循严格的物理学定律。对决定论指导下的研究者而言,生物体内一切活动或过程的发生发展都有着确定的因果关系;生命科学研究的主要任务就是去揭示这种因果关系。但事实并非决定论者所想的那样,大多数生命科学研究实验所发现的因果关系实际上只是事件发生的充分条件,并非事件发生的必要条件,更不是满足让一个真正的决定论事件发生所需要的充分必要条件。例如,通过实验把一个肿瘤里的基因A敲除,该肿瘤就停止生长,基因A就是该肿瘤生长的充分条件,但基因A并非控制该肿瘤生长的唯一基因,因此不是该肿瘤生长的必要条件。打一个比方,用若干条木片制成一只盛水的木桶,如果其中一条木片坏了,水就漏了,这个坏木片就是木桶漏水的充分条件;但不是必要条件,因为如果该木片没有坏而是另一木片坏了,木桶依然漏水。然而,在当今的生命科学领域,研究者往往把其实验中的个别生物因子视为相应的生物学事件的充分必要条件,两者的关系就被刻画为决定论。

决定论者还面临一个更大的挑战:生物体本身并非一个确定论系统,体内的各种生命活动都充斥着被称为生物噪声(biological noise)的随机扰动,如基因转录过程中启动子被激活和灭活时间响应的快慢差异,或者蛋白质合成反应和降解反应速率的随机差异等。越来越多的研究表明,生物体中的噪声并不是简单的随机扰动,它们在生命活动中常常扮演着重要的角色,如2020年的一项研究表明,在小鼠骨髓调控血细胞发育的过程中,转录因子的基因表达噪声能够影响这些细胞的命运。还有重要的一点不能忘记:生物体是一个紧密依存于外部环境的开放系统,而外部环境的不确定性也会导致生物体的生存和演化表现出明显的偶然性特征。

破局:系统论思维与开放的心态

要打破这种生命科学碎片化和确定论的内卷,首先需要重塑我们的科学观,从还原论思维转换为系统论思维,从复杂系统的角度认识和研究生命。这不是简单地从技术层面进行调整,而是要从根本上进行科学研究范式的变革。国家自然科学基金委前主任李静海在《抓住机遇推进基础研究高质量发展》一文中明确指出:"传统的科学研究在激烈竞争中获得发展的机会将越来越少,只有主动适应范式变革才能占据更多发展先机。比如,人们期望通过越来越深入了解一个现象的所有细节来解决问题,但其实不然。新范式下除继续深入了解细节外,还必须进一步认识这些细节如何相互作用及其与整体行为的关系,并关注由此产生的复杂动态变化等。这是范式变革的要义之一,必须引起各学科领域的充分重视。"(李静海,2019)

要想打破这种生命科学碎片化和确定论之内卷,还需要重塑我们的审美观,从热衷于把研究工作按照"套路"描绘成一个有头有尾的叙述性故事,转变为把研究论文创作为启迪他人思考和想象的开放性文本。英国剑桥大学学者伊万诺娃在评论科学实验的审美价值的文章中这样写道:"正是实验设计和意义之间的相互作用让我们认识到实验最显著的美学价值。"著名艺术评论家陈丹青在其视频讲座《局部》里指出,西方古典画家基本上是按照一定的"八股"模式,在一个事先设计好的自我封闭框架里进行创作,从开始落笔就知道结尾,追求的是一个"圆满"的作品。但是,从印象派开始的现代艺术却反其道而行之,作品总是处在一种开放的未完成状态。陈丹青强调,真正具有价值和历史意义的杰作的最大特点是未完成度。这种未完成度往往只有在事后才能够看到。究其原因并非偷懒或者故意不做,而是创作者把当时的技术手段推到了极限,以足够的勇气和探索精神去做一个几乎不可能的事情。笔者认为,这正是现代艺术创作给生命科学研究范式变革提供的审美参照点——追求和欣赏开放式的研究风格;研究者只有清楚一个知识的边界或缺陷,才能真正拥有或欣赏这个知识。

深度专业化的实验生物学方法之内卷与破局

现代生命科学不同于传统生物学的根本区别在于,前者是依靠技术和仪器的实验科学,后者则是以观察为基本研究手段的经验科学。在还原论的指导下,研究者发展出了各种用于生命科学实验的物理学和化学的技术与仪器,从化学小分子探针到细胞培养液,从揭示生物大分子结构的X射线仪到分离生物组分的离心机,等等。此外,研究者还建立和发展了许多生物学研究系统和研究手段,如各种细胞模型和模式生物、转基因或基因敲除技术等。这些实验技术和仪器的应用,极大地推动了生命科学的发展。但是,实验科学的成功同时也导致思想和想象力贫乏的深度专业化研究范式的流行。

内卷:基于专业化"流量"的研究目标选择

现代生命科学研究处于专业化"流量"的裹挟之下,研究论文的影响因子和引用率等通常是众多科研人员最为关注的研究目标,从而使得研究工作出现明显的偏好性,因为选择一个受到高度关注的基因或蛋白质作为研究对象比选择一个无人关注的研究对象显然更有"流量价值",即研究成果更容易发表在高影响因子的期刊上,或者相关论文容易获得高引用率。一位英国研究者把这种现象称为文献发表偏差(publication bias)或研究人员偏差(researcher bias),"这是指我们对于某些基因与过程对某些疾病的研究要远多于其余的"。最突出的莫过

于对 *p53* 这一"明星"基因的过分关注。

对"流量"的追求还导致在各个研究领域中形成诸多被称为前沿或热点的专业"赛道",如CRISPR-Cas9基因编辑或生物大分子的相分离(phase separation)。在当前的科研体制下,选对"赛道"成为研究者尤其是青年研究人员职业生涯成功的关键。在追求"流量"和马太效应的双轮驱动下,一些研究方向迅速发展成热点。例如,根据对生物医学领域最大的文献数据库PubMed的分析,从2012年8月发表第一篇CRISPR基因编辑的论文到2021年末近10年的时间里,共发表了大约3万篇相关研究论文,其中25 000篇是最近5年内发表的,平均每天发表14篇,充分显现出该"赛道"的热度。但是,这种热点"赛道"的形成往往不利于原创性研究工作的开展。古生物学家周忠和研究员在其关于中国基础科学研究的十个困惑之一"究竟什么才是前沿?"时这样写道:"真正原创的成果或许能够发表在高端的刊物上,尤其是已经成为'热点'的前沿;然而,那些并没有成为热点的探索性工作(所谓0到1的研究),恐怕很多时候不会享受到'前沿'的殊荣。"

内卷:学术圈对"完备性"的技术追求

现代生命科学的发展离不开学术期刊的支撑和影响。英国著名的培格曼出版社的老板马克斯韦尔在1974年该出版社的一次编辑会议上这样说,生命科学的未来在于回答生命科学的无数个小问题;针对每一个问题都要有相应的专业期刊。当年,该出版社推出了大约100种新的专业期刊!生命科学今天的内卷与学术期刊同样有着密切的关系,如影响因子和引用率都是通过学术期刊来体现的。重要的是,学术期刊催生出了大大小小无形的专业学术圈子,因为研究论文通常都要通过学术期刊指定的专家进行同行评议(peer review),才能得以发表。随着实验技术的进步,评审专家对研究工作发表的标准和对实验数据的要求也在迅速提升——仅仅研究细胞不够,应该补充动物实验,如果涉及疾病,还应该补充人体方面的数据;仅仅从动物整体进行基因敲除不够,应该在动物特定的组织中进行基因敲除,最好再在已经敲除基因的动物体内把基因敲回去;等等。诺贝尔奖得主凯林2017年在谈到自己过去发表的那些获奖论文时,感叹"(自己当时)大部分论文是浅显的、初步的,如果在今天将很难被发表。比如,一篇关于氧气信号通路需要某种肿瘤抑制蛋白的论文,放在今天会由于没有清晰的机制以及动物实验而遭受批评"。

要指出的是,过去传统的纸质版期刊因其容量需要限制一篇文章的长度和数据量,而今天的电子版期刊则可以无限制地收录数据。在研究论文的正文之外加一个电子版数据附录已经成为当前学术期刊的"标配";有时发表一篇带有附录的文章,其总页码相当于出版一本书。这些技术的出现支撑和强化了同行专家对一项研究工作完备性的渴望。《科学-信号》(*Science Signaling*)主编亚法在一篇批评同行评议的社论中指出:"作为编辑,我们需要确保审稿人不要提出过分的要求,不要通过'移动球门'的方式对新提交的修改稿件进行第二轮或第三轮的评审。"(Yaffe,2009)

这种追求研究工作完备性的渴望不仅表现在研究工作发表之前,还表现在发表之后——追求实验结果的可重复性。大约在10年前,美国研究者启动了"肿瘤生物学可重复性项目"的研究工作,选择了发表在高影响力期刊的23篇文章中的50个实验,进行结果复现验证实验。从该项目的研究结果来看,可重复率为46%。《自然》杂志专门为该项目写了一篇题为《科学结果的重复并不容易但很关键》的社论,强调指出:"研究者、研究资助者和出版商必须更严肃地看待可重复性研究工作。"该项目负责人埃林顿在其工作总结中,甚至提出要把可重复性提升到与研究新颖性(novelty)同等重要的地位。他说:"可重复性是科学研究的一个重要特征。但是，当代研究文化往往强调新颖性等特征而把可重复性放在一个次要的位置上。"(Errington et al., 2021)可以想见，如果将来研究成果都要达到这种可重复性标准，那么每项研究将需要增加相当大的工作量。

破局：给想法和观点留出"呼吸"的空间

当前，生命科学研究基本上成了技术至上的竞技场，研究者则往往表现为思想贫乏的数据生产者。英国皇家学会前主席纳斯在评论文章《生物学必须产生思想和数据》指出："我经常去听一些研究讲座，感觉自己被数据淹没了。一些讲者似乎认为，他们必须放出海量数据才会被认真对待。可理论框架却被忽视，也很少提及为什么要收集数据，正在测试什么假设，出现了什么想法。"(Nurse, 2021)因此，我们需要鼓励研究者释放出自己的想象力，不是单纯地依靠技术而是要注重从理论的高度去思考；同时还需要学术界形成包容乃至鼓励新想法和新观点的氛围，让研究者勇于亮出自己的想法和观点，即使看上去没有充足的实验数据支撑，或者跨出了其专业或学科的边界。科学研究本应是人类理性思维的展现平台，即使是依靠实验技术和仪器的现代生命科学，也应该表现出那种基于思考和想法的精神性探索活动。正如纳斯教授在其评论文中所倡导的："要让理论和知识成为主导；这可能需要研究文化的转变。实验的理论化应该得到鼓励；理论应该纳入到实验论文中以便让数据凸显出相应的意义。"(Nurse, 2021)

我们还需要改变科学交流的方式，从主要依靠同行评议的学术期刊转向更为开放的预印本等新型传播方式。最早的预印本平台是1991年美国科学家建立的arXiv，主要发表物理学和数学的研究论文；目前在生命科学界最有影响的预印本平台是美国冷泉港实验室在2013年建立的bioRxiv。预印本模式对当今的技术型内卷是一个很好的破局手段。首先，预印本没有影响因子和引用率等专业化"流量"指标，表现出更为纯粹的学术交流。其次，研究论文在预印本网站上的发表不需要进行同行评议。这种策略大大提升了论文发表的速度。这一点在新冠疫情爆发以来表现得尤为突出，众多研究病毒的重要论文都是抢时间首发到预印本网站上。重要的是，没有同行评议的策略打破了广泛存在的学术小圈子，有利于新想法和新观点的传播。预印本模式的第三个特点是，不同于论文在学术期刊发表时的"完成时"，在预印本平台发表的论文属于"进行时"，从初稿发表之日起可以被作者通过迭代的方式主动更新，进而在同一网站上发表出一个比一个更为完善的版本。一方面这能够为在预印本平台快速发表的无同行评议文稿提供修改的机会，另一方面也以一种巧妙的方式去满足研究者对"完备性"的追求。

功利主义牵引下的科学精神之内卷与破局

现代科学的发展得益于举国体制的科学建制化模式。科学建制化模式不仅保障了职业研究人员衣食无虞，而且为其提供了相应的社会地位和个人发展空间。但是，这也给从事科研活动的职业研究人员带来了强烈的功利主义影响。

内卷：追求成功的功利导向

近年来中国科学事业快速发展，仅研究论文的发表总数若干年前就已经超过美国，成为世界第一。但是，科学家的创造力，尤其是原创能力并没有出现相应程度的提升。为此，科技部等5部委于2020年联合印发了《加强"从0到1"基础研究工作方案》的通知。造成这一问题的原因有很多，其中追求成功的功利导向扮演了重要的角色。美国学术界流行甚广的"不发表就玩完"就是研究者追求成功的一种典型表达方式。今天中国科技界流行的"四唯"——"唯论文、唯职称、唯学历、唯奖项",同样反映了研究者追求成功的"标配"。英国皇家学会前主席里斯2022年在《给青年科学家的信》一文中,明确告诉青年科研人员如何"计算"科研的成功:"只有天才(或者怪才)才会直奔最宏大、最基本的问题。你则应该这样做:将科研问题的重要性乘以你可以解决问题并实现产出最大化的概率。"按照这个"公式"计算,从"从0到1"研究工作的成功可能性显然是"零"。

追求成功的理念广泛地流行于科研人员的培养和他们的工作中。于是,研究者关注的是建立获取成功的能力,期待尽快取得成功,并取得一个又一个的成功。与此同时,研究者非常担忧自己是否会失败。因此,众多研究者只愿在其拥有的知识和技能所圈定之范围内开展研究,而不会去进行超越已知范围的学术探索和智力冒险。在这个意义上说,追求成功的功利导向为研究者提供了平庸的诱惑——"成功者的平庸"。他可能取得了很多公认的成功,但是,其思想贫乏、眼界很小。

内卷:趋同化的学术生态

追求成功的价值观推动了一种趋同化的学术生态环境。众多研究者纷纷涌入那些有可能或者容易成功的热点研究领域,采用相似的研究技术和路线,沿着成功人士的研究方向进行同质化的研究。但是,趋同化研究通常并不能使得研究者的认知边界获得相应的扩大。值得注意的是,一项新近研究发现,在一个研究领域内发表论文的数量与变革性程度(disruptive measure)之间成反比关系:同一领域在一年内发表的论文总数越多,其具有变革性的论文比例越小(Chu & Evans, 2021)。也就是说,在某个领域发表大量的论文不仅无助于研究者创新思想的产生,而且可能导致其思想或理论的僵化。

趋同化的学术生态有利于圈子文化的形成。一般科研人员和青年研究人员容易追逐和崇拜成功人士,围绕着成功人士形成学术小圈子,从而表现出相对单一和封闭的专业或研究方向之学术"生态位",并衍生出各种功利性行为。2022年2月,中国科学技术协会211家学会联名发布《中国科协全国学会学术出版道德公约》,倡议科研人员、期刊编辑和审稿人破除圈子文化和利益纽带,加强行为自律,抵制各种人情稿、关系稿等不正之风,不在无实质学术贡献的论文中"挂名",不在成果署名等方面侵占学生、团队成员的合法权益。美国研究者通过分析1975—2003年在生命科学领域英年早逝的452位杰出科学家与他们去世后所属领域的"活力"之间的关系发现,同一学科分区中,从未与他们合作的科学家论文发表数量提升8.6%。更重要的是,"外来者在明星科学家活着的时候显然不想来挑战他们在领域里的权威,而名人的离世为其领域的进化提供了这样的机会,即形成拓展了知识边界的新方向"。(Azoulay et al.,2019)

趋同化的学术生态伴随着相应的物质待遇催化了主流科学家和边缘科学家在学术研究及生存状况方面的"两极分化"。一封科学家公开信呼吁要关注和支持边缘科学家:"大多数主流科学家——即符合主流文化所期望的科学家形象和行为的科学家——不知道或不理解边缘科学家面临的挑战,主流科研文化流行的是一种排斥多元化的'卓越观'——倾斜资源到主流科学家。"(Urbina-Blanco et al.,2020)

与此同时,成功人士的价值往往被虚假地放大,让其相对意义上的"某个专业的卓越"变成了绝对意义上的"卓越",导致专业上的卓越影响力"外溢"到专业之外。显然,这种排斥多元化的科研生态限制了新思想的产生和交叉科学的发展。2020年11月,国家自然科学基金委成立了交叉科学部,负责该科学部的管理人员2021年在一篇讨论交叉科学发展的文章中,提出了限制其发展的三个主要因素:(1)交叉学科获得研究经费资助率低于单一传统学科;(2)青年学者从事交叉科学研究取得成果较难;(3)交叉学科的学术成果难以获得现有学科体系合理评价。"上述三个方面的制约因素相互耦合,形成一道制约屏障,对交叉学科与跨学科合作等学术研究的快速发展带来了挑战,进而影响到创新性和突破性科学研究的开展。"(戴亚飞等,2021)

破局:让科学精神摆脱功利之束缚

笔者曾这样评论当今的科研范式:理想的科学结构应该是在物质性追求和精神性追求之间保持一个恰当的张力。但是,在美国主导下发展起来的科研范式却打破了这种张力,专注于追求科学的实用价值。在科技产品极大丰富的今天,人们"仰望星空"和"追寻心中道德律"的科学精神却在明显衰退。

如何才能恢复衰退的科学精神?我们不妨通过日本花样滑冰选手羽生结弦在2022年北京冬奥会上的表现,来看一下他带给科研工作者的启示。羽生结弦是前两届男子单人滑奥运冠军。在许多人看来,他的目标应该是争取在北京冬奥会卫冕,成为奥运三连冠得主。可出人意料,他却把目标定为完成花滑中难度最高的"阿克塞尔四周跳"(代号为4A。这个动作实际上要跳4.5圈)。这是一个"性价比"极低的选择——最容易出现摔倒等动作失误而失去很多分,成功时却得分不多——4A的基础分值仅比排名第二的"勾手四周跳"多1分。要知道,当前男子花样滑冰领域正处在"四周跳的内卷"之中,即选手们倾向于追求在一套动作中完成多个四周跳,从而得到更多的技术分以赢得比赛。显然,羽生结弦有足够的实力按此套路玩下去,可他心心念念的却是挑战4A这个人类花滑的极限,并把这个挑战带到了北京的赛场。结果他挑战失败,仅获第四名,无缘奖牌。羽生结弦赛后这样说:"我付出的可能是没有回报的努力。"显然,他真正追求的是奥运精神"更高、更快、更强",而非金牌、银牌、铜牌。今天的"科研竞技场"正是需要研究者去发扬这样的精神,追求这样的梦想!

笔者常常想起法国20世纪著名思想家福柯的一段话:"至于激发我的动机,非常简单——好奇心,即在任何情况下都值得多多少少固执地任其驱使的唯一一种好奇心。它不是那种试图吸收适合于自己认识的事物的好奇心,而是那种能使我们超越自我的好奇心。如果对知识的渴望仅仅停留在保证知识的增长,而不是以这样或那样的方式,或在可能的程度上,使有知识的人踏上迷途的话,那它还有什么价值可言?"

原载于《生命科学》杂志2022年第34卷第4期,文字有改动。

一

确定性思维模式在生命科学领域面临的挑战

面对充满未知的世界，人类需要通过科学来进行探索，进而获得确定性能力，让世间万物可认识、可解释、可控制。19世纪法国著名科学家拉普拉斯的一段名言或许最能反映出研究者对确定性之渴望："我们可以把宇宙现在的状态视为其过去的果以及未来的因。如果一位智者能知道某一刻所有自然运动的力和所有自然构成的物件的位置，假如他也能够对这些数据进行分析，那么宇宙里最大物体到最小粒子的运动都会包含在一条简单公式中。对这位智者来说，没有事物会是含糊的，未来只会像过去般出现在他面前。"

从拉普拉斯的这段话里，可以看到研究者对确定性之理解涉及两个层面。第一层理解是本体论层面，即世界之本原是确定的，一切事物的存在和运行都是被决定的，皆服从构成事物活动规律的因果关系。对确定性的第二层理解属于认识论方面，即知识之本质是确定的，只要人们不断努力，就能提升知识的完备性，从"相对真理"递进为"绝对真理"，并揭示出事物之间确定的因果关系及其运行规律。

但是，这种对确定性的信念或许是研究者的一厢情愿。回望宇宙乃至生命的整个演化过程，展现出的其实是充满了偶然性的事件。科学研究则始终存在着局限性乃至不确定性。美国著名物理学家费曼在其《科学与宗教的关系》一文中提出自然界是不确定的，"一个未知的东西之所以为未知,首先是因为人们认识到它是未知的,然后才有所谓探索。这里面包含一个要求,要求人们不要去回答不能回答的宇宙秘密;这里面包含一种态度,承认一切都是不确定的"。在《科学的不确定性》一文中,费曼进一步指出,在科学的本质中存在不确定性,"我们在科学研究中所说的一切,所得出的所有结论,都具有不确定性,因为它们只是结论。它们是关于会发生什么事情的猜测。你不可能知道会发生什么,因为你不可能进行最完备的实验"。

作为现代科学的一个重要组成部分,20世纪初逐渐成形的生命科学是建立在确定性思维的基础之上的。其中,奥地利物理学家薛定谔《生命是什么?》一书扮演了重要的角色。该书奠定了认识和研究生命的基本理论——还原论,即生物体与非生命物体没有本质的区别,都要遵循严格的物理学和化学的规律,生物体内一切活动或过程的发生发展都有着确定的因果关系;生命科学研究的主要任务就是去揭示这种确定的因果关系。

还需要指出的是,在从19世纪以观察和描述为主的传统生物学范式转为20世纪以实验和分析为主的现代生命科学范式的过程中,研究者不仅采用了还原论作为确定性思维模式的理论框架,而且发展出高度简约化的实验规范作为确定性思维模式的逻辑工具,如孟德尔的豌豆单性状实验确定了生物体的性状是由遗传因子所决定的。2023年出版的书《被争议的遗传——孟德尔与生物学未来之战》认为,20世纪初叶在确立孟德尔遗传学的"基因决定论"过程中,尽管许多研究者的实验表明,"没有单一遗传机制足以支持孟德尔遗传学",但当时掌握了话语权的英国科学家贝特森及其支持者成功地压制了另一位英国科学家韦尔登一派的不同观点——环境和发育等多种因素对遗传也有影响。孟德尔主义的确立,不仅使得遗传复杂性乃至生命复杂性的认识和研究受到忽视,而且强化了确定性思维在整个生命科学领域的主导地位。这种确定性思维模式甚至延伸到了医学领域——1949年,美国化学家鲍林在实验室用电泳方法证明,镰状细胞贫血源自红细胞内血红蛋白分子异常。鲍林进而提出了全新的疾病观——分子病。这一观点随后发展成为一种广为流行的说法,"一个基因一种疾病"。

随着生命科学的发展,尤其是人类基因组计划的实施,人们进入后基因组时代。研究者逐渐发现了生命复杂系统的诸多不确定性,认识到了确定性思维模式的局限性。笔者将从本体论和认识论两个层面总结和分析一下生命科学领域的确定论思维模式当前面临的挑战。

生命复杂系统的挑战

在基于确定性思维的研究者眼里,生命是一个由众多基因和蛋白质等"零部件"拼装而成的简单"机器"。这些生物大分子的空间三维结构决定其相应的生物学功能,进而决定在个体层面的各种生理活动。一旦某个生物分子"零件"的结构出现了异常,通常就会导致生物体产生相应的病理活动。然而,今天的研究进展给出的却是一幅非常复杂的生命"画像"。

无尽的生物大分子变异

多细胞生物的个体是由数量众多的体细胞组成的,如一个成年人个体大约有30万亿体细胞。研究者过去认为,个体内所有体细胞都源自同一个受精卵,通过一次次的细胞分裂扩增而来,因此这些体细胞内的基因组序列都是高度一致的。但是,随着基因组测序能力的提升,尤其是单细胞基因测序技术的出现,研究者看到的则是一个完全不同的图景。

2009年的一项研究指出,在人类胚胎早期发育过程中,这些胚胎细胞内部广泛发生着各种染色体结构变异,不仅在大多数卵裂期胚胎上发现了具有非整倍染色体的细胞,而且在随后的分裂球上许多细胞的基因组内也可看到各种大片段DNA缺失或扩增(Vanneste et al., 2009)。通过单细胞测序技术对人脑部额皮质的神经细胞基因组分析发现,在13%—41%的神经细胞内,至少有100万碱基大小的基因拷贝数变异(CNV)是新产生的(McConnell et al., 2013)。此外,研究者利用诱导干细胞技术分析人体皮肤细胞的基因组,发现近30%的成纤维细胞的基因组内具有源于体细胞的CNV(Abyzov et al., 2012)。

  细胞分裂的核心任务是进行DNA复制并把复制后的两份拷贝分配给两个子代细胞。研究者过去认为,DNA复制是一个"高保真"的过程,复制过程中很少出现碱基配对错误,即使偶尔出现一点微小的复制错误,机体还备有若干种错误修复方法来进行修正。但一项基于生物学大数据的分析指出,在DNA复制过程中会随机产生碱基突变(复制突变)并传递给子代细胞。在每次基因组复制过程中会产生三个复制突变。这种复制突变是不可避免的,因此细胞分裂的次数越多,复制突变就越多。该项研究还在分析69个国家肿瘤发病率后提出,人类肿瘤中2/3的突变源于复制突变(Tomasetti et al., 2017)。还要指出的是,环境对体细胞基因组也能造成随机突变。例如,紫外线照射能够引起正常人体皮肤的上皮细胞基因组发生突变,大约每100万碱基中出现2—6个突变。

  随着表观遗传学(epigenetics)的提出和发展,研究者已经认识到,不仅基因组的核酸序列负责遗传信息的传递,那些响应内外环境变化的核酸序列或染色质上的各种化学修饰也参与了遗传活动。重要的是,表观遗传修饰不仅用来控制体细胞的基因表达,还参与了对子代遗传的控制。例如,2013年的一项研究揭示,在斑马鱼受精卵的发育过程中,来自父本染色体的DNA甲基化图谱保留不变,直至囊胚期才被消除重建。来自母本染色体的DNA甲基化图谱在胚胎发育初期就很快被清除,然后在这些母本染色体上依照父本DNA甲基化图谱进行重建;这些父本染色体的DNA甲基化图谱在胚胎早期发育中发挥了作用(Jiang et al., 2013)。2023年年初,以色列研究者在《自然》杂志发表了一项研究,通过分析来自205个人体样本的39种类型细胞的全基因组DNA甲基化图谱,发现个体之间同种细胞类型的DNA甲基化模式高度保守,但不同种类的细胞具有不同的DNA甲基化图谱。

从生命科学的"中心法则"来看,通过DNA复制进行代际间遗传信息的传递只是生命利用DNA的目的之一,生命还需要利用DNA来指导RNA的合成,进而通过RNA指导蛋白质的合成。研究者发现,尽管在转录过程中RNA分子是按照碱基配对原则进行合成,但在这些新产生的RNA分子之上往往有着不同程度的碱基编辑——RNA编辑。为此,"解析组织-基因表达研究联合体"系统地分析了近9000个人体样本的RNA编辑,发现在这些组织样本上广泛存在着腺苷-肌苷RNA编辑。这种RNA编辑程度在不同组织中有明显的差别,且RNA编辑程度在基因编码区域要超过非编码的重复序列区域(Tan et al., 2017)。此外,研究者还发现,通过DNA转录产生的各种RNA分子也同样被进行广泛的化学修饰。研究者很早就认识到,在tRNA(转移RNA)分子上有着广泛的化学修饰,如真核细胞中每一个tRNA分子平均有13个化学修饰。近年来,mRNA(信使RNA)上的化学修饰成了研究的热点。例如,根据对生物医学领域最大的文献数据库PubMed上的文献分析,关于mRNA序列上腺嘌呤第6位的甲基化——m^6A的研究,从20世纪90年代至今,相关的研究论文已近6000篇。研究者为此专门提出了一个新的学科分支——RNA表观遗传学。

显然,蛋白质水平的序列信息也与RNA水平的序列信息一样,不会完全被DNA序列所决定。笔者曾在一篇综述文章里讨论过,在细胞里存在着独立于基因组单核苷酸多态性(SNP)的蛋白质单氨基酸多态性(SAP)(Wu & Zeng, 2012)。另外一项对人体结直肠癌样本基因组SNP与蛋白质组单一氨基酸变体(SAAV)的比较研究也发现,在肿瘤细胞中近1/4的SAAV没有对应的SNP。需要指出的是,蛋白质的翻译后修饰更远离基因组的控制,而且这些化学修饰发挥着重要的生物学功能。例如,组成染色质的组蛋白通过多种化学修饰参与基因表达的调控,在细胞内控制着各种代谢反应的蛋白酶,其活性往往通过乙酰化修饰进行调节,而细胞周期的运行或细胞信号转导则离不开蛋白激酶催化的磷酸化修饰。可以说,蛋白质的翻译后修饰是蛋白质功能调控的关键手段,其化学修饰类型估计超过400种且复杂多变,如组蛋白H3尾部有20多个氨基酸残基可以被修饰,其中个别氨基酸残基甚至可进行10多种化学修饰。

综上所述,生物体内各种类型的生物大分子具有大量形形色色的变异,而且这些变异之间的关系往往表现出相对独立性。首先,在一个个体内众多体细胞之间的基因组具有各种碱基序列变异和长长短短的DNA片段差异,以及在碱基序列上广泛存在的化学修饰。其次,RNA编辑和RNA表观遗传学的存在清楚地表明,生命在转录水平上广泛存在着与基因组DNA序列不一致的变异。再次,虽然蛋白质的合成是在基因组的控制之下,但依然存在着各种的氨基酸变异,尤其是其功能的实施基本是在不直接涉及基因组序列信息的化学修饰调节下进行。所有生物大分子的变异有一个共同的目的,就是让机体能够很好地响应机体内外环境的变化,满足生理活动的需要。

需要强调的是,这些生物大分子之间的变异与机体的表型或临床表现之间并不是线性关系。人们一般认为基因缺失往往会导致机体的异常表现。2016年一项关于3000多人全外显子序列的研究发现,虽然每个个体拥有平均1.6个相当于隐性致死突变的功能缺失变异,但这些基因功能缺失变异和临床表现之间并没有明显的相关性(Narasimhan et al., 2016)。同年的另一项研究也支持了这个结论,研究者通过对6万多人的全外显子序列分析,发现了3000多个几乎全部缺失或部分缺失蛋白质编码序列的突变基因,但72%的突变基因并没有表现出目前已知的人类疾病表型(Lek et al., 2016)。让情况更为复杂的是,过去人们认为不会影响表型的变异今天却发现并非如此。由于DNA的蛋白质编码区存在密码子的"简并性",有1/4至1/3的碱基点突变是不会改变蛋白质氨基酸序列的,它们被称为同义突变。因为同义突变不改变蛋白质序列,所以研究者认为这类突变对生物体无害或损害程度很低,属于不会改变生物适应度的中性或近中性突变。2022年,研究者对芽殖酵母基因组中有代表性的21个基因之突变体进行分析,发现至少75%的同义突变显著损害适应度,且损害幅度超过0.1%(Shen et al., 2022)。这一发现挑战了长达半个多世纪的关于同义突变是中性的或近中性的观点。

"万物互联"的相互作用网络

基于还原论的生命科学倾向于从碎片化的角度看待生命,即生物体的生理或病理活动通常是建立在个别基因或蛋白质的结构和功能的基础之上。但是,越来越多的研究工作,尤其是生命组学研究工作表明,生命是一个"万物互联"的复杂系统,每项生命活动都离不开团队合作。例如,传统的基因调控图景通常具有明晰的指向。从基因决定论的观点来看,机体的每个性状都对应着特定的基因,如豌豆的形状或颜色等简单性状由单个基因决定,而身高或血压等复杂性状则为多个基因决定。但研究者之后的分析表明,这种简单的基因与性状之决定论关系只能解释个别基因与简单性状或孟德尔遗传病之间的关系,远远不能解释基因组与复杂性状或复杂疾病的关系,这两者间存在着一个巨大的空白,即遗传度缺失(missing heritability)。

2017年，美国斯坦福大学的研究者提出了一个新的模型——全基因模型（omnigenic model）来解释基因组与复杂性状或复杂疾病之关系：基因组里不仅有直接作用于某个特定性状的核心基因（core gene），而且存在着数量更大的与核心基因有相互作用的外围基因（peripheral gene）；尽管单个外围基因相比核心基因而言，对复杂性状只起到微小的作用，但由于这些外围基因的总数远远超过核心基因，因此来自众多外围基因的微小遗传贡献对复杂性状的调控作用的总和就超过了核心基因。该文作者把这种现象称为网络基因多效性（network pleiotropy）（Boyle et al., 2017）。也就是说，涉及复杂性状或复杂疾病的遗传度在整个基因组中广泛传播，基因组内每一个基因通过基因相互作用网络或多或少都对个体的各种复杂性状或疾病有所影响。

蛋白质相互作用网络在生物体的作用已经得到了广泛的认可。例如，最有名的抑癌因子 p53，自 1979 年被发现，至今已经有超过 11.6 万篇关于它的研究论文。p53 通常被定义为一个重要的转录因子，但后来发现它还有许多非转录的功能。p53 之所以能够发挥诸多不同的功能，就在于它能够与不同的蛋白质相互作用而形成不同的相互作用网络。2012 年的一项研究工作发现，p53 作为经典的肿瘤抑制因子，如果在特定的条件下与某些蛋白质发生相互作用，竟然可以具有促进肿瘤生长的作用（Song et al., 2012）。2022 年，研究人员通过规模化的蛋白质相互作用技术，检测了肿瘤细胞中数以百万计的蛋白质相互作用，发现突变往往会改变蛋白质之间的相互作用，进而形成新的蛋白质相互作用网络（Mo et al., 2022）。因此，研究者不仅要关注肿瘤细胞内突变蛋白质自身的功能改变，还要考虑突变蛋白质与其他蛋白质之间新产生的相互作用，以及基于新的蛋白质相互作用网络产生的功能变异或新功能。

一项对不同物种的蛋白质数量与相互作用网络大小之关系分析发

现,虽然研究中统计到的人类蛋白质种类只比果蝇的略微多一点,但是前者的蛋白质相互作用网络比后者的大一倍多。也就是说,不同物种之间复杂程度的差别与蛋白质相互作用网络的大小高度相关;越是复杂的生命,其蛋白质相互作用就越广泛。还需要指出的是,生物体内的"网络"特征并不仅仅停留在分子层级,而是同样存在于细胞、组织、器官等各个层级,且在这些不同层级之间也有着广泛的相互作用。显然,要真正认识个体,尤其具有不同层级的多细胞生物体,就不能只研究生物分子网络,还要研究体内其他层级的网络以及它们之间的关系。2019年,美国国立卫生研究院(NIH)启动了一项名为"人类生物分子图谱计划"(HuBMAP)的国际合作项目,计划在7年的时间里发展各种先进技术,针对各种正常的人体组织开展细胞水平和分子水平的研究,从而建立一个涵盖不同尺度的整合组织图谱。

随着生命活动的"网络化"现象日益被人们了解,过去的通路(pathways)概念今天已经让位给网络(network)概念,如代谢调控通路和信号转导通路转变成了代谢调控网络和信号转导网络。更重要的是,生物体内广泛存在的"网络"表明,生命活动并不是按照线性通路中那种基于上下游模式的因果关系进行。机体内的网络就好比一个复杂的上海地铁网,通过众多的"站点"把不同的路线联接起来,而且信息的流动不是单向的,而是可以有多条路径的;控制往往伴随着各种正反馈或负反馈;输入和输出既可以是单点的,也可以是多点的。例如,传统观点认为肿瘤细胞需要消耗大量的葡萄糖为其供能,但有研究发现,肿瘤细胞会选择谷氨酰胺和脂肪酸当作主要的营养物质来源;还有研究指出,在营养匮乏的环境下,肿瘤细胞能够采用溶酶体将胞外蛋白质分解为氨基酸并作为能量来源加以利用(Pechincha et al., 2022)。

生命科学大数据的挑战

还原论指导下的生命科学实验有两个特点:一是高度简约,有尽可能少的实验变量和尽可能明确的实验目标;二是偏重定性,以发现新基因或解析蛋白质结构和功能为主要任务。这些特点使得经典生命科学研究属于小科学和小数据领域。人类基因组计划则推动生命科学进入了大科学和大数据领域,进而引出了与经典生命科学不同的研究范式,即数据驱动的数据密集型生命科学研究新范式。这种新范式给追求确定性知识的现代实验生物学带来了新的挑战。

生命科学大数据的相关性和开放性

现代实验生物学的关注点是揭示生命活动的规律或作用机制,即探寻生物分子之间或事件之间确定的因果关系。尽管寻找生物学机制的研究者在实验中往往不去区分事件发生的充分条件和必要条件,但是他们在大多数情况下获得的实验结果实际上只是事件发生的充分条件,并非事件发生的必要条件,更不是满足让一个真正的决定论事件发生所需要的充分必要条件。一个根本的原因在于研究者不可能穷尽所有的实验条件。

从2022年报道的两个实验结果可以看到,研究过程的局限性确实很难避免。一项神经科学实验发现,接触小鼠的男性研究人员和女性研究人员会分别让小鼠大脑对氯胺酮产生不同的响应,导致小鼠行为方式出现差异(Georgiou et al., 2022)。另外一项肿瘤细胞研究揭示,如果将病人的肿瘤样本从体内取出进行培养,这些肿瘤细胞就从体内缺氧环境下进入富氧的细胞培养环境下,造成了肿瘤细胞的基因表达和信号通路等发生明显改变,生长速度变得更快,并且更加耐药(Kumar et al., 2022)。如果把科学实验视为猜谜游戏,那么它就是人与自然之间的"无限博弈"。斯涅克在他的新书《无限的游戏》(*The Infinite Game*)里写道,在无限的游戏中,玩家可以变更,规则不断变化,没有所谓的胜利可言。

基于基因组学和蛋白质组学等组学的数据密集型研究新范式具有全局性的特点,有力地克服了传统生命科学实验视野过小的短板。例如,在寻找调控血压的遗传因子方面,传统生命科学通常是利用人群小样本开展研究,在数十年里总共发现了274个遗传位点;2018年,《自然-遗传学》(*Nature Genetics*)发表了一项利用100万欧洲人样本进行遗传相关性研究的文章,报道了影响血压的535个新位点(Evangelou et al.,2018)。2022年,《科学》(*Science*)发表了一项世界上目前规模最大的肿瘤人群全基因组测序工作,从12 000多名癌症患者细胞的基因组序列中发现了海量的变异,包括近3亿个单碱基置换、260多万个双碱基置换、1.5亿个插入/缺失和近200万个重排(Degasperi et al.,2022)。

现代生命实验科学主要目的是探寻事物之间的因果关系,但从大数据获得的生命科学知识基本上是相关性的,而非因果性的。关于相关性和因果性的详细讨论不是本文能够胜任的。笔者在此只是从生物体是一个"万物互联"网络的观点提出,生命科学实验得到的都是相关性知识而非因果性知识——因为研究者不能控制任何一个生理活动或病理活动涉及的所有变量。从某种意义上说,因果关系也属于一种特殊的相关关系,即两个事件之间具有唯一变量关系的相关性,能够满足事件发生的充分必要条件。

数据密集型研究范式的另一个重要特点是开放性。传统的生命科学实验是某个科学假设驱动的,为了回答或解决具体的科学问题而进行研究,通常是在已有知识的基础之上并在相应的理论框架里开展,所以研究者的视域和思维往往是受限的。另一方面,由于数据驱动的研究不依赖于假设,因而研究者不仅可以避免现存理论的限制以及对"实验事实"的主观性选择和判断,还可以利用各种算法对获得的大数据进行分析,进而能够发现全新的现象或者事物之间隐藏的内在联系。例如,在一项对瑞典近170万名患者的医学档案分析工作中,发现了阑尾与帕金森病发病具有相关性,因为早期切除阑尾的个体明显降低了其患帕金森病的风险。

生命科学大数据的不完备性

生命科学实验范式既然把发现确定的因果关系或规律作为主要目标,那么,尽可能地追求结果的完备性通常就成为评价实验质量的基本要求。这一特点在学术期刊的同行评议中有着最为突出的表现。随着实验技术的进步,期刊评审专家对研究结果完备性的要求也在不断提高,甚至近乎"鸡蛋里面挑骨头",以至于被广大研究者"吐槽";《科学-信号》主编亚法曾指出,不可让审稿过于苛刻,不可重复审稿。

与之相反的是,数据驱动的生命科学研究新范式并不追求结果的完备性,而采用一种全新的工作模式——迭代,即每一次研究工作获得的成果都不是完备的,需要未来研究者在已有版本的基础上不断地进行完善而产生新的版本。人类基因组计划就是生命科学大数据迭代的典型:2001年2月,《自然》发表了人类基因组测序"草图",但它仅仅覆盖了人类基因组90%的核酸序列;2004年10月,《自然》再次发表了人类基因组测序论文,给出了常染色质区域内大约99%核酸序列的测定结果;2020年9月,《自然》发表了人类第一条染色体没有测序"缺口"的完整核酸序列;2022年4月,《人类基因组完整序列》在《科学》上发表,时隔基因组草图发表22年之后,研究人员终于完整地测定了人类基因组全部碱基序列,而且比2004年发表的版本增加了近2亿个碱基对和近2000个新基因(Nurk et al., 2022)。然而,人类基因组数据的迭代远没有结束。2023年5月,《自然》发表《人类泛基因组参考草图》一文,通过对采自不同种族的47个人的基因组的分析,为目前的参考人类基因组数据库又添加了1亿多个碱基对(Liao et al., 2023)。人类细胞图谱项目计划要完成人体30万亿左右细胞的分析,显然更是一个需要无数次迭代的生命大科学计划。

近年来,这种认可实验结果不完备性的理念已经拓展到了整个生命科学领域,主要表现为预印本模式的出现和普及。预印本模式是指研究者把未经评审的学术论文直接发布到一个网络开放平台上,供广大用户免费访问和使用。不同于正规科学期刊那种对实验结果完备性的追求,在预印本平台发表的论文可以是初步的或阶段性的成果,甚至只是阴性结果;作者在预印本文章发表之后可以继续以迭代的方式进行更新,通过修改和完善后作为新版本发布。这些更新后的不同版本都被保留在预印本平台;一篇预印本文章的不同版本甚至可以被分别引用。也就是说,在生命科学大数据的迭代影响下,经典生命科学也正在接受科学实验的不完备性观念。《自然》杂志于2023年2月正式推出了一种全新的论文发表模式——注册报告(registered report),即研究者可以把基于科学假设的实验设计方案以注册的方式向该杂志投稿。如果这份注册报告中提出的科学问题及实验方法通过了同行评议,那么杂志承诺,研究者按照注册的实验方案获得的结果无论是阳性的还是阴性的,都会进行发表。为此,杂志编辑部在题为《〈自然〉杂志欢迎注册报告》的社论中强调:"注册报告有助于激励研究,而不管结果如何。"

生命科学领域引入迭代模式以及认可实验结果的不完备,表明该领域正在接受非确定性的科研观——科学实验是有限的,认知能力是有限的。更重要的是表明研究者已认识到:生命复杂系统是开放的,有无限的变异,有无限的连接。把人的有限认知能力和自然的无限可能性结合起来考虑,就意味着研究者需要放弃确定性思维。笔者在2019年5月纪念p53发现40周年会议的致辞中这样说道:"知识就好像是位于无边无际的自然界'未知海洋'中小小的'岛屿',随着'知识岛屿'的扩增,相应的'未知水域'同样也在增长。研究的挑战在于此,研究的乐趣也在于此。"

原载于《生命科学》杂志2023年第35卷第8期,文字有改动。

一

生命科学面临的实验可重复性之危机

"实验结果必须可重复"是笔者做学生时就学到的研究工作之基本标准,也是笔者在指导学生做实验时提出的基本要求。但让人没有想到的是,近些年这个基本常识却成为科学共同体高度关注的一个问题。早在2011年,美国著名生物技术公司安进选择了肿瘤研究领域53篇标志性研究论文进行验证,发现其中仅有6篇论文中的结果可以被重复(Begley & Ellis,2012)。《自然》杂志曾对多个国家的数学、物理学、化学、生物学等不同领域的1576位科研人员进行了在线问卷调查。其中,52%的受访者认为目前发表的研究论文的可重复性出现了显著的危机,38%的受访者认同这种危机的存在,但认为其程度还不是很严重(Baker,2016)。2014年,时任美国国立卫生研究院(NIH)院长的柯林斯和同事以《NIH计划加强可重复性》为题发表了他们的担忧:"临床前研究,尤其是动物实验,看上去正好就是当前对可重复性问题最敏感的领域。"(Collins & Tabak,2014)

为了更好地理解和分析实验的可重复性,美国"开放科学中心"专门发起对已经发表的研究论文进行可重复性检验的研究项目。该中心牵头组织来自世界各国250多名科学家,自2011年起,对2008年三本顶级心理学杂志上发表的文章系统地进行了可重复性检验工作。其检验结果不容乐观,被检验的100篇研究论文中,只有39篇的心理学研究工作可被重复。此外,该中心和美国肿瘤生物学家埃隆丝在2013年联合发起了"肿瘤生物学可重复性项目",选择了2010年至2012年间多篇高影响力的肿瘤生物学研究论文,利用7种方法进行可重复性检验。对23篇论文涉及的50个实验进行验证研究之后,结果表明,其中只有46%的实验可以被成功地重复出来(Errington et al., 2021)。为此,《自然》杂志发表了社论《科学结果的重复并不容易但很关键》,明确指出"高影响力肿瘤生物学论文的可重复性研究给出了令人失望的结果,科学家必须加倍努力去找出原因"。

实验结果的可重复性

20世纪中叶诞生的现代生命科学是一门实验科学,研究人员必须在严格控制的条件下开展实验,并获得各种实验数据来解答科学问题或证实科学假设。因此,一篇研究论文所陈述的各种实验过程及其相应的实验结果是该论文的核心部分,也是可重复性检验的主要目标。例如,"癌症生物学可重复性项目"的研究者对2011年发表在《自然》杂志的一篇研究论文进行了验证工作,证明该论文中关于一种新型小分子抑制剂对白血病细胞生长抑制的实验可以被重复,但关于该小分子能够让白血病小鼠存活时间显著增加的实验没有得到证实。

需要指出的是,做一个实验不容易,重复一个实验也并不容易。"癌症生物学可重复性项目"总结了关于29篇临床前肿瘤研究论文的验证进展情况:共完成并发表了18篇可重复实验报告。在其余11篇论文的可重复工作中,4篇论文的可重复实验没有得到结果而被终止;2篇论文的可重复实验遇到了意想不到的问题,所以实验结果并不完整;剩下的5篇论文都只完成了一部分可重复实验,其他的可重复实验由于技术限制或者方法学上的难度而没有完成。

可重复实验不容易的原因有很多。首先,论文所公开的实验方案通常描述得不够详细,可重复实验项目的实施者往往需要联系论文作者以了解实验方案的细节。其次,发表在论文上的实验数据是经过分析和整理的,往往还需要论文作者提供原始数据。再次,如果可重复实验需要用到论文涉及的质粒、细胞和小鼠等实验材料,项目的实施者还要与论文作者及其相关研究单位签订实验材料的转移协议,才能得到相应的实验材料。由此可见,论文作者的配合对可重复实验的实施起着重要的作用。可众所周知,论文作者在当今功利主导的科研文化和科研环境下做到这样的配合并非易事。此外,进行可重复实验还可能遇到某些不可抗力,如试剂耗材的停产。另外还存在一个"循环论证"的问题:可重复实验本身还需要再重复吗?

科学实验的可重复性危机,一方面是与人有关,另一方面是与物有关。从人的角度来看,首先要注意到当前研究人员在科研诚信方面呈现的诸多问题。这些问题显然会影响到实验的可重复性。其次,研究设计和有关流程规范也会影响到实验的可重复性。柯林斯指出,动物实验等临床前研究是可重复性问题最敏感的领域。不过,他认为针对人的临床研究在可重复性方面的问题不大,因为这类研究已经被严格的试验设计和独立的监管等各种实验规范所支配。

从物的角度来看,对生物学实验可重复性影响较大的是常用的生物学实验材料,尤其是细胞系和抗体。细胞作为生物体的基本结构单元和功能单元,是生命科学研究人员做活体实验时最常用的实验材料。因此,大多数生命科学实验室都保存有各种细胞系。可以通过培养这些"种子"细胞来不断扩增细胞数量并用于研究,而且可以在不同的实验室之间很方便地进行交换和共享。但是,多项调查发现,实验室使用的细胞系中有20%—36%被其他种类的细胞污染或被错误标识。2017年发表的一份科学文献分析报告指出,有3万多份论文的研究工作采用了错误标识的细胞。这些论文又被近50万篇文章引用(Horbach &

Halffman，2017）。一位美国研究人员分析了两种常用的细胞系HEp-2（喉鳞癌细胞）和INT 407（肠胚性细胞）的文献后发现，被一种人宫颈癌细胞HeLa细胞污染了的HEp-2涉及近5800篇研究论文，被HeLa细胞污染了的INT 40则涉及1336篇研究论文（Neimark，2015）；也就是说，这些认为自己正在研究HEp-2或者INT 407细胞的科学家，实际上可能正在研究HeLa细胞！目前，越来越多的科技期刊要求论文作者对所使用的细胞系进行"身份"鉴定并提交相应的证据。

细胞系影响实验可重复性问题不仅仅是污染和错误标示造成的，同一细胞系在实验过程中也会自发地产生各种变化。2019年，研究人员利用蛋白质组学和其他组学技术系统地分析了HeLa细胞系，发现在同一实验室内连续培养一株HeLa细胞系三个月就可以造成不同培养时间的细胞之基因表达谱产生大约7%的变化，且不同实验室相同命名的海拉细胞系存在亚系，它们在染色体数目、基因表达、蛋白质表达和细胞扩增等方面均有着显著差异（Liu et al.，2019）。此外，2018年的一项大规模的基因组研究发现，来自两个实验室的106个人类细胞系显示出了广泛的亚克隆变异，而且一株实验室常用的乳腺癌细胞系MCF7细胞衍生的7个品系的细胞之间也表现出迅速地遗传多样化（Ben-David et al.，2018）。

另一个对生物学实验可重复性有重大影响的是在众多实验室中广泛使用的抗体。《自然》杂志于2015年发表评论文章《抗体的无政府状态——呼唤次序》，明确指出研究中使用的抗体经常导致模糊的结果。抗体在生物学实验中最常见问题的是：抗体的特异性不强，常常出现假阳性或假阴性。例如，2019年的一项研究证实2006年在《EMBO杂志》（EMBO Journal）发表的一篇论文使用的抗体有问题。该抗体并未与论文所说的目标蛋白结合，而是结合了另一个蛋白，从而致使该论文被撤回。研究人员还发现，有时同一个抗体在几次平行实验里得出的结果都不同，或者用新抗体重复以前的实验时发现结果无法重复。

抗体的可重复性差主要是与抗体的生产过程和批次差异等质量控制有关。据估计，实验室每年因购买质量差的抗体导致的直接损失达8亿美元。学术界和产业界为保证抗体的质量做了大量的努力。从2017年起，美国的基金申请人被允许在预算中专门列支一些经费用于抗体验证。抗体生产商和供应商也开发出各种验证抗体特异性的技术和方法。例如，英国生命科学试剂供应商Abcam采用CRISPR-Cas9技术来验证抗体，然后把每个抗体的验证结果发布出来。

研究人员通常很难评估他们购买的抗体之特异性和选择性，也很难保证一个给定抗体产品的每个批次都同样有效。2015年9月，由瑞典科学家乌能领导的"国际抗体验证工作组"成立。该工作组于2016年提出了验证抗体特异性的5个基本策略（Uhlén et al.，2016），用以指导"免疫印迹"等实验涉及的抗体验证，并在2018年报告了应用这5个基本策略对6000多个抗体进行验证的结果，表明这些抗体验证策略既适用于抗体生产方也适用于抗体使用者。

研究结论的可重复性

研究论文通常由一组相互关联的实验组成，其目标是要解答科学问题或证实科学假设；研究人员通过系统地分析这些实验获得的数据和结果来形成研究结论并将其整理成为论文。因此，人们不仅要考虑实验结果的可重复性，更要关注研究结论的可重复性。要指出的是，这两者的验证是在不同的层面上进行的，意义也有所不同，有的实验是决定研究结论是否成立的关键性实验，有的是支持或完善研究结论的补充性实验。时不时我们会看到某篇论文的作者这样说：某实验结果虽然有点问题，但本论文的研究结论不受影响，依然成立。

科技出版界有一个特点，即编辑偏好把研究结论一致或高度相关的两篇论文放在一本杂志的同一期里发表。这被形象地称为"背靠背"。"背靠背"发表的两篇研究论文通常来自两个独立的实验室,有时他们做的实验内容都很相近,有时两篇论文虽然得到了一致的研究结论,但具体的实验方式和实验材料有很大的差异。显然,如果两个独立的实验室通过"背靠背"的论文表述了相同的研究结论,那么两者之间的实验工作无论相似还是有差别,该研究结论的可重复性就已经得到了彼此的验证。

从以上简单的讨论可以看到,研究结论的可重复性要比实验结果的可重复性更重要,对前者的验证工作也比后者更为复杂。以神经科学为例,成人大脑发育成熟后是否还保持形成新的神经元之能力——神经发生(neurogenesis)——是最具争议的问题之一。其中一些研究者认为"是",另外一些研究者则给出"否"。2018年《自然》杂志发表了一篇支持"否"的论文——成人大脑海马区没有新生神经元产生;2019年《自然-医学》(*Nature Medicine*)杂志却发表了一篇支持"是"的论文——成人大脑海马区有新生神经元产生。这两篇文章的作者采用的实验策略和实验材料很相近。他们围绕着彼此实验采用的材料和技术展开了争论,包括实验用的人脑组织样本在固定液中浸泡的时间长短,以及免疫组织化学标记检测结果存在假阳性和假阴性的可能性。争论结果是"公说公有理,婆说婆有理",谁也没有说服谁。

要强调的是,生命体系的构造和其生理活动的调控非常复杂,需要回答的科学问题可以采用不同的研究思路来开展研究。这一点在有关成人大脑是否能够进行神经发生的科学争论中有着很好的体现。例如,2019年发表在《细胞》(*Cell*)杂志上的一篇研究论文就是通过成年小鼠的海马区域神经祖细胞的起源来探讨神经发生的问题。该研究发现成年小鼠海马区域的神经祖细胞源于胚胎期海马齿状回的神经干细胞;发育结束后,这类神经干细胞依然一直保留在海马特定区域,从而使成体海马的神经再生能够维持下去。也就是说,这项关于小鼠胚胎神经干细胞的研究工作从一个新的维度为成人大脑的神经发生之问题提供了不同类型的实验证据。这应该也属于对支持"是"的论文的研究结论的可重复性验证。

研究人员除了关注成人大脑是否在自然状态下进行神经发生,还关注能否在人为干预下实现神经再生(neuro-regeneration)。这个科学问题同样存在着巨大的争议,一批研究人员给出肯定的答案,如人为增加 NeuroD1 基因表达或下调 Ptbp1 基因表达,可以将胶质细胞转分化为神经元细胞;另一批研究人员却给出否定的答案,认为单独改变 NeuroD1 基因或 Ptbp1 基因表达均不能让胶质细胞实现转分化。美国约翰斯·霍普金斯大学医学院的周峰泉教授系统地评述了这两派研究人员在神经再生领域所开展的实验工作和造成研究结论不一致的可能因素,并在文中总结道:"由于面临的问题难度大而且实验相对复杂,并涉及大量活体动物实验,该领域经常有'突破性发现',但实际上许多发表的文章难以让人信服。"针对脊髓损伤与再生研究领域的研究结论可重复性问题,国际上由该领域的 70 多位专家组成的"脊髓损伤实验的最小信息量研究联合体"(MIASCI)于 2014 年发表了一篇文章,明确提出了研究者在开展脊髓损伤与再生研究时需要提供的最基本实验信息之标准,涉及实验条件、实验方法和实验动物等方面(Lemmon et al., 2014)。

生命的复杂性往往会产生许多不在研究人员预期框架里的问题。例如,2022 年的一项研究发现,在条件完全相同的实验中,进行实验的男性研究人员和女性研究人员分别会让小鼠的大脑对氯胺酮产生不同的响应,进而导致小鼠出现不同的行为方式(Georgiou et al., 2022)。利用小鼠模型或癌细胞系得到的研究结论通常被直接推广到人体内相应的肿瘤。为了检验这种推广是否可靠,美国研究人员开发了一种名为 CancerCellNet 的算法,可以通过比较 RNA 转录数据来分析真实的肿瘤和实验室研究模型之间的异同。他们的基因表达分析结果表明,基因工程小鼠和肿瘤类器官要比癌细胞系和人源肿瘤异种移植模型(PDX)更接近真实的肿瘤。2022年发表的一篇文章进一步揭示了这种实验模型与真实生物体出现差异的一种原因:人体肿瘤细胞在机体内通常生长于缺氧的病理环境下,一旦把肿瘤样本从体内取出进行培养或者其他实验操作,肿瘤细胞就被暴露在富氧的自然环境下,这进而导致肿瘤细胞的基因表达和信号通路等发生明显的改变。药物实验表明,缺氧环境下的癌细胞明显比暴露于富氧的正常空气中的更加耐药。把在正常空气中暴露过的癌细胞注射给小鼠,这些癌细胞的成瘤比例更高,生长速度也更快(Kumar et al., 2022)。显然,在体外实验中获得的研究结论不能简单地推广到活体实验。

数据密集型研究的可重复性

20世纪中叶诞生的生命科学主要是采用一种针对个别基因或蛋白质的小数据实验科学范式。随着人类基因组计划的实施,生命科学进入了后基因组时代,表现出了一种数据密集型研究的新范式。据统计,世界范围内每年所产生的生物医学数据在2013年大约为153 EB,在2020年则估计达到了2314 EB。

显然,生命科学领域的数据密集型研究范式所面临的可重复性与经典的小数据实验科学范式有着很大的区别。从实验结果可重复性的角度来看,数据密集型研究采用的样本之来源、标准和质量需要考虑,实验过程中的具体路径以及获得的数据的质量等也需要考虑。这类研究还可能面临着一类特有的挑战——"规模",即一项研究往往涉及成百上千的研究人员,并来自不同的研究单位甚至不同的国家。例如,在2001年2月《自然》杂志发表的关于人类基因组草图发布的文章中,主要作者就有近300人,涉及6个国家和地区的48个研究机构或组织。

为了保证数据密集型实验的可重复性,学术界有针对性地发布了各种相关实验工作的建议性标准或规范。早在2001年,欧洲多国和美国的一批研究人员就针对全基因组范围基因表达的芯片实验制定了一个"芯片实验基准信息",提出基于芯片技术获得的基因表达数据的记录和报告之基本标准。这种"基准信息"的方式随后被普及到了各种数据密集型实验工作。如蛋白质组学实验有"蛋白质组学实验基准信息"(2007)、代谢组学实验有"代谢组初始标准"(2007)、基因组学实验有"基因组序列基准信息"(2008)、糖组学实验有"糖组学实验基准信息"(2017)。

　　虽然研究人员通过各种努力来保证数据密集型实验的可重复性,但这类实验依然存在难以重复的问题。以"新一代测序"(NGS)技术为例,NGS在数据密集型实验中应用最为广泛,仅仅美国的生物医学数据库MEDLINE目前所收录的NGS相关的论文数量就已近10万篇。但是,一篇分析文章指出,研究人员对NGS数据的可重复性验证面临着广泛的障碍,"他们经常发现,许多需要用来分析NGS数据的信息学组件很难用于重复已经发表的文章"。其原因可能包括文章中使用的分析技术缺乏细节,或者是文章作者所使用的计算方法不能被其他研究者再次使用。此外,一篇分析文章也指出,"批次影响"广泛存在于各种高通量数据的实验中。因此,"除了把标准化、验证分析和统计显著性计算用于高通量数据分析中,还有必要针对批次影响把合并和调整方法作为分析这类数据的标准步骤"。

　　从研究结论可重复性的角度来看,数据密集型研究范式表现出了一种特殊性质——迭代,即论文给出的研究结论可以是一种未完成的或不完备的状态,允许研究人员在前期研究结论的基础上进行完善,然后提出更新的研究结论。人类基因组计划就是这种数据密集型研究结论进行迭代的典型。显然,对研究结论进行迭代的特性在一定程度上消解了数据密集型研究的可重复性问题!

从数据密集型实验中获得的研究结论离不开研究人员所采用的数据分析方法,因此有可能不同的数据分析方法导致研究结论的不一致。这里讲一个比较"极端"的案例。一般认为,DNA在转录过程中按照碱基配对原则指导RNA的合成,两者的碱基序列具有严格的对应关系。但是,2011年的一项基于高通量测序技术的比较研究发现,人类的DNA序列和相对应的RNA序列之间具有很大的差异,仅在10 000多个编码蛋白质的外显子位点上就发现了大量的碱基差异;其论文题目《人类转录组的RNA与DNA序列之间存在着广泛的差异》清晰表明了实验所得到的研究结论(Li et al., 2011)。然而,就在该论文发表三个月之后出现了一篇题为《人类转录组的RNA与DNA序列之差异非常少》的论文(Schrider et al., 2011),在这篇论文中,作者并没有做任何新的实验,仅仅是采用不同的数据分析方法分析了前文中的原始数据,然后就得出了完全相反的结论。显然,由此引出数据密集型实验的研究结论可重复性特有的问题:主要源于"干实验"数据分析而得到的研究结论究竟可信度有多高。

在数据密集型实验中,从大数据到形成研究结论往往不能像经典生命科学实验那样,对实验获得的小数据和研究结论进行非常严格和全面的验证。因此,从大数据推导出研究结论的过程中存在着很大的"解释空间"。有关环状RNA的生物学功能之争论就是一个典型案例。环状RNA是指在mRNA剪接过程中,外显子序列被反向剪接而形成的封闭环状RNA结构。环状RNA发现之初被认为属于剪接错误导致的副产物,不具备生物学功能。但2013年发表在《自然》杂志的研究论文提出,环状RNA是一类具有生理调控作用的功能分子(Memczak et al., 2013)。需要强调的是,研究人员在形成这个研究结论的过程中,只是从其检测到的数千个环状RNA中挑出一个来进行详细的功能验证实验。然而,《细胞-报道》(*Cell Report*)杂志在2021年发表的一篇文章对这一研究结论进行了挑战。该文的作者通过对来自人类、恒河猴和小鼠11个组织的RNA测序数据分析,估算出大多数环状RNA皆因剪接错误而产生,其中有害的比例超过97%,因此认为,大多数环状RNA属于没有功能的垃圾RNA(Xu & Zhang, 2021)。还需要指出的是,该文作者称他们的确找到了若干个具有生物学功能的候选环状RNA。也就是说,前文发现一个有功能的环状RNA之实验结果与后文的结论并不冲突。关键问题是,前文没有对所发现的数千个环状RNA都进行功能实验就推导出它们可能都具有功能的研究结论。这种"由点及面"的推导模式常常出现在数据密集型实验中,导致了一种新型的研究结论可重复性之问题。

结语:恢复科学精神,重建学术生态

科学研究的可重复性涉及许许多多客观因素,包括实验设计、实验技术、实验材料、科学理论和分析方法,等等,但最需要考虑的应该是主观因素,即研究者及其所处的学术环境。可以说,当今"引爆"科学研究可重复性危机的正是整个学术界高度功利化的学术环境,以及被其影响乃至受其控制的研究人员。因此,要想从根本上解决当前的实验可重复性危机,关键在于恢复失去的科学精神,重建健康的学术环境。亚法2015年在社论《科学的可重复性》中说:"不改变整个科学文化,我相信很难去解决这些实验技术引发的可重复性问题。"

科学研究的主要目标是探索未知,在这个探索过程中出现错误在所难免。科学独特的性质之一就在于其错误可以被系统地进行分析和批评,并在大多时候都得到及时的改正。也就是说,科学研究的精神从本质上说是"自我纠偏"(self-correction)——研究人员在实验过程中发现和改正失误是其研究工作成功的一个重要组成部分。这正是我们常

说的"失败乃是成功之母"。在可重复性概念之背后体现的也正是这种自我纠偏精神。可是,今天的学术界显然背离了这种自我纠偏精神,研究人员、学术期刊和科技管理层习惯于报喜不报忧,通常只关注那些研究取得的阳性结果,而明显地忽略那些研究中产生的阴性结果。为此,亚法明确指出:"只有当项目资助过程得到根本的改变,当科学影响力以不同的方式被评估,当我们想出办法来发表重要的、具有很好对照实验的阴性结果——包括那些对'高影响力'发现重复失败的数据,人们才有可能改进可重复性的状况。"

学术环境的改变重点应体现在对研究人员和研究工作的评价。美国科学院为解决这些问题组织了一个由前院长艾伯茨领导的工作小组。在工作报告中他们提出了一系列解决措施,其中也提出:"我们认为研究动机应该进行改变,要以发表论文的质量而非数量来奖励研究者。大学的长聘评审应该像基金申请一样,对候选人的评价是根据其代表性工作的重要性,而不是用发表文章的数量或者杂志的影响因子作为质量的标识。"(Alberts et al., 2015)我国有关部门也明确提出了反"四唯"等改进科技评价的一系列措施。

当前的学术界还有一个重要的特征——封闭,即存在大大小小的学术圈。学术圈的封闭性进而导致了科学研究的不透明:不仅技术路线、实验材料和数据分析等实验过程中的关键信息模糊化,而且阴性结果基本上不予披露,甚至阳性结果也往往是经过选择的。可以说,当前学术界形成的封闭和不透明在科学可重复性危机中也扮演了重要的角色。正是基于这样的考虑,牵头对高影响力论文进行可重复性检验研究的美国"开放科学中心",专门成立了"透明与开放促进委员会";该委员会制定了促进科学研究透明与开放的8项标准:引用的标准、数据的透明、分析方法(代码)的透明、设计和分析的透明、研究的预登记、分析计划的预登记、重复实验(Nosek et al., 2014)。《细胞》杂志社在2016年也启动了一个旨在让研究者的实验材料和技术等信息更透明、更清晰、更容易获取的"STAR"计划,要求作者把其研究论文内有关实验方法的详细内容提交到线上发布;该杂志社为此把其发表文章中原来的方法部分之要求进行了修改,从"实验方法"改为"STAR方法"。

  显然,要想改善整个学术环境进而解决科学的可重复性问题并非易事,需要学术界、政府和社会各个方面的共同努力,仅靠某个单位或某个部门的力量是远远不够的。在《NIH计划加强可重复性》的评论文中,柯林斯对此有着明确的认识:"仅凭NIH一家之力不足以让这个不健康的环境发生真正的改变。"

  原载于《生命科学》杂志2023年第35卷第2期,文字有改动。

从发现孟德尔看生命科学领域的范式

2022年是美国科学哲学家和科学史家库恩的《科学革命的结构》(本文简称《结构》)发表60周年。这本书从出版时鲜为人知到今天被哲学界和科学史界广为关注,颇为传奇。据统计,在社会科学研究中被引用最多的25本著作里,该书排名第一。《结构》为理解科学的特征和发展规律提供了许多独到的概念和观点,其中当属范式一词最具影响力。这个术语是《结构》一书中最为重要的概念,但又是一个最容易引起歧义的概念,不同的读者往往给出不同的理解,即使是库恩本人也有过不同的解释。一篇文章分析指出,范式一词在《结构》一书中就以21种不同方式使用过。时至今日,学术界一方面广泛使用范式来描述各种类型的科学活动,一方面继续争论这个概念的内涵和外延。为纪念《结构》发表60周年,自媒体"知识分子"联合沙龙"科学四十人"于2022年组织了一场座谈会,从不同的视角对范式一词进行了讨论。笔者应邀参加了这次讨论,进而也产生了新的思考。作为物理学博士,库恩在《结构》一书中主要是通过梳理物理学领域既往的科学活动来解析范式的特征与作用。由此引出了这样一个问题:范式在不同的科学领域是否具有不同的特征与作用?本文拟通过分析生命科学史的一个著名案例——孟德尔遗传定律的重新发现——来探讨这个问题。

从孟德尔研究被忽视看范式的作用

2022年是现代遗传学奠基人孟德尔诞辰200周年。在2022年出版的《孟德尔传——被忽视的巨人》一书中,作者商周按照生命科学领域的科学家贡献的大小,把孟德尔排在仅次于达尔文的第二把"交椅"上。但需要注意的是,从该书的书名上可以看到,孟德尔在科学史上受人关注不仅仅因为他是一位科学巨匠,更是因为他的研究成果被当时的生物学界忽视长达35年之久,到了1900年前后才被重新发现。这一事件已成为现代遗传学诞生的里程碑式事件。为此,德国学者斯多倍在写遗传学史时用了这样一个书名,《遗传学史——从史前期到孟德尔定律的重新发现》(斯多倍,1981)。

孟德尔经过近10年的豌豆杂交研究,于1866年在《布尔诺自然研究学会会刊》发表了遗传学史上最著名的研究论文——《植物杂交实验》,提出了遗传学的两个基本规律——分离定律和自由组合定律。然而,他的论文发表之后没有得到当时科学界的关注,引用者屈指可数。更糟糕的是,那寥寥数位引用者中并没有一位真正读懂其论文,甚至没人注意到文中所提出的遗传学规律,"这些引用对孟德尔的研究的传播几乎没有起到任何作用"(商周,2022)。当时国际一流的植物学家、德国慕尼黑大学的内格里教授收到孟德尔专门寄来的论文单行本之后,给孟德尔写了封回信。但是,"从他对孟德尔的论文的批评意见来看,很清楚,他没有认识到其论文的重要性"(斯多倍,1981)。在2022年发表的一篇纪念孟德尔的文章中,牛津大学的纳斯迈斯博士对内格里也给出了类似的判断:"他(内格里)或者是不能理解和欣赏这篇论文,或者仅仅是不想这样做。"(Nasmyth,2022)

为什么孟德尔的那篇遗传学经典论文没有得到重视并且被忽视如此之久?比较常见的理由是,当时的研究者无意中忽略了孟德尔的原创性研究。然而,越来越多的证据表明,当时的科学界并不是无意识地疏忽,而是有意识地排斥了孟德尔的研究结果。例如,内格里教授实际上很熟悉孟德尔的研究工作,并与孟德尔保持了长达8年的通信。他不仅与孟德尔交流植物杂交实验中的经验,还向孟德尔要豌豆种子做实验(斯多倍,1981)。但是,在内格里于1884年发表的巨著《生命进化的机械生理学理论》里,虽然提到了许多植物杂交和遗传的研究内容,却对孟德尔的工作只字未提。这同样也是斯多倍总结这段历史时所看到的问题:"达尔文熟悉文献记载的所有古代的生殖和遗传理论,精细地分析了早期研究者的发现,并把其中的精华收入他的著作中,可是竟然没有读过孟德尔的关键性论文,这真是遗传学史上难以理解的事实之一。"(斯多倍,1981)

今天的人们显然难以确定那时的学术界有意识排斥孟德尔的真正原因。但值得注意的是,从孟德尔1867年写给内格里的一封信里,孟德尔自己当时就已经预见到了可能发生的情况:"我知道我得到的结果不容易与我们当代的科学知识相容,而且在这种情况下发表这样一个孤立的实验会面临双重风险,即对实验者和他所代表的事业都是危险的。"(商周,2022)在当时的生物学界,流行的是泛生论(pangenesis)这样的遗传假说。就在孟德尔发表其论文不久,达尔文提出了基于泛生论的遗传假说——"暂定的泛生说",即"发育中的生物体的每一个细胞都能产生无数个细小的芽球,它们彼此各不相同,负责每一种性状和器官的形成。……每当细胞分裂时,它们就进入子细胞并能在身体里自由流动,进入了生殖细胞就保证把它们传递给子代"(赵寿元、乔守怡,2008)。斯多倍对达尔文的"暂定的泛生说"是这样评价的:"这个假说是2000多年以来,几乎在每一个世纪中都以各种猜测形式出现的泛生原理的进一步发展。"

孟德尔的研究明显地背离了泛生论的基本假设——体内各种携带

特定性状的芽球进入生殖细胞并融合成为一个完整的遗传单位。他在《植物杂交实验》论文中明确指出，"本实验的目标是观察研究每对可区分性状在杂交种的变化，并推断出它们在连续几个世代的后代中出现的规律。根据实验植物中存在的不同的性状的数目，该实验本身也被相应地分解为同样多的单独实验"（商周，2022）。在研究实施过程中，孟德尔根据豌豆的7个性状分别进行了7个独立的杂交实验。也就是说，孟德尔把单个性状视为一个基本的、独立的遗传单位（遗传因子），彼此之间不会发生混合或者融合。这里可以借用物理学打个比喻：泛生论相当于光的波动学说——性状的遗传是连续性的行为；而孟德尔的研究相当于光的粒子学说——性状的遗传是离散性的行为。

显然，孟德尔的研究思路和研究成果都跳出了泛生论的理论框架，从而得不到那些认同泛生论观点的研究者之理解并被有意识地排斥。正如斯多倍对内格里的评价中所强调的："他那个时代的科学思想，不可能理解孟德尔论文所包含的命题的创见，遗传的不是一个个体的全貌，而是一个个性状。"由此可见，在生命科学领域，研究者的实验设计、观测和解释都离不开某种理论框架。这种理论框架通常由相应的概念与假设组成，对研究者的思考与实践具有引导和约束作用。美国著名生物学史家玛格纳这样认为："说孟德尔是被人曲解了也许比说他完全被人忽视更恰当一些。孟德尔似乎给他同时代的人提供的是'纯粹事实'，因为其中没有把他的工作联系上去的能称为逻辑理论的理论框架。"（玛格纳，2002）

遗传学是一门实验科学。孟德尔被忽视的另一个重要原因是他的实验方法超越了他的那个时代，"孟德尔的研究方法与现代科学的完全一致，达尔文的研究方法则属于不同的时代"（Nasmyth，2022）。在19世纪泛生论流行的时期，实验生物学才起步不久。细胞学说建立于19世纪30年代，随后研究者就开始了细胞的内部结构和生长活动的研究。

例如，内格里于1842年研究显花植物的花粉形成，发现两个子细胞的细胞核是由亲代细胞的细胞核分裂而产生的。然而，在孟德尔进行杂交实验和论文发表的那段时间里，人们对细胞的结构细节和活动规律的认识还比较粗浅，尤其是对细胞核内的遗传物质载体——染色体——还没有了解清楚。牛津大学的纳斯迈斯在那篇纪念孟德尔的文章中就明确指出："涉及孟德尔被忽视的一个关键就是：染色体以及它们在遗传中的角色尚未得到描述，由此阻碍了任何试图给孟德尔的观点提供物质基础的尝试。"（Nasmyth, 2022）内格里当时在给孟德尔的回信中也曾这样说过："到目前为止，我们还没有完整的一系列实验可以为最重要的结论提供不可辩驳的证据。"（商周, 2022）

由此可见，生命科学领域的范式是由特定的概念与假设以及相应的实验（观察）所构成的。这种范式作为研究者进行思考的平台，对研究者不仅发挥着正向的指导作用，而且有可能产生负向的约束作用，就像一扇窗户限制住了人们观察事物的视野。学术界流传着这样一种看法，假如达尔文读过孟德尔的研究论文，就有可能采用孟德尔遗传理论补上其进化论的短板。但是，纳斯迈斯在文章中认为，"鉴于达尔文持有明显不同于孟德尔关于（植物）受精的观点——相信受精需要多粒花粉，因此很有可能的情况是，即使他得到了一份孟德尔的论文，他也可能掌握不了该论文的要义"（Nasmyth, 2022）。值得指出的是，达尔文在看待学术界对他的进化论之反应时与孟德尔一样的悲观——他在《物种起源》一书结尾中这样写道："虽然我完全相信本书在提要的形式下提出来的观点是真实的，但是我决不期望说服富有经验的自然学者。他们的思想在岁月的悠久过程中装满了那些用与我的观点直接相反的观点所观察到的大量事实。"

从孟德尔研究之重新发现看范式的转换

虽然孟德尔的研究成果起初受到了当时生物学界的冷落乃至于压制,但在时隔其论文发表30多年后,他的研究成果很幸运地分别被三位植物学家重新发现——荷兰的德弗里斯、德国的科伦斯和奥地利的切尔马克;他们三人于1900年在《德国植物学会通报》杂志上先后发表了各自的研究论文,并都介绍了孟德尔的研究工作,尤其是科伦斯把其论文标题明确写为《关于品种杂交后代行为的孟德尔法则》。

孟德尔被发现的"幸运"首先要归功于细胞学的一系列研究进展。17世纪80年代,多位研究者发现了细胞核内存在线状的染色体,并认识到了细胞有丝分裂期间支配染色体数目的规律。其中德国生物学家弗莱明于1879年借助染色技术观察了细胞核里丝状物的活动,称为染色质(在1888年被正式命名为染色体)。此外,德国细胞学家拉布尔首次提出了细胞分裂期间染色体数目恒定的规律;生殖细胞的减数分裂过程也于1888年分别由德国动物学家博韦里和植物学家斯特拉斯伯格所证实。斯多倍对这些细胞学进展在发现孟德尔的过程中起到的作用有一个精辟的总结:"19世纪的最后30年,对细胞研究工作的发展是十分重要的;并且对细胞的研究,最后导致弄清楚遗传的细胞学基础,并用经过实验证实的理论,代替了古代关于生殖和受精的一些假说。"

更重要的是,孟德尔被发现的"幸运"源自19世纪末期德国生物学家魏斯曼提出的一个全新的遗传学假说——种质论(germplasm theory),即生物体是由种质(germplasm)和体质(somatoplasm)两类细胞组成的,"种质是指性细胞和产生性细胞的那些细胞,体质则是指构成种质以外的身体所有其余部分的细胞。种质负责传递保持物种特性所需的全部遗传因子。在世代繁衍过程中,种质自身永世长存,在世代之间连续相继。……种质细胞系完全独立于体质细胞系,体质细胞发生的变化(也就是获得的性状)不影响种质细胞"(赵寿元、乔守怡,2008)。该假说为研究者理解孟德尔遗传学说提供了全新的理论基础。

魏斯曼的种质论从根本上否定了泛生论——身体的每一个细胞都参与了遗传活动。更重要的是,种质论明确地指出,生物的遗传是由特定的物质来实现的。魏斯曼在1885年发表的《作为遗传理论基础的种质连续性》论文中指出:"'种质的连续性'……是建立在这样的概念基础上的:遗传是由具有一定化学成分,首先具有一定分子性质的物质,从这一代到另一代的传递来实现的。"(玛格纳,2002)可以说,魏斯曼在这段话中甚至预见了分子生物学的到来。

也就是说,19世纪末期细胞学实验进展和魏斯曼种质论假说结合在一起,形成了一个新的遗传学范式,从而使得学术界能够理解和接受孟德尔的研究成果和观点。这可以从德国植物学家科伦斯重新发现孟德尔的经历中得到体现。科伦斯师从内格里,即那位与孟德尔通信长达8年却不认可孟德尔研究的著名植物学家。科伦斯在1894年开始了他的植物杂交实验,并用数年时间独立地发现了孟德尔所看到的遗传规律。此时的科伦斯还没有听说过孟德尔,"他为自己的'全新发现'激动不已。但就在这个时候,他通过福克的《植物杂交》一书了解到了孟德尔和他的工作"(商周,2022)。在此之后,科伦斯不仅在其1900年那篇论文中大方地承认了孟德尔的优先权,而且首次把孟德尔的发现命名为"孟德尔法则"并用在自己论文的标题中。显然,1900年的学生科伦斯相比其老师内格里,更容易理解和接受孟德尔,这应该归功于遗传学新范式的出现。

需要指出的是,研究者在遗传学新范式的助力下重新发现孟德尔具有一定的偶然性,但在遗传学新范式的框架内发现相应的规律具有必然性。在发现孟德尔的三位植物学家中,就有两人——科伦斯和德弗里斯——各自独立地从自己的研究中获得了与孟德尔相同的研究结论。玛格纳指出："如果这三位重新发现中的有功人物当时不这样做的话，那么，其他人也非常接近于这一发现，并在不久也会加以实现的。"也就是说，在旧的科学范式占主导地位的研究领域，科学共同体很难理解和接受与旧范式不相容的研究及其成果；但是，一旦建立了新的范式，研究者就能够在新范式的指导下去理解和解释有关的实验结果，无论这是自己做的还是他人做的。

生命科学领域里范式的"可通约性"

库恩在《结构》一书中，不仅提出了范式这一术语，而且提出了新旧范式之间具有"不可通约性"，即不存在令人信服的客观标准可以用来比较两种范式之间哪一种更优越，研究者必须通过类似于"宗教上的改宗"那样基于主观信仰的方式，才能从原有的范式转变到与之对立的新范式。库恩提出的这种科学范式之间的"不可通约性"引发了学术界的广泛争论，并成为科学哲学和科学史上的一个研究主题。笔者在这里以孟德尔的案例来探讨一下这个问题。

不同于博物学家以观察作为其研究的主要手段，孟德尔以及那个时代的生物学研究者，已经把通过人为设计和控制下的实验作为科学研究的一个重要途径。这一点我们可以从当时的植物受精实验来看。在泛生论的背景下，达尔文等人认为，一粒胚珠需要多粒花粉才能进行受精。一位法国植物学家则为这个观点提供了实验证据——"他用紫茉莉进行的实验表明胚珠受精需要至少三粒花粉"。但孟德尔根据其植物杂交的知识，对此观点表示怀疑，并于1869年也采用紫茉莉进行了单粒花粉受精实验，证明单粒花粉足以让胚珠受精（商周，2022）。孟德尔随后利用不同花色的紫茉莉设计了一个更为精巧的两粒花粉受精实验，根据其子代的花色性状的分离情况，推论出两粒花粉不能同时让一个胚珠受精，从而首次用实验证明"有且只有一粒花粉让一个植物卵细胞受精"。孟德尔的这一实验结论在今天已经成为生物学的基本常识。

从这个实验案例中可以看到，组成生命科学范式的两个"模块"——科学假设和实验观察——具有复杂的相互作用。孟德尔一方面根据基于泛生论的科学假设和基于豌豆发现的遗传规律设计了紫茉莉受精实验，另一方面根据紫茉莉受精实验结果来检验基于泛生论的科学假设和基于豌豆发现的遗传规律。换句话说，研究者在面临生命科学范式之间的转换时，可以把实验作为客观标准，对不同范式中的科学假设进行比较和验证。因此，这种基于实验的客观标准使得生命科学领域里不同范式之间具有"可通约性"。

孟德尔的山柳菊杂交实验是另一个值得讨论的案例。孟德尔在紫罗兰属、玉米属和紫茉莉属等不同种类的植物杂交实验中，都分别确认了他在豌豆杂交实验中获得的遗传规律。但是，他在山柳菊属的杂交实验中却始终没有获得与豌豆杂交实验相同的研究结果，尽管他为该实验花费了大量的精力和时间。这一点也许就是研究山柳菊的权威内格里不认可孟德尔研究成果的一个重要原因。山柳菊杂交实验的谜团到1910年才被一位丹麦植物学家揭开——"山柳菊以无性生殖（孤雌生殖）为主。也就是说，在绝大多数情况下，山柳菊的后代是由亲本的卵细胞直接发育而成的"（商周，2022）。

山柳菊杂交实验的案例表明，由于生命的复杂性和多样性，生命科学领域的研究范式经常面临着各种"反例"的挑战。为此，生命科学范式具有很强的"弹性"，即研究者可以在容忍"反例"存在的情况下接受相应的科学范式，如1900年研究者在知道山柳菊杂交实验不符合孟德尔遗传规律的情况下接受了孟德尔遗传学说。当然，对于不符合特定科学范式的"反例"，研究者会尽可能地找到原因，进而补充和完善相应的科学范式。在这个案例中，研究者将孟德尔遗传学说限定在有性生殖的范围，并证明在那些极少数通过父本精子与母本卵细胞杂交形成的山柳菊后代中，孟德尔遗传规律事实上也是成立的。

　　需要指出的是，客观理性是真正的研究者必备的品质。在事实面前，无论主观上喜欢还是不喜欢，研究者都必须接受。美国生物学家摩尔根是现代遗传学的另一位奠基人，但根据北京大学教授饶毅的分析，在孟德尔遗传学说被重新发现之时，摩尔根并不相信该学说。摩尔根在1909年还发表文章，称孟德尔的方法是玩数字的高级杂耍。可在1910年，他发现了果蝇白眼突变的事实后，依照孟德尔的研究方法进行了相应的实验，提出了现代遗传学的第三定律——遗传连锁定律。饶毅认为："在事实面前，摩尔根不得不'出尔反尔'，因为科学真理高于个人偏见。"从这个例子中可以看到，即使研究者受到主观的信念或想象之影响，但是，基于实验事实的理性思考依然是研究者的"牵引力"。这也正是生命科学领域里范式之间"可通约性"的保证！

　　原载于《科学》杂志2022年第74卷第6期，文字有改动。

一

后基因组时代的生命观与科学观

人类基因组计划是人类文明史的一个重要里程碑,被誉为生命科学的"登月计划"。据此,21世纪被称为后基因组时代。在这样一个新时代,我们显然应该并且可以从一种新的哲学高度去思考生命,思考与生命相关的科学。关于生命的哲学思考,始终贯穿着两个永恒的主题,一个是本体论主题,即生命是什么;另一个则是方法论主题,即怎样认识生命。

生命是质料、形式和环境之间的高度统一

纵观整个人类对生命的认识过程,关于生命是什么的问题主要有两种观点:一种观点被称为还原论,认为生物体与非生物体没有本质区别,可以从简单的非生命物质中形成生命;与之相对立的观点则是活力论:认为生命世界与非生命的无机世界存在着截然不同的界线,生命具有非生物体所没有的特殊性质——活力(vital force)。

从质料与形式的辩证统一关系看生命

生命有一个别名——有机体(organism)。这个术语始于古希腊哲学家亚里士多德,即生命是从具有活力的"种子"或"胚胎"中生长出来的。亚里士多德把在生物体中存在的"活力"用希腊语"隐德来希"来表

示,意思是"实现",即这种特殊性质能够让生命形式实现其自我完善之目的。"隐德来希"后来成了活力论的代名词。

19世纪初期的化学家就认识到,含碳化合物是组成有机体的基本物质。他们把研究含碳化合物的化学称为有机化学。在早期的有机化学家眼里,有机化合物与非生命来源的无机化合物有着不可逾越的界限,只有拥有"活力"的生物体才能够合成有机化合物;研究者只能从动植物等有机体中提取出有机化合物,而不能在实验室里用无机化合物合成出有机化合物。然而,1828年,德国化学家维勒在实验室中首次将无机化合物氰酸铵转化为有机化合物尿素。这一实验打破了有机化合物与无机化合物之间的人造"隔墙",有机化学的原意从此成为历史的传说,活力论也逐渐式微。

20世纪中叶的人工合成胰岛素工作进一步表明,具有生物活性的蛋白质也可以从实验室里产生,因此,复杂的生命物质也不过就是一些简单的小分子化合物按照一定的物理学和化学的方式聚集在一起。在后基因组时代,科学家在合成生命方面取得了更多更大的成果。2010年5月20日,美国生物学家文特尔宣布首个人工生命诞生——研究者采用化学合成方式,人工合成了一个具有108万个碱基的完整的细菌基因组,进而构成一种只含有这一人造基因组的人工细菌,并通过这个人造基因组控制和实现了自我复制等生命活动。研究者强调:"这个被人造基因组控制的细胞,其性质表现得如同整个细胞都是人工合成的(即该DNA软件制造了它自身的硬件)。"(Gibson et al.,2010)这项具有里程碑意义的实验使得人们认为,生命可以在实验室里被人工合成出来。美国《新闻周刊》在报道该项工作的同时,在其封面刊登了文特尔的头像,并冠以《扮演上帝》的标题。

这些研究工作很清晰地反映了还原论者关注生命本质的一个特定角度:生命可以还原为其组成物质或构成材料,而且与非生命的材料没有根本上的区别。然而,如果仅仅从构成材料的角度来定义生命,那么活力论的鼻祖亚里士多德也可以被归于还原论者。亚里士多德把当时已经知道的520多种动物,根据它们的生殖方式进行了分类,按照从低等到高等的顺序构建了动物的6个等级,并声称最低等的动物是从泥土中自然产生的。

问题的关键是,生命的构成材料并不等于生命。在亚里士多德看来,包括生命在内的所有物体都是由"形式"和"质料"两者组成的,形式是被构成的东西,质料是构成成分。形式决定了该物体的本质所在。换句话说,生命之所以被视为生命,不仅要考虑到其构成质料,还要看到生命拥有了无机体所不具备的特定形式。显然,这种对生命本质的理解超越了还原论和活力论之间的简单争论。过去这两者的争论建立在传统哲学的唯物主义和唯心主义二分法之上,生命的质料和形式之间的关系被割裂:还原论者往往把生命视为构成它们的材料,而活力论者认为生命拥有独立于构成材料之上非物质性的"活力"。但是,生命实际上应该是由其"形式"和"质料"共同构成的,两者相互依存,缺一不可。"质料"是生命的"潜能","形式"则是潜能的实现。亚里士多德提出的"隐德来希"的本意,正是指生物体中"形式"和"质料"之间这种对立统一关系。从这个意义上说,生命是不可分割的一个完整呈现。因此,活力论往往又可等同于另一个概念:整体论(holism)。

人类基因组计划的完成给研究者从整体论角度认识生命提供了强有力的支持。在人类基因组中,编码蛋白质的基因有2万多个,它们之间存在着广泛的相互作用;每一种生命活动不仅依赖于相应的基因或蛋白质等构成元件,还取决于这些元件之间形成的相互作用网络。在多细胞生物中,这些生物分子的相互作用网络不仅存在于细胞层面,而且跨越到组织和器官等各种层面。2017年,美国科学家曾通过系统生物学理论和大数据分析,提出了一个新的模型——全基因模型(omnigenic model），用来解释基因是如何控制复杂性状的：在细胞内不仅存在对某个特定性状有直接作用的核心基因，而且存在着数量更多的与核心基因有相互作用的外围基因，这些外围基因对该性状具有间接的影响。该模型认为，由于各个基因间存在着广泛的关联和相互作用，所以生物体的每个复杂性状都可能受到基因组内每一个基因或多或少的影响（Boyle et al.，2017）。

从质料与环境的辩证统一关系看生命

在后基因组时代，科学家们正在从生命复杂系统的角度来认识生命的本质。美国哈佛大学系统生物学系创始系主任克尔斯勒撰文指出："值得问这样一个问题：当代生物学的'后基因组'观点在多大程度上可以让19世纪的活力论者接受今天人们对生命本质的理解。"他进而从系统生物学角度提出了分子活力论（molecular vitalism），"在21世纪之初，我们对活力论做一次最新的思考：必须指出，我们需要从根本上超越对细胞的RNA和蛋白质组分的基因组分析（这种类型的分析很快就会过时），而转向对分子的、细胞的、机体的功能之'活力'性质的分析"（Kirschner et al.，2000）。

2018年，北京大学生物学家白书农等人，根据奥地利物理学家薛定谔的负熵和比利时化学家普里戈金的耗散结构理论，提出了关于生命本质的独特看法，认为生命的特征是指特定的组分在一定环境条件下的特殊相互作用。这种特殊的相互作用源自两个不同化学过程之间的耦合和循环：一个是生物元件通过消耗吉布斯自由能而形成分子复合物的自发组织过程；另一个则是环境提供自由能，让这种分子复合物解离的热力学分解过程；由此他们认为，这种耦合和循环过程就是生命不同于非生命体的第一个特征——代谢（Bai et al.，2018）。

需要指出的是，白书农等人明确把特定的提供能量之环境视为生命"活力"的源泉:"这种循环过程可以被定义为'生命'(being)或'活物'(living matter)的第一个标志。人们不应该把物质性的质料单独认定为'活'的,而应该要认识到这种质料参与到了一个由外部能量驱动的动力学循环之中。"(Bai et al., 2018)这一观点引出了笔者对生命本质的一个新想法,即把环境作为生命构成中不可或缺的角色。生命的形成、生存、繁殖和演化等各种生命特征都建立在特定的环境之上。

过去的还原论与活力论之争主要集中在生命本身,关于环境对生命的意义考虑得不多。但实际上,离开了环境谈生命的意义是不大的。病毒是生命吗?在没有遇到合适的宿主之前,病毒不过是蛋白质和核酸等生物大分子的聚合体,只有遇到了宿主以后,病毒在宿主提供的特定环境条件下才能够成为"活"的病毒,表现出它的各种特性。换句话说,这正是"隐德来希"的真谛:构成生命的相关质料提供了生命的"潜能",特定的环境条件让这种潜能得以实现。笔者把这种让生命潜能实现的环境称为"活力环境"。在研究遗传物质与性状关系的遗传学里,有一个著名的公式:

$$表型=基因型+环境$$

生命也可以给予类似的定义:

$$生命=生物质料+活力环境$$

这个公式可以为许多争论不清的问题提供答案。例如,通过诱导蛋白质产生异常构象而引发疯牛病的朊病毒是生命吗?就其构成材料来看,朊病毒只不过是单纯的蛋白质,不能称为生命。但是,一旦它进入哺乳动物大脑这个特定的"活力环境"中,其诱导蛋白质产生异常构象的潜能得以实现,从而成为能导致疾病的一种生命体了。再如,计算机病毒是生命吗?虽然它能够在计算机环境下进行自我复制和"传染",但它没有核酸或蛋白质等生物体构成材料,因此不能称为生命。

由以上论点又可以引申出一个重要的哲学命题——"存在"与"本

质"的关系。对生命而言,存在先于本质,即作为构成生命的质料,可以在没有生命活动的状态下稳定地存在着,如文特尔通过化学方法合成了一个完整的细菌基因组核苷酸序列,但是构成这个人造基因组的核酸材料本身并没有表现出生命特征,只有当研究者把它放入一个去除了天然基因组的细菌细胞这样一种"活力环境"中,人造基因组才表现出了自我复制和代谢调控等生命特征。据此还可以进一步推导出:生命的存在可与本质相分离。比如保存在低温状态下的细胞或者个体仅仅是一种材料,只有在合适的复苏条件之"活力环境"下才能重新呈现出生命的迹象。换句话说,构成生命的材料仅仅是生命形成的充分条件,特定的"活力环境"则是生命形成的必要条件,两者缺一不可。

数据驱动的开放型生命科学研究范式

20世纪中叶诞生的分子生物学建立在还原论的基础上,认为生命活动遵循着基本的物理学和化学规律。正如薛定谔在其名著《生命是什么?》中所指出的,对生物体而言,在它内部发生的事件必然遵循严格的物理学定律。也就是说,在分子生物学家看来,生命是一部按照决定论规律运转的"机器";研究者的任务就是要提出科学假设,进而通过研究去认识和揭示这种规律。然而,后基因时代的研究揭示,生命并非这样一架简单的决定论"机器",而人类基因组计划也催生了一种不同于假设驱动的研究范式——数据驱动的研究范式。

研究不确定性的生命科学

基于还原论的生命科学决定论者往往有这样一个潜在信念:只要掌握的知识足够充分、信息足够精确,就可以认识和控制一切生命活动,就能够消灭危害人类的所有疾病。现代生命科学那种研究核酸和蛋白质等生物大分子三维空间结构的热情,正是这种决定论观点的突出体现：人们试图精确到原子水平去解释生物大分子的功能或它们之间的相互作用，进而去发现生物体内确定的分子作用机制。换句话说，分子生物学建立在这样一个观念上——结构决定功能。

然而，生物体内的生物大分子种类繁多、数量巨大，即使是大肠杆菌这样简单的单细胞原核生物所拥有的各种蛋白质分子的总拷贝数也高达250万个左右，其整个细胞容积的30%左右都被生物大分子占据。因此，这些生物大分子在细胞内通常处于极端拥挤环境和无序排列状态。更重要的是，蛋白质和核酸等各种生物大分子具有不可穿透性，不能像无机小分子那样在溶液中自由扩散和运动，这导致任何一个生物大分子的实际可及空间大大减少，这被称为"排斥体积效应"。这种拥挤的细胞液态环境和排斥体积效应导致生物大分子之间产生了相当复杂的相互作用，其中有一种相互作用被称为相分离（phase separation）。生物体的相分离是指：特定的蛋白质和RNA等生物大分子可以在一定条件下组织起来，形成高浓度的特定分子聚集的"液滴"，就如同油滴从水中分离出来一样。不同于传统意义上的蛋白质相互作用，具有相分离能力的蛋白质往往依靠一类没有确定三维结构的内部无序区域之间的相互作用来实现相分离。

生物大分子不仅具有结构上的无序组织，而且在其合成的过程中也有许多随机扰动存在。这种生物大分子具有的随机扰动性通常被称为生物噪声。其主要表现在基因转录和蛋白质翻译过程中，如在基因转录过程中它的启动子被激活和灭活时间响应的快慢差异，或者蛋白质合成反应和降解反应的速率差异等。研究者发现，在原核细胞中，噪声对基因转录的影响不大，主要影响蛋白质的合成水平；但在真核细胞中，噪声不仅影响蛋白质的合成，而且显著影响基因表达水平。

生物噪声导致的一种重要生物学现象是，基因表达水平与蛋白质合成水平之间数量关系的相关性不高。过去人们认为基因与蛋白质的丰度变化关系是线性的,即基因转录产生的mRNA拷贝数多,相应的蛋白质数量就高;反之,前者少的时候后者也少。然而,在对酵母细胞和动物细胞等不同种类生物体的转录组和蛋白质组的定量分析中发现,mRNA丰度和相应的蛋白质丰度之间并没有很好的相关性。2017年一项对大肠杆菌的单分子研究发现,在生物噪声的影响下,基因表达量和相应的蛋白质表达量之间呈现出随机关系,以至于研究者得出这样一个结论:"对任何一个给定的基因而言,在单个细胞内的蛋白质拷贝数和mRNA拷贝数之间没有相关性。"(Taniguchi et al., 2017)

人们通常认为随机性"噪声"会对生命产生负面影响。例如,在基因转录和蛋白质翻译等重要的生命活动中存在的不确定性扰动。由此来看,噪声对生命没有好处,应该被消除。但越来越多的研究表明,生命中的噪声不仅难以消除,而且对生命也有着积极的一面,常常具有许多重要的生物学功能。例如,生物噪声在DNA复制过程中往往引发随机突变的产生,为生命的演化提供原材料;在细胞信号转导过程中,生物噪声可以利用细胞的正反馈机制来放大信号,帮助细胞做决定。此外,虽然生物噪声可以由细胞间的差异产生,但生物噪声同时可以用来维持和加强细胞之间的差异特征,影响个体的发育和生长。

当前,对生物噪声及其对生命活动影响的研究正在成为一个新的热点,有研究者甚至将其称为"噪声生物学"。这类研究让我们认识到,生物体作为一个开放的非线性复杂系统,一方面自身具有各种内在的随机噪声,另一方面生存于充满不确定性的外部环境之中。可以这样说,地球上生命的演化过程就是由偶然性推动的。它的存在使得生命能够从最简单的原核细胞形式发展出如此复杂多样的动植物。如果生物世界真的是由确定性所统治的,那么今天地球上存在的生命很可能依然只是大肠杆菌这一类简单的单细胞生物。

还原论者推崇的现代生命科学是一种假设驱动的研究范式。对决定论者而言,一切事物的发生发展都是遵循着一定规律的,有因必有果;生命科学研究的主要目标通常就是去证实或证伪对某种因果关系的假设。而对生命的决定论世界之否定,使得研究者需要重新审视这种假设驱动的研究范式。

数据驱动的生命科学

人类基因组计划的实施催生了一种全新的研究范式——数据驱动的研究。一个人的基因组具有30亿个以上的碱基对,即相当于3GB以上的数据。目前,国际上储存的个体基因组序列的数据量已达到百万人级的规模。与此同时,基因组测序也成为健康医学研究的基本目标,如NIH在2006年牵头启动了国际癌症基因组项目——"癌症基因组图集",到2017年年底,该项目分析了超过3.2万位患者的肿瘤样本,覆盖60个组织或器官的38个癌种及其亚型,检测到311万个基因变异,积累了超过20 PB的肿瘤基因组数据。此外,转录组、蛋白质组和代谢组等各种生命组学数据也大量产生。生物医学大数据正在彻底改变着生命科学和医学的研究范式。正如2011年美国首部关于精准医学的战略报告所指出的:"开展本项研究的动机在于,与人体有关的分子数据正在爆发性地增长,尤其是那些与患者个体相关的分子数据,由此带来了巨大的、尚未被开发的机会,即如何利用这些分子数据改善人类的健康状况。"联合国教科文组织在一份科学报告中也做了这样的预测:到2030年,科学不仅基于数据来开展研究,任何科学发现的基本产出也是数据。换句话说,后基因组时代是一个大数据时代,大数据重塑了生命科学研究,研究者不仅能够继续在假设驱动下开展研究工作,也可以在全新的数据驱动范式下进行研究。

数据驱动的研究范式与假设驱动的研究范式有着本质的区别,首先是研究的"初心"不同,前者不需要假设,不以解决具体科学问题为己任,主要研究目的是去获取研究对象的相关信息。人类基因组计划就是数据驱动型研究的典型代表。该计划的初衷是要测定人类基因组拥有的全部核苷酸序列。在传统的生命科学研究中,研究者往往是根据某种假设把研究目标锁定到由一段核苷酸序列组成的一个基因之上,进而深入研究其功能或调控机制;而对人类基因组计划而言,研究者是通过测定全基因组序列,去发现在这些序列中隐藏着的2万多个基因。因此,数据驱动的研究通常又被称为"发现的科学"。

虽然假设驱动的研究范式在现代生命科学的产生和发展中扮演了重要的角色,并成为科学研究的主流,但是,这种研究范式也带有一种先天缺陷。英国科学哲学家查尔默斯在其名著《科学究竟是什么?》(*What Is This Thing Called Science?*)中指出,基于假设驱动的研究范式之科学是"从事实中推导出来的"。在他看来,关键是怎样获得"事实","其中的一个困难在于,知觉经验在一定程度上受观察者的背景和期望影响,因而对一个人看来是可观察的事实,对另一个人未必如此。第二个困难源自对观察命题真假的判断在一定程度上依赖于已知的或假设的是什么,这样就使得可观察事实像作为其基础的前提一样。这两种困难都暗示着,科学之可观察的基础,可能并不像人们广泛地和在传统上认为的那样直接和可靠"。

由于数据驱动的研究不依赖于假设,因而可以避免这种对"事实"的主观性选择和判断。美国生物学家戈卢伯在一篇题为《数据优先》的文章中明确指出:"如果没有获得全面的肿瘤基因组数据,将难以区分信号和噪声。尽管假设驱动的实验科学依然处于研究领域的中心位置,但不带偏好的肿瘤基因组测量将提供前所未有的机会去催生新的想法。"(Golub, 2010)。换言之,数据驱动的研究范式不仅能够避免研究者可能的主观偏见,而且可以帮助其发现在假设或者现有理论范围之外的全新知识。我们还可以进一步引申一下——经典的科学哲学认为，科学研究需要在由一系列假设和理论搭建的框架内进行。这种指导研究的"框架"被库恩称为范式，被拉卡托斯称为"研究纲领"（research program）。数据驱动研究范式的一个"亮点"就是：可以不受现存研究"框架"的制约。

数据驱动的研究范式与假设驱动的研究范式之间还有一个重要的区别，即研究策略不一样，前者往往具有一个明显的特征：把研究目标分解为若干次要目标，然后开展相应的研究工作，并在前期研究结果的基础上反复进行完善，通过多次研究逐渐逼近预定的总体目标。每一次重复研究的过程称为一次迭代。这种迭代式研究策略意味着允许每一次研究工作可以不完备，可以接受局部的或非最优的阶段性成果。假设驱动的研究则追求研究成果的完备性，尽可能通过一次性研究工作，就可以完整地解答科学问题或证明科学假设。

后基因组时代的许多生命科学研究计划明显具有迭代特征，其中最具代表性的例子依然是人类基因组计划。

数据驱动的研究范式迭代模式既不属于"观察－归纳－证实"的"实证性研究"，也不属于"问题－猜想－反驳"的"证伪性研究"。其研究成果既不能被证实，也不能被证伪。在整个数据迭代的过程中，每一次研究获得的成果都不是决定性的或完备的。更重要的是，数据驱动的研究范式作为一种超越理论框架的"发现的科学"，并不采用传统的归纳方法去追求事物之间的因果关系，而是通过算法和模型去探讨数据之间的相关性。可以认为，数据驱动的研究范式克服了假设驱动的研究范式对决定论和因果关系的偏执，进而形成了开放式研究的认识论新体系。

原载于《科学》杂志 2021 年第 73 卷第 2 期，文字有改动。

一

生命大科学——
从微观到介观的组学研究

20世纪中叶,研究者在物理学和化学之理论与实验技术的推动下,成功解析了蛋白质的空间结构并提出了DNA双螺旋模型,分子生物学在此基础上诞生,进而开启了在分子水平上研究生命及其活动的现代生命科学。生命科学建立在还原论的基础之上,即生物体与非生命物体没有本质的区别,都要遵循严格的物理学和化学的规律,可以在分子层面上通过对个别的基因或者蛋白质的结构与功能来认识和阐明细胞乃至个体的生命活动。也就是说,这个时期的研究者采用了碎片化的模式来研究生命及其生理或病理活动。

但是,研究者逐渐认识到,生命活动并非由一个个基因或蛋白质"零件"独立完成,而是建立在生命体内众多基因、蛋白质和其他化学小分子形成的复杂相互作用之上。对高等生物而言,除了分子层面复杂的相互作用网络外,还有着细胞、组织和器官等不同介观层面各种组分之间的相互作用。因此,生命活动是这样一种复杂系统的整体行为。显然,要真正揭开生命的奥秘,需要从整体角度来研究生命复杂系统的各种相互作用网络以及相应的生理病理活动。随着20世纪末基因组测序技术和其他研究技术的发展,国际科学界启动了跨世纪的人类基因组计划。在这个国际大科学计划的推动下,生命科学的研究范式正在从局部研究策略转变到整体研究策略。

分子层面的多组学研究

20世纪中叶兴起的生命科学研究表现出典型的"个体户"特征,即以众多学术带头人(PI)领导的小规模实验室为研究主体,可以称为小科学模式。随着人类基因组计划的启动,生命科学领域出现了全新的大科学研究形态。当前,由多个科研团队组织起来,针对某一具体研究目标共同开展研究的"联合体"(Consortium)已经成为生命科学领域的常态,如研究精神分裂症的国际精神病基因组学联合体。以及NIH组建的"国际十万人队列联合体"(IHCC)——涉及43个国家100多个人群队列的研究。但是,生命大科学并不仅仅表现为研究队伍的规模大,还有其他值得关注的特征;在此笔者着重讨论两个方面。

数据驱动的研究新范式

建立在分子生物学基础上的现代生命科学之主流是假设驱动的研究范式,通常以解决具体的科学问题为主要目标,采用生物学实验去分析和验证针对特定科学问题的相关科学假设。但人类基因组计划等生命大科学研究却不是科学假设所驱动,其表现出来的是一种数据驱动的研究新范式,首要目标是去获取海量的数据。

自人类基因组计划实施以来,不仅有针对各种生物大分子的组学研究,如研究RNA表达谱的转录组学、研究蛋白质组成和丰度的蛋白质组学,还衍生出许多相关的组学研究,如研究DNA或RNA修饰的表观遗传组学、研究蛋白质翻译后修饰的蛋白质修饰组学等。此外,还产生了针对糖类分子的糖组学、针对脂类分子的脂组学、针对代谢物等生物小分子的代谢组学。可以说,基于数据驱动的组学研究策略已经被广泛地用于分子层次的各种类型的生物分子研究,其特点就是全局性的高通量数据采集与分析。

更重要的是，这些生命科学大数据分析能够提供过去生物学小数据所不能提供的信息。例如，研究者通过对27万名欧洲血统参与者的外显子组序列数据分析，发现了许多常见疾病的罕见基因变异。2024年，美国研究人员通过对目前世界上最大的人类全基因组等位基因频率数据库（Genome Aggregation Database）的分析，从76 156个个体的全基因组测序数据中提取出各种基因变异，进而构建了用来度量自然选择对人类基因组各个区域发生突变的限制程度之"变异受限图谱"（Chen et al., 2024）。

由于数据驱动项目的研究目标和内容不依赖于单一的科学假设或科学问题，所以其研究数据可以用来进行众多科学问题的研究。这一特点在健康医学领域有着突出的表现，最成功的案例是英国生物银行（UK Biobank）——它收集了50万名英国中老年志愿者的血液和唾液等生物学样本，以及他们的电子健康档案和全外显子测序等生物学数据。自2012年建成至今，全球来自90多个国家的3万多名注册用户使用了该数据库，并基于这些数据发表了9000多篇与健康和疾病相关的研究论文。英国生物银行于2023年11月30日正式宣布完成了这50万参与者的全基因组测序，经批准的研究人员可以在英国生物银行分析平台上访问这些数据。英国生物银行的数据量预计在2025年将达到40PB。在英国生物银行成功的基础上，英国又在2022年10月启动了一个更宏大的研究项目——"我们未来的健康"。该项目计划招募500万名英国志愿者，获取他们的生物学样本、健康信息以及相关生物学数据，希望通过实施这个项目为抗击疾病的"关口前移"提供科学指导和技术支持，并借此推动健康新业态、新产业的发展。中国科学院2020年启动的战略性先导科技专项（B类）"多维大数据驱动的中国人群精准健康研究"也同样属于数据驱动的生命健康大科学研究项目。该专项计划在5年时间内进行大规模的人群生物学样本和相应的多组学数据的采集及分析,进而基于这些数据开展中国人群生命健康方面的各种研究。

生物学大数据目前已经成为生命科学研究的重要战略资源。在国家数据局等部门联合发布的《"数据要素×"三年行动计划(2024—2026年)》中,第9条明确提出,"促进重大科技基础设施、科技重大项目等产生的各类科学数据互联互通,支持和培育具有国际影响力的科学数据库建设,依托国家科学数据中心等平台强化高质量科学数据资源建设和场景应用。以科学数据助力前沿研究,面向基础学科,提供高质量科学数据资源与知识服务,驱动科学创新发现……探索科研新范式,充分依托各类数据库与知识库,推进跨学科、跨领域协同创新,以数据驱动发现新规律,创造新知识,加速科学研究范式变革"。由此可见,中国科学院在2019年启动的国家生物信息中心建设显然就是国家科学数据战略的一个重要组成部分。

迭代演进的研究新模式

数据驱动的生命大科学研究新范式的另一个重要特点是迭代,即组学研究的成果通常不是完备的,其每一次组学研究工作类似于计算机软件开发——研究者可以在旧版软件的基础上不停地迭代出新版本,组学数据或研究成果可以不断被完善。人类基因组计划就是生命组学迭代的典型,从2001年到2022年不断更新其研究成果。

需要指出的是,人类基因组计划是一个目标明确的大科学计划——测定人体基因组全部碱基序列。其目标的完成情况在一次次迭代中可以进行准确的评估。但是,对于检测基因组基因表达情况的转录组学,以及探索蛋白质种类与数量的蛋白质组学等其他类型的组学研究,则很难按照基因组研究的方式进行,因为这些生物大分子在机体内的总数很难确定。例如,一个蛋白质组的所有蛋白质种类不仅与其基因组的基因总数以及mRNA的可变剪切有关,而且与蛋白质翻译后修饰有关。人类基因组内的基因数量估计在2万个左右,但蛋白质种类估计在20万到200万之间。2014年5月,两篇人类蛋白质组"草图"的文章在《自然》杂志发表。其中一篇采用质谱技术检测到了来自17 294个编码基因的蛋白质类型,另一篇同样利用质谱技术检测到了18 097个基因编码的蛋白质类型。显然,这些蛋白质组"草图"离完整地反映人类蛋白质种类还差得很远。

更具挑战性的是,在多细胞生物体中,转录组或蛋白质组的构成不同于基因组的构成,后者在个体的所有细胞里基因组碱基序列基本是一致的和稳定的,但前者在不同种类的细胞里有着不同的组成类型和丰度,而且在不同发育阶段和不同生存环境下不停地变化。2023年,我国科学家启动了一个国际大科学计划——"人体蛋白质组导航计划"(代号为π-HuB)。该计划为期30年(2023—2052年),将在首个10年完成对人体近40万亿细胞的蛋白质组图谱,以及与生活方式相关的蛋白质组图谱的系统绘制和解析。可以这样说,即使到了2052年之后,人类蛋白质组研究依然处于迭代过程中;正如π-HuB计划的首席科学家贺福初所说,π是一个无穷无尽的数,而科学是"无尽的前沿",我们希望通过"π"致敬对科学的无限追求。

介观层面的多组学研究

细胞是生物体的基本结构单元和功能单元。对多细胞生物而言,个体是由数量众多的、不同种类的细胞构成的——单个受精卵细胞在发育过程中通过细胞增殖方式增加细胞的数量,并利用细胞分化的方式形成不同的细胞类型,进而发育成各种组织和器官。传统的细胞分类主要是依据细胞形态、空间位置和生理性质等表型特征。据此研究者推测,组成人体的30万亿个细胞可能由200—300种类型的细胞构成。

随着单细胞核酸测序技术的成熟,国际生命科学领域启动了一项比人类基因组计划更为宏大的大科学研究计划——人类细胞图谱（HCA）。该计划目前有近100个国家和地区约3000名科学家参与，其总体目标是"采用特定的分子表达谱来确定人体的所有细胞类型，并将此类信息与经典的细胞空间位置和形态的描述连接起来"。从此，单细胞组学成为生命科学一个新的前沿领域，从个体发育到肿瘤发生发展等各种生理或病理活动的研究中都能看到大量基于单细胞组学的研究工作，研究者的视野从分子层面进入细胞层面乃至组织器官层面。2024年1月，《自然》杂志发布了2024年值得关注的七大技术，其中就包括了HCA。

时空交汇的细胞图谱研究

HCA的研究最初是基于单细胞转录组测序技术。2018年浙江大学的研究者在《细胞》杂志上报道了全球首个哺乳动物细胞图谱，涉及小鼠近50种组织的40余万个细胞（Han et al., 2018）。该研究团队之后又利用高通量单细胞转录组测序技术构建了人体细胞图谱，从来自胎儿和成人的8个主要器官的60种组织中，鉴定出了100余种细胞大类和800余种细胞亚类（Han et al., 2020）。

虽然HCA当前最常用的单细胞研究技术是转录组测序，但是对细胞在分子层面进行分类的测量技术显然不会局限于此。"这种分子标志物的集合还将包括非编码基因的表达水平、转录本可变剪接的水平、每个启动子和增强子的染色质状态，以及每个蛋白质表达水平和它们的每一种翻译后修饰状态等。"为此，研究者发展了一系列可用于单细胞研究的组学技术，如北京大学研究人员发展了一种组学水平的单细胞染色质测序技术，可以对单个细胞同时进行染色质状态、DNA甲基化、基因组拷贝数变异以及染色体倍性的全基因组测序分析（Guo et al., 2017）。由于蛋白质组成的复杂性和不可人为扩增性，单细胞蛋白质组研究一直是该领域的技术难点。2023年，国际蛋白质组学权威及其合作者发表了一篇关于单细胞蛋白质组研究技术的文章，为解决该难题提供了可能的方案（Gatto et al.，2023）。

随着单细胞测序技术的进步，组学研究进入更大的介观层次——组织乃至器官。研究者发展了把影像技术和单细胞转录组测序结合在一起的空间转录组学。瑞典研究人员利用这种技术检测了人体胚胎心脏发育过程中不同时间点的组织切片，构建了首个具有单细胞空间分辨率的人体心脏发育图谱（Asp et al.，2019）。研究者进一步发展了多种技术整合的空间组学，例如，耶鲁大学研究人员发展的一种空间组学技术"DBiT-seq"，可以同时完成组织切片的空间转录组测序和蛋白质组检测（Liu et al.，2020）。此外，深圳华大生命科学研究院牵头的"时空组学联合体"将DNA纳米球阵列与原位RNA捕获整合形成一种新的技术"Stereo-seq"。其分辨率可达500纳米，视野可达13厘米×13厘米。研究人员利用该技术获得了单细胞分辨率水平小鼠器官形成的时空转录图谱（Chen et al.，2022）。《科学》杂志2023年发布了综述文章《空间组学的曙光》，详细介绍了用于空间组学的各种技术以及这些技术之间的组合与运用。

空间组学技术目前已经被用于解析复杂的脑组织。2023年，华大生命科学研究院联合中国科学院神经科学研究所等单位在《细胞》杂志上发布了迄今最完整的灵长类脑皮层细胞图谱——研究者利用其发展的"Stereo-seq"技术以及高通量单细胞核转录组测序技术等，对猕猴大脑皮层的143个脑区进行了空间转录组研究，获得了基于特定转录组模式的264种皮层细胞类型（Chen et al.，2023）。2023年10月，《科学》杂志发表了题为《脑细胞普查》的专辑，21篇关于人类和非人灵长类动物的大脑细胞图谱的研究论文同时在该杂志及其子刊发表。可以说，当前空间组学技术正在为人们认识生命的复杂结构和生理病理活动提供前所未有的高精度图像和信息。

整合视野下的生命组学

超越了分子层次和细胞层次的空间组学不仅提供了组织器官结构的精确信息,而且为认识生物体整体演化和调控规律开创了新路径。NIH于2019年启动了"人类生物分子图谱计划"(HuBMAP),旨在开发在细胞分辨率水平绘制人体组织器官图谱的开放式框架和技术。其核心就是要建立一个涵盖不同尺度的人体整合组织图谱。2023年,《自然》杂志发布了一个介绍了HuBMAP进展的论文集。同年,我国中山大学科学家和英国剑桥大学科学家牵头的国际团队基于空间转录组技术构建了人胚胎肢体发育过程中的细胞图谱,不仅确定了组成胚胎期肢体的67个特定细胞簇,还揭示出不同时空的基因表达如何调控了精确的细胞死亡,从而保证了肢体的正确形状之实现(Zhang et al.,2023)。

细胞图谱研究策略打破了传统的还原论研究范式——将高层次的生命活动"还原"到分子层次进行研究和解释,倡导从整体的角度研究和理解生命。2024年,美国洛克菲勒大学的研究者在《科学》杂志上发表了一篇从"超细胞尺度"(supracellular)来研究形态发生的论文。研究者以鸡胚胎的皮肤作为研究模型,系统地分析了形态因子对不同空间位置细胞的物理性质之影响,并明确指出,"理解这一多尺度过程需要区分细胞尺度上形态形成的近端效应和超细胞尺度上形态形成的功能效应"(Yang et al.,2023)。我国科学家利用其发展的单细胞水平的转录因子时序荧光原位杂交技术(TF-seqFISH),解析了各种转录因子在人脊髓发育过程中的空间表达规律,进而揭示了不同的神经祖细胞亚型沿背腹轴的空间分布模式,以及在内外轴方向上进行的神经发生、分化、迁移及成熟等过程(Shi et al.,2023)。

这种研究范式的转变不仅发生在正常的生理过程研究,而且被用于病理过程的研究。美国国立肿瘤研究所于2020年启动了大科学研究项目"人类肿瘤图谱网络"(HTAN)。计划从分子、细胞、组织器官等不同层级获取各种类型肿瘤的数据,并与肿瘤患者的临床数据进行整合,从而形成多尺度的肿瘤图谱,为更好地对肿瘤患者和高危人群进行医学干预提供科学依据。芬兰研究者利用单细胞转录组测序技术和CRISPR基因编辑技术等方法研究了人体免疫系统里的自然杀伤细胞与血液癌细胞的相互作用,揭示出不同血液癌细胞对自然杀伤细胞的敏感性存在显著差异,而且不同的癌细胞会引起自然杀伤细胞发生不同的转录组变化(Dufva et al., 2023)。

我国在整合型生命大科学研究方向最具代表性的是由复旦大学研究团队牵头的人类表型组国际大科学计划——"国际人类表型组计划"。该计划在2017年立项,现已进入项目实施的二期阶段。其核心目标是对人体从分子层面到细胞层面、组织器官层面乃至个体层面对各种人体特征进行精密测量和分析。目前该计划已经取得了4个"全球第一":研发了"中华家系1号"——全球第一套多组学标准物质;建立了国际首个自然人群深度表型组队列——每个参与者都被测量了近25 000个表型;绘制了第一张人类表型组导航图;建成了第一个跨尺度、多维度、一站式人类表型组精密测量平台。中国科学家与美国和欧洲多国科学家组成了"国际人类表型组研究协作组"(HPCL),计划最终将在全球各大洲代表性人群中进行5万人、每人10万个以上表型指标的全景测量以及超过50万人的特定表型应用示范测量。

结语

综上所述,以人类基因组计划为代表的生命大科学之兴起正在改变着生命健康领域的研究"版图"。目前我国科研力量在国际生命大科学领域总体处于"并跑"的位置,在一些研究方向上处于"领跑"的位置。

为了更好地推进我国生命大科学的发展,需要注意加强三个方面的工作:第一,进一步加强和完善有组织的科研管理机制和体制。这类生命组学研究通常都涉及多个实验室乃至多个研究单位的参与,国际合作项目还要涉及不同国家的科研力量,因此需要发挥好牵头单位的组织力量,在课题管理和资源分配以及成果共享方面要给予相应的保障。第二,要建立或完善相关的规模化组学研究技术平台。这些集中了大量先进仪器设备和技术的平台是支撑规模化组学研究高效实施的基础,如在蛋白质组研究领域新成立的广州"慧眼"大科学设施就是支撑π-HuB实施的必要条件。第三,也是最重要的一点,要加强对生命健康科学大数据的开放与共享,一方面要保证这些项目执行中产生的组学研究数据和其他相关数据的安全及伦理治理,另外一方面要落实项目内外研究人员对相关数据的共享与利用。

原载于《中国科学院院刊》杂志2024年第39卷第5期,文字有改动。

一

围在"墙"里的科学

从笔者最初学习科学之时就看到这样的解释:科学研究的是客观事实,追求的是真理;探索科学的驱动力是好奇心,是自由的心灵。但是,笔者逐渐认识到一个简单的事实:研究科学的是人,是具有社会属性的人。尽管当今的科学力量有增无减,但科学依然只是一门社会认可和需要的学问。重要的是,社会为科学砌了四面无形的"墙",让研究者的心灵时时刻刻都感受到它们的存在,受制于它们的影响。

围在宗教里的科学

科学的很多学科被认为是不食人间烟火的纯粹理性研究,可科学史告诉我们情况并非如此。例如,在数学领域,古希腊毕达哥拉斯学派的一个弟子发现了无理数,但这一发现被视为对神的挑战,为此他被师兄弟丢进了河里。在天文学领域,中世纪的伽利略因倡导日心说在罗马的宗教裁判庭写下了悔过书。20世纪的教皇为伽利略平反,但同时也表明天主教依然在关注和影响着天文学活动。在物理学领域,牛顿虽然发现了世界万物的运动规律,但他仍然认为第一推动力来自上帝。牛顿的墓志铭是这样写的:"自然与自然的定律,都隐藏在黑暗之中;上帝说'让牛顿来吧!'于是,一切变为光明。"在生物学领域,当今美国多个州通过法律,规定学校讲授进化论的同时可以讲授神创论,学生在生命的自然演化和上帝创造生命之间可以做选择。

有一些人往往把科学打扮得无所不知。但是,科学知识实际上是有限的,即使在确定的数学世界里,哥德尔不完备定理也告诉了我们,任何一个公理体系都有其内在的局限性,即在这个公理体系内存在一个既不能证明也无法证伪的命题,如欧几里得几何中的平行公理。科学是人类理性的结晶,但人类理性并不止步于科学。"自由意志"和"时空的本质"等一系列"形而上"的问题,虽然常常是科学难以回答的挑战,却是宗教重点发挥的领域。

尽管笔者是无神论者,但依然可以想象,那些具有宗教信仰的科学家,在面对变幻莫测的世界、神秘复杂的大自然时,宗教对其心灵和思维的影响是不可能忽略的。例如,美国著名遗传学家柯林斯是人类基因组计划的主要负责人,同时他还是一位虔诚的基督教徒,他于2006年出版了《上帝的语言》(*The Language of God*)一书,该书的封面醒目地标出其核心内容是"一位科学家呈现的支持信仰之证据"。

围在战争里的科学

虽然人类在生物世界里是处于演化顶端的智者,但普通生物种类所奉行的丛林法则依然是人类赖以成功的基本法宝,战争就是人类实施丛林法则的主要形态。先进武器的使用是赢得战争的主要手段。这与科学有着密不可分的关系。远在古希腊时期,为了抗击罗马人的入侵,阿基米德利用杠杆原理制造了投石器等多种武器。20世纪初,爱因斯坦发现了能量和质量之间的转化关系,德国物理学家哈曼随后发现了铀核裂变的现象。基于这些发现,德国纳粹政府在1939年启动了旨在制造原子弹的"铀计划",幸好最终没有成功。20世纪中叶,美国科学家沃森和英国科学家克里克发现了DNA双螺旋结构,在此基础上人们揭示了生物体遗传的工作原理。但是,今天可以看到,这种生命遗传的基本原理，成为制造恐怖的生物武器之理论基础。

战争与和平常常是科学家需要面对的两难选择。在第二次世界大战期间，为了打败德国法西斯，爱因斯坦等著名科学家给美国总统罗斯福写信，建议发展核武器。然而，在目睹了原子弹对人类的危害之后，爱因斯坦又变成了坚决主张和平的反战人士。当然，也有这样一些科学家，出于爱国或他们认为的其他正当理由，站到了支持武器发展的一边。例如，著名德国量子物理学家、不确定性原理的发现者海森伯，在第二次世界大战期间参与了纳粹德国的核物理研究。不过，他在其中扮演了什么样的角色至今仍有争议，为世人留下了一个"海森伯之谜"。

从某种意义上说，任何一种科学研究成果和基于科学发展的技术都有成为武器的潜能，如新近发展的人工智能或者大数据在战争中均有"发挥"的空间。

围在利益里的科学

早期的科学研究大多是个人的业余爱好，通常不会被用来作为谋生的职业，如现代遗传学奠基人孟德尔的职业是修道院神父。此外，早期的研究工作一般也不需要很多经费，孟德尔的遗传学研究用的是修道院花园里种的豌豆，显然花不了几个钱。即便是英国科学家卢瑟福在1911年发现原子核的实验，也只不过得到了英国皇家学会70英镑的支持。然而，这种超凡脱俗的理想时代随着20世纪中叶以来科学的国家建制化形成而一去不复返了。科学研究已经是一种重要的社会职业。它不仅是研究者为自己及家人"稻粱谋"的基本手段，而且是研究者"升职发财"的主要途径。

在建制化科学体系中，最主要的特点是建立了科学的评价制度。其中，基础研究通常通过论文和奖励等指标进行评价，应用研究则可以通过专利或知识转移转化等指标进行评价。科学家往往围绕着"评价指挥棒"来开展自己的研究活动。20世纪美国的学术界曾经流行这样一个口号——"不发表就玩完"。当前中国科技界追求论文或奖项的功利之风更为严重。2018年,科技部等多个部门联合发布了《关于开展清理"唯论文、唯职称、唯学历、唯奖项"专项行动的通知》,提出了破除"SCI至上"、人才"帽子"与物质利益直接挂钩等管理措施,规范和重建科技评价导向。

科学建制化的另外一个重要功能是为研究者提供相当数额的研究经费,政府和社会为此设立了很多资助渠道。因此,研究者不仅要从谋生的角度考虑个人收入问题,而且还要从工作的角度考虑如何获取研究经费。需要指出的是,公司和企业等社会化资助方往往和被资助方形成一种利益共同体,进而影响了实验或者实验结果的公正性和客观性。为了避免这样的问题发生,当今大多数科学期刊都有一个基本规定,要求论文作者在文章中注明其研究工作是否存在某种利益冲突。换句话说,如果该论文涉及的研究工作得到某个公司的相关资助,那就必须要在文章中把公司资助情况交代清楚。

围在伦理里的科学

尽管科学被认为是客观的且价值中立的,但是科学家及其所属的科学团体作为社会成员必然会有自己的道德立场,其研究活动也往往需要纳入到伦理规范之中。例如,基因编辑技术具有影响甚至改造人类自身功能的潜力。为了避免这些科技活动失序乃至危害人类福祉,需要有相应的伦理规则来设立研究的边界。随着当前科学技术对人类社会发展的影响越来越大,科技伦理的重要性也更为凸显。2022年3月,中国政府发布了《关于加强科技伦理治理的意见》,明确提出"将科技伦理要求贯穿科学研究、技术开发等科技活动全过程"。

科学的各门学科和各种研究领域涉及不同的科技伦理内容和治理

方式。由于生命健康领域与人的关系最直接、最紧密,相关的科技伦理治理也最为严格。首先,生命科学领域不同的基础研究通常有着不同的伦理规则,例如,有针对干细胞研究的伦理规则,有针对基因操作研究的伦理规则,就连动物实验也有专门的动物伦理规则。其次,各种生物医学应用研究同样有着许多相应的伦理规则,其中国际上最著名的是《赫尔辛基宣言》和《涉及人的生物医学研究的国际伦理准则》。除了这些专门定制的伦理文件外,许多涉及人的法律法规通常也含有相关的伦理条款,如《中华人民共和国民法典》《中华人民共和国个人信息保护法》《中华人民共和国生物安全法》等。显然,科技伦理治理与科学研究之间有着紧密和复杂的互动关系。

尽管科学被视为其研究工作具有自主性,应该在不受外界的影响下探索客观真理,但同时科学又被赋予造福人类的责任,以及它在失控时可能产生的危害。科学研究伦理治理的根本目标是,为科学家构建一个基于责任和道德的行动框架。需要强调的是,这种伦理框架不仅要规范科研活动,而且要保护科研活动;它提供的活动空间不应该是封闭的、僵硬的,而应该是开放的、弹性的,能够给科学的自主性以足够的尊重,从而有利于科学的健康发展。

原载于《科学》杂志2022年第74卷第3期,文字有改动。

科技态势与科技治理

呼唤变革

这是科学最美好的时代,有如此众多的科学新发现,有如此众多的用于生命科学等各门学科研究的新技术。研究者不仅揭示了自然的各种奥秘,而且能按照人类的愿望改造自然。在满足人们的需求方面,研究者拥有过去无法匹敌的能力。与此对应的是,物质产品越来越丰富,人们的寿命越来越长。

这是科学最糟糕的时代。科学的图景是如此之复杂,远远超出了我们的想象。例如生命的构成和活动,不仅涉及众多的基因与蛋白质,而且涉及众多的代谢物和肠道菌群等机体外的各种因子。从事科学研究的目的已不再像过去那样纯粹,不仅仅是出于对科学的兴趣,而且涉及许多个人或小团体的利益。研究者面临着太多的评估和基金申请,面临着太多的"帽子"和奖励。

现在是需要做出变革的时候了!我们需要改变我们的生命观:生命不是一个用"砖块"简单堆砌的"建筑",而是一个非常复杂的精密系统。我们需要改变我们的科学观:科学不仅是为了谋求技术产品的丰富,更是为了彰显人类的尊严和精神。

导读

复杂的科学结构

多学科研究是20世纪推动科学和技术发展的主要动力。进入21世纪,多学科研究的重要性可以说只增不减。在本专题的第1篇文章《多学科研究的三种形态》中,笔者通过对生命科学发展历程的梳理,分析了多学科研究具有的主要形态及其相应的特征,认为多学科研究在现代科学的发展中呈现出三种主要形态。第一种形态是交叉学科研究,往往通过不同学科之间的高度融合而形成全新的学科,如物理学、化学与生物学交叉形成了分子生物学。第二种形态是会聚研究,即不同学科的专业知识和技术进行集成和协作,用以解决涉及多个领域之间的界面上重大科学问题或者社会挑战。第三种形态是当前大数据时代所特有的数据驱动型研究。它利用大数据及其相应的技术打通或者跨越各门学科的边界,进而可以开展跨领域的研究。

20世纪中叶,众多物理学家和化学家进入生物学研究领域,推动了生命科学的第一次多学科交叉浪潮,使得以观察和描述为主的传统生物学转变成基于物理学和化学实验方法的现代生命科学。20世纪90年代,随着人类基因组计划的实施,生命科学进入后基因组时代,生命科学关注的范围越来越大,涉及的问题越来越复杂,采用的技术越来越定量化。这一切使得生命科学领域迎来了第二次多学科交叉的浪潮:不仅物理学和化学深度介入,数学、信息科学、计算机科学和工程学等更多的非生物学学科也都进入生命科学研究领域。为此，美国科学院发布了一份战略报告，题为《21世纪的新生物学——确保美国领导即将来临的生物学变革》。第2篇文章《新生物学——生命科学交叉的第二次浪潮》围绕着"新生物学"的特征和作用进行了详细介绍。

人类基因组计划开启了生命大科学的新时代。国际科学界在2017年启动的人类细胞图谱计划是生命大科学的又一个里程碑。该计划拟采用特定的分子表达谱——如RNA表达谱以单细胞分辨率来确定人体的所有细胞类型。第3篇文章《人类细胞图谱计划面临的挑战》中，笔者介绍了人类细胞图谱计划的基本思路，讨论了这些基本研究思路所面临的挑战。首先，很难完成该计划的最终目标——确定人体约30亿细胞里每一个细胞的空间位置和功能状态；其次，很难完整地追踪个体在发育、生长和衰老等生理过程中每个细胞的变化；最后，由于体细胞内基因组存在着各种随机性变异，以及各种类型的生物大分子之间存在非线性关系，所以研究人员采用分子层面的技术对单个细胞进行分子分型所获得的结果，实际上存在着许多不确定性。

生命大科学不仅强调整体性研究策略，还发展出新的生命科学研究策略，泛基因组研究策略正是一个典型代表。第4篇文章《泛基因组——观察生物多样性和统一性的新视窗》系统介绍了泛基因组的概念和主要特征，指出泛基因组正如一枚钱币的两面，不仅能够反映出物种或群体内的遗传多样性，而且能够表征整个物种或群体的共性特征，其中代表成果是国际人类泛基因组参考研究联合体（HPRC）2023年发表在《自然》杂志上的首个人类泛基因组参考草图，以及中国人群泛基因组联合体（CPC）随后发表的中国人群泛基因组参考图谱。这种研究策略不仅用于探索人群和动植物的生命现象，还用于寻找肿瘤等各种疾病的诊疗方案。

基础研究现今在我国得到了高度的重视和支持，经费资助和体制机制保障等有了很大的提升和改进。但是,基础研究的概念及特征尚需要进一步的梳理和讨论。为此,第5篇文章《基础研究的再认识》中明确提出,基础研究具有不同的层次和类型,且没有标准的或者既定的模式;基础研究的"原创性成果"并没有一个绝对的判定标准,基础研究成果与经费支持强度并不是线性关系,最需要的是批判精神和超越精神。此外,基础研究与应用研究之间有着复杂的关系。美国普林斯顿大学斯托克斯教授把基础研究和应用研究之关系进行了细分,提出了"巴斯德象限""波尔象限""爱迪生象限"三种类型。笔者基于大数据的特点,在斯托克斯教授的分类基础上提出了第4个象限——"第谷象限"。它既不侧重基础研究也不侧重应用研究,而是关注规模化数据的采集和应用。

传统研究活动主要有两大类型:基础研究和应用研究,前者偏重知识的探索,后者则偏重知识的利用。不同于这两种科研活动形态,美国国防部高级研究计划局(DARPA)的研究项目显示出了科研活动的第三种形态。第6篇文章《科研活动的第三种形态——高风险导向型技术研究》对这种研究和发展动态进行了分析,指出这种研究追求的是跨越式的颠覆性技术创新,通常融合了"从0到1"的原创性研究和应用性研究。2021年,美国国会通过了一项提振美国科技创新能力的《无尽前沿法案》(*Endless Frontier Act*),计划在美国国家科学基金会(NSF)里成立一个负责资助高风险导向型技术研究的新部门——技术和创新理事会(DTI),并在美国国立卫生研究院(NIH)成立一个类似的机构——高级健康研究计划局(ARPA-H)。当前,世界主要发达国家正在大力推广DARPA模式,把支持和促进第三种形态的科研活动作为引领社会发展和满足人类需求的主要科技解决方案。

从多学科交叉到科学活动形态的演化,让我们看到了当今复杂的科学动力学。随着社会经济的巨大变化,尤其是新冠病毒的"横空出世",生命健康科学进一步增加了其活动的复杂度。为此,NIH制订了新的战略规划——《NIH拓展战略规划》,"以确定NIH的优先研究领域,以及这些优先研究领域如何在一个不断演化的研究版图上适应该机构的愿景和目标"。这个规划明确提出了三个优先目标以及相应的主题,包括改善少数族群健康、减少卫生不平等、促进妇女健康、回应生命全过程的公共卫生挑战、促进科学合作,以及发挥数据科学对生物医学研究的推动作用,等等。第7篇文章《复杂时代的复杂战略——评〈NIH拓展战略规划〉》以该战略规划作为"麻雀",进行了详细解剖,从"应对全民健康的需求""跟上技术发展的步伐""建设多元交叉的队伍""营造平等开放的生态"4个方面介绍了美国生命健康领域的科研管理者是如何应对当前这种复杂环境和复杂需求的。

尽管科学被认为是客观的且价值中立的,但是科学家及其所属的科学团体作为社会成员必然有自己的道德立场,需要有相应的伦理规则来设立研究的边界。随着当前科学技术对人类社会发展的影响越来越大,科技伦理的重要性也更为凸显。本专题通过3篇文章讨论了科技伦理,尤其是生命伦理涉及的问题和各种复杂关系。笔者首先在《基于"平衡原则"的科技伦理治理》一文中明确提出,要把"平衡原则"作为科技伦理治理体系的一个重要基石。这个原则有两个要点:一是要让"伦理优先"的治理要求与创新性研究活动相互协调;二是要让伦理治理活动在监管和约束科技活动与保护和支持科技活动两个任务中保持平衡。

由于生命健康领域的研究与人的关系最直接、最紧密,因此相关的科技伦理治理最为严格。《生命健康伦理治理中值得关注的三种基本关系》针对2023年2月国家颁布的《涉及人的生命科学和医学研究伦理审查办法》进行了讨论,总结出涉及生命健康研究中伦理治理的三种基本关系:一是在伦理审查机制中存在着直接的与间接的伦理审查;二是当前生命健康伦理治理方式——知情同意——涉及具体的与广泛的知情同意形式;三是指进行伦理评估时涉及定性与定量的伦理评估。显然,生命健康研究中伦理治理的首要任务就是要处理好这三种关系。

本专题最后一篇文章《对人类遗传资源管理涉及的三种关系之讨论》通过分析我国政府在人类遗传资源管理方面颁布的相关法规,对我国的人类遗传资源管理进行了讨论,指出这种管理要处理好三种关系。首先,人类遗传资源涉及人类遗传资源材料和人类遗传资源信息,对两者之管理要有所区别。其次,人类遗传资源的管理需要精细化,要把具有探索性的临床研究与验证性的临床试验区分开并采用不同的管理方法。更重要的是,在进行人类遗传资源管理时,必须兼顾对内保护和对外利用。

多学科研究的三种形态

2020年以来,中国科教领域迎来了一个发展多学科研究的高潮。2020年8月,国务院学位委员会会议决定,将"交叉学科"定为中国教育体系中的第14个学科门类;教育部网站随后公布了160所高校提交的549个交叉学科备案名单。同年11月,国家自然科学基金委员会正式成立"交叉科学部",负责统筹交叉科学领域基金资助等相关工作。2021年1月,国务院学位委员会、教育部发布《关于设置"交叉学科"门类、"集成电路科学与工程"和"国家安全学"一级学科的通知》,除了以法规的形式正式确立了"交叉学科"之地位,还首次批准设立了属于该门类的两个一级学科。

然而,对许多人而言,多学科研究的具体内涵并不一定很清楚,往往简单地望文生义,理解为只要涉及两个或两个以上学科的研究就可以称为交叉学科研究。从教育部公布的交叉学科备案名单就可以看到这个问题的存在。首先,许多高校提出了同样的交叉学科名称,但涉及的一级学科却各不相同。例如生物信息学作为一门交叉学科被三所高校列入其交叉学科名单中,但是,这些学校在其涉及的一级学科却给出不同的内容。例如,A学校标出生物学、数学,B学校给出生物学、生物医学工程、基础医学,C学校则提出数学、生物学、计算机科学与技术。此外,另有一所学校在医学生物信息学的名称下列入三个一级学科:数学、控制科学与工程、基础医学；还有一所学校在生物信息技术的名称下给出这样三个一级学科：控制科学与工程、计算机科学与技术、生物医学工程。其次，有些显然不应该属于交叉学科范畴的也被列入其中。例如，一所医学院校把包虫病学定为交叉学科，涉及基础医学、临床医学、公共卫生与预防医学、药学、公共管理等5个一级学科。按照这种逻辑，任何一种疾病的研究都可以被称为一门交叉学科，因为至少要涉及临床医学和药学两个一级学科。让人更为担心的是，有的单位对交叉学科的命名比较随意。例如，"生物功能分子学"。这个学科是研究什么的呢？从字面上看，与生物学有关，但在该学校列出的相关一级学科里，包括了化学、药学、基础医学、食品科学与工程，唯独没有生物学。

从术语称谓来看，"多学科研究"一词的英文为multidisciplinary research，常常与交叉学科研究（interdisciplinary research）混用；而"交叉学科"则往往有一个非规范的英文名词Interdiscipline，并有时等同于交叉科学（interdisciplinary science）；近年来新兴的会聚科学（convergence science）也常常被用来指代"交叉科学"。

从科学发展史来看，多学科研究是20世纪推动科学和技术发展的主要动力；进入21世纪，多学科研究的重要性可以说是只增不减。通过对生命科学发展历程的梳理，笔者分析了多学科研究具有的主要形态及其相应的特征，进而揭示出多学科研究在科学进程中角色的多样性以及对科研范式影响的复杂性。

高度整合的交叉学科研究

随着化学的发展，尤其是19世纪初期化学的一个分支学科——有机化学在欧洲的形成，研究者开始把化学与生物学整合在一起，如当时的德国已经出现了《生理化学杂志》这样明显具有交叉学科色彩的科学期刊。1905年，在美国也诞生了一本相似的期刊——《生物化学杂志》。

在该杂志的第一届编委会成员中,一位来自伯克利大学的科学家娄伯在给主编的信中表达了他对学科交叉的信念:"生物学的未来建立在从化学的角度来研究生物学问题的基础上。"

这种交叉学科首先体现在对生命本质的研究之上。早期的研究者认为,生物体的构成材料与非生物体的有着根本的区别,前者称为有机物,后者称为无机物,且前者只能来自生物体而不能人为地用后者合成。1828年,德国化学家维勒首次在实验室用氰酸和氨水两种无机分子合成了有机分子尿素,从而证明了构成生命的物质和非生命之间并没有一个不可逾越的界限。研究者由此开始了生物体的核酸、蛋白质、糖和脂类等各种生物分子之研究。随后诞生了一门化学与生物学高度整合的交叉学科——生物化学。它被《大英百科全书》定义为,涉及发生在植物、动物和微生物的化学物质和过程的科学研究领域。也就是说,在研究者的眼里,生命只不过是化学研究中一种特定的对象,它的存在及其功能都建立在其构成材料以及构成方式之上。

生命科学领域中最重要的交叉学科是诞生于20世纪中叶的分子生物学。20世纪40年代,薛定谔在《生命是什么?》一书中明确提出,生命和非生命一样,"在它内部发生的事件必须遵循严格的物理学定律"。因此,研究者可以通过物理学和化学的技术及方法来研究生物体的属性或特征。最有代表性的是美国化学家鲍林对蛋白质空间结构的研究。他应用量子化学和X射线晶体学技术分析了蛋白质上连接氨基酸残基的肽键(C－N键),认为肽键具有部分双键的性质而不能自由旋转,导致连接肽键两端6个原子的空间位置处在一个相对接近的平面上,称为肽键平面。他在此基础上进一步提出,蛋白质内的各个肽键平面之间可以通过连接它们的α-碳原子进行旋转,从而可以形成α螺旋等二级结构。此外,著名的DNA双螺旋结构同样是在物理学家、化学家和生物学家的通力合作下得以阐明;遗传密码的主要提出人是著名的物理学家伽莫夫。由此可见,分子生物学是高度整合了物理学、化学和生物学的一门交叉学科。

分子生物学的成功使得还原论思维成为现代生命科学的主流方法论。在分子生物学家构建的生命科学大厦里,所有研究对象无论是简单的原核生物还是复杂的动植物,都不过是一架按照物理学和化学规律运转的"分子机器"。研究者的任务就是从分子层面去认识和揭示这种规律,即寻找分子机器运行的因果关系。对还原论者而言,生命科学的主要目标通常就是去研究有关某种生理活动或病理活动的因果关系的科学假设。因此,建立在分子生物学基础上的现代生命科学采用的就正是这种假设驱动的研究范式。美国著名肿瘤生物学家温伯格在一篇题为《假设优先》的文章中做过一个很好的总结:"在20世纪,生物学从传统的描述性科学转变成为一门假设驱动的实验科学。与此紧密联系的是还原论占据了统治地位,即对复杂生命系统的理解可以通过将其拆解为组成的零部件并逐个地拿出来进行研究。"(Weinberg,2010)

紧密协同的会聚科学研究

尽管多学科研究推动了生物化学和分子生物学等交叉学科的诞生,进而使得生命科学在20世纪下半叶取得了巨大的发展,但研究者还希望进一步提升多学科研究的能力,以满足提升人类健康水平和防止环境污染等重大社会需求。2001年年末,美国国家科学基金会(NSF)等部门围绕着"会聚四大技术,提升人类能力"的主题,举行了一次科学家与政府官员等各界人物参与的研讨会。此次会议首次提出了"会聚技术"(converging technologies)的概念,并特别强调了来自4个科学技术领域协同作用的会聚技术——纳米技术、生物技术、信息技术和认知科学(其简化英文的联式为Nano-Bio-Info-Cogno,缩写为NBIC)。NSF基于这次会议编写了一份报告:《提升人类能力的"会聚技术"》。

会聚科学研究的目标与20世纪生物学领域的交叉学科研究的目标有明显的区别。后者是要揭示生命的活动规律,属于基础研究领域;前者则是要提高社会的创新能力或满足社会重大需求,属于应用研究领域。例如,麻省理工学院在2016年发布了一份报告,题目是《会聚:健康研究领域的未来》。在美国科学家夏普等人看来,分子生物学和基因组学是过去生物医学领域的两次革命,会聚研究则代表第三次生物医学革命,"工程师和物质科学研究者将与生物学家和医生一道去解答众多新的医学挑战"。他们还特别以组织工程(tissue-engineering)为例,讨论了会聚研究与交叉学科研究的不同,"这不同于典型的交叉学科形态——把一种确定的细胞类型给工程师或者让工程师能够确定在某种生物系统中什么样的材料是有用的;相反,这种(组织工程)从一开始就要进行多学科合作,所有的参与者都要有共同的参考点和语言。这一领域如果没有会聚技术是不会存在的"。(Sharp & Langer, 2011)

会聚研究的一个重要特点是对工程学的强调。这与会聚研究偏重应用的目标是高度一致的。例如,美国科学院研究理事会2014年发表的战略报告的题目就是《会聚观:推动跨学科融合——生命科学与物质科学和工程学等学科的跨界》。工程学的介入不仅推动研究工作进入应用领域,而且能够产生具有工程特色的成果。正如夏普所指出的,工程学在生物相容性材料和纳米技术领域发展了全新的策略。这种策略在促进卫生保健方面具有前所未有的潜力。

会聚研究的另外一个重要特点是对技术的强调,一是高度重视技术在应用层面的价值,如NBIC会聚技术的提出,体现出围绕着会聚研究目标的科学与技术外在的一体化;二是强调了不同学科的技术在推进交叉研究本身的价值——包括实验仪器和材料、分析方法和技术等,即注重研究过程中科学与技术内在的一体化,从实验对象到实验操作再到实验结果。由此可以看到,新兴的交叉学科,如化学生物学和物理生物学等与传统的交叉学科如生物化学和生物物理学有着巨大的差别。前者强调研究者应用化学和物理的有关技术来开展生物学研究。例如,化学生物学的一位创始人曾这样说:"我们的目标是为每一个基因找到相应的小分子化合物,用它们来分析细胞和有机体的功能。"《自然》杂志系列的新刊《自然-化学生物学》在创刊时发表的社论是这样说的:"化学生物学作为一个新领域,是植根于化学家和生物学家紧密合作带来的技术进步之上的。"

会聚科学研究的这些特点提示我们,这显然是不同于交叉学科研究形态的另一种多学科研究形态。前者往往通过不同学科之间的高度整合而形成全新的交叉学科,如生物化学或分子生物学;后者则表现为不同学科之间的相互协作,如化学生物学或物理学生物学(图1A、B)。会聚科学研究强调的不是学科间的"交叉",而是不同学科的"会聚"。换句话说,各门学科代表了不同的专业化分工,而会聚研究就是把这些专业中相关的技术和理论进行集成,以便针对维护健康或开发新能源等国家和社会的重大需求,去建立或发展新的技术方法。正如美国科学院关于会聚研究的战略报告所指出的那样:"会聚观体现了一种交叉学科研究的扩展形式,专业知识构成了研究活动的'宏观'模块,而各个'宏观'模块又组合形成一个更大的整体。"(美国科学院研究理事会,2015)

跨越边界的数据驱动型研究

人类基因组计划的实施推动生命科学进入了大数据时代。人的基因组拥有30亿个碱基对,即相当于3 GB的数据。目前国际上储存的个体基因组序列的数据量已超过百万人级。数据科学家估计到2030年,每年世界范围内产生的基因组数据将为25 PB。大数据在医疗健康领域则有更明显的增长,如美国国立肿瘤研究所的基因组数据平台在

2016年成立之后的第一年,就收到了研究者提交的4.5 PB的数据。据统计,世界范围内产生的医疗健康数据在2013年大约为153 EB,在2020年估计将增长到2314 EB。如果说有什么是21世纪的生命科学乃至整个科学比20世纪进步的标志,那就是数据的获取和利用。

生物医学大数据不仅为人类认识和改造世界提供了巨大的资源,而且改变了生命科学和医学的多学科研究范式,其典型代表正是人类基因组计划。该项计划也属于多学科交叉研究。其实施过程需要依靠新型测序仪器和试剂的研发,以及海量数据的处理与分析等,涉及物理学、化学、生物学、信息科学和数学等多个学科。但与假设驱动的学科交叉研究不一样的是,该项计划属于"发现的科学",是要获得有关人体细胞基因组的全部核苷酸序列的数据。也就是说,这项研究表现出了一种新的研究范式——数据驱动的研究范式。开展研究的出发点不是科学假设,而是高通量的数据采集能力;而研究的目标也不是去解决某个具体的科学问题,而是要去获取海量的数据。

数据驱动的研究范式有一个重要的特征是迭代,即每一次研究工作可以是一种不完备的阶段性工作,然后在前期研究结果的基础上反复地进行完善,通过多次研究逐渐逼近预定的总体目标。人类基因组计划明显具有这种迭代特征,人类细胞图谱计划亦然。

数据驱动的研究范式的另一个重要特征是研究的"开放性",即不受已有理论框架的限制。20世纪生命科学的主流是假设驱动的研究范式,以解决具体的科学问题为主要目标。其研究工作的开展是依赖于既有的理论框架,从而使得研究者在事实的选择和理解方面容易受限于指导研究的理论框架。数据驱动的研究范式则不仅能够让研究者避免理论框架带来的主观偏见,还可以帮助其发现在假设或者现有理论范围之外的全新知识。

数据驱动的研究范式的"开放性"特征,使得研究工作从追求事物之间的因果关系转变为寻找事物之间的相关性。这就导致过去看上去彼此没有关系的学科产生了全新的联系,如谷歌的工程师开发了一种算法,可以根据每天汇总的谷歌搜索数据近乎实时地对流感疫情进行预测。其预报流感爆发的地域性和时效性比美国疾控中心预报的还要准确(Ginsberg et al., 2009)。即使是复杂的人类行为,也可以通过大数据的分析和计算来进行研究;为此,10年前已经出现了一门相应的交叉学科——计算社会科学。这种基于大数据的跨学科研究形成了多学科交叉研究的第三种形态,利用数据科学来打通或者跨越各门学科的边界(图1C)。《细胞》杂志在2020年创立了一个以数据科学为纽带的多学科研究的子刊《细胞-模型》(*Cell Patterns*)。其主编在发刊词里这样写道:"《细胞-模型》将通过共享数据科学技术来打破各门学科的边界,这些数据科学技术可以用来解决跨领域的问题。"

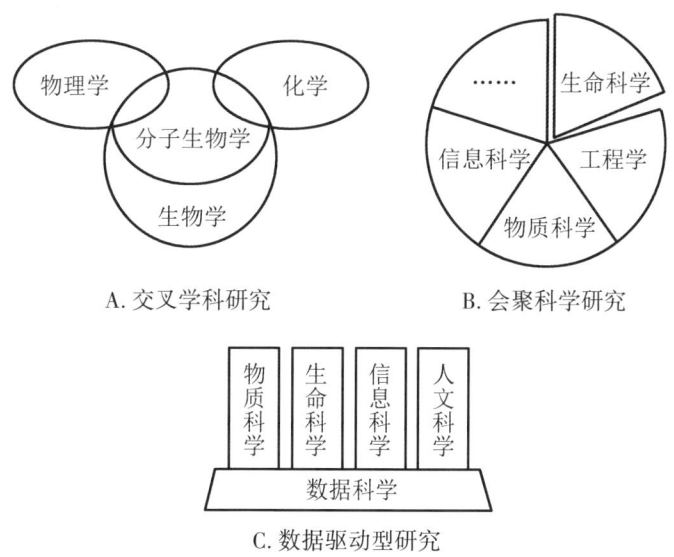

图1 多学科交叉的三种形态

更重要的是,数据驱动的研究范式作为一种超越理论框架的"开放式科学",其研究产生的资源和数据可以被广泛地用于研究各种各样的科学问题;如收集了50万英国人生物样本和健康医学数据的英国生物银行,自2012年建成至今,已经支持过世界各国数万名研究人员的研究工作,仅2018年度利用该库开展研究的科学家就有4000多人,发表了涉及健康医学各个领域的近300篇研究论文。换句话说,这种"开放性"使得数据驱动的研究范式的组织模式明显不同于假设驱动的研究范式,前者强调众多研究者之间的合作、交流和共享,后者则更注重以学术带头人(PI)为主导的"个人英雄主义"式的研究。正如2020年一篇评论文章所指出的,传统的卓越观是崇拜天才而与社会环境无关。这种对卓越的狭隘看法导致了资源集中到已得到认可的科学家手中,进而限制了科学的进步和新思想的产生,限制多学科研究领域的发展(Urbina-Blanco et al., 2020)。2020年12月,美国科学院发表了一份战略报告《无尽的前沿——下一个75年的科学》(*The Endless Frontier: The Next 75 Years in Science*)。在其结论中特别指出:科学激励制度应该是一种"共赢游戏"而非零和博弈。显然,数据驱动的研究范式正在引发科学研究的生态环境发生革命性的改变。

原载于《中国科学基金》杂志2021年第35卷第2期,文字有改动。

一

新生物学——生命科学交叉的第二次浪潮

20世纪40年代,奥地利物理学家薛定谔写下了《生命是什么?》一书,从物理学的角度对生命现象进行了卓有创见的讨论,指出生命与非生命没有本质上的差别,生命活动是以物理学定律为基础的。今天生命科学中的许多重要概念,如遗传密码就是那本书里首次提出的。在那段时期,许多物理学家和化学家转入生物学研究领域,如美国化学家鲍林和物理学家德尔布吕克;许多新型的物理学或化学的技术手段,如X射线衍射仪和离心机,被发展出来用于生物体和生物分子的研究。这就是生命科学第一次多学科交叉浪潮。从此,以描述为主的传统生物学转变为基于物理学和化学实验方法的现代生命科学,其代表学科就是分子生物学。随着分子生物学的迅速发展,带动了生物学各分支学科向分子水平研究的深入:一方面是在分子水平上对遗传和发育等各种生命现象进行解释;另一方面是把分子生物学研究手段推广到宏观生物学学科,如进化论、分类学、生态学。用实验的方法研究传统的生物学问题,使微观研究和宏观研究得到了紧密的结合。经过科学工作者半个世纪的努力,生命科学已成为自然科学学科中发展较快、影响较大的学科之一。

20世纪90年代,随着人类基因组计划的实施,生命科学进入后基因组时代。在这样一个时代,生命科学关注的范围越来越大,涉及的问题越来越复杂,采用的技术越来越定量化。这一切使得科学界兴起生命科学第二次多学科交叉的浪潮。不仅物理学和化学深度介入,数学、信息科学、计算机科学和工程学等更多的非生物学学科也都进入生命科学研究领域。为此,美国科学院研究理事会于2009年9月发布一个研究报告《21世纪的新生物学——确保美国领导即将来临的生物学变革》。在这些科学家看来,当前的生命科学已经处于革命性变化的前沿,"新生物学"正在形成。"新生物学"的核心特征是,生命科学与其他学科的高度整合,生物学家与物理学家、化学家、计算机科学家、数学家以及工程师等不同学科的科学家之间紧密交叉,形成一个有利于更深层次地理解生物复杂系统、能够处理重大科学和社会问题的新生物学研究共同体。

对生命复杂系统的研究奠定了基于整合特色的新生物学

20世纪中叶第一次多学科交叉浪潮为生命科学打下了还原论的理论基础:生物体同样遵循非生命世界的物理学和化学规律;如果人们能够揭示生物体的组成分子如核酸或蛋白质的结构与功能,就能够认识和解释细胞乃至个体的各种生命活动。在还原论的指导下,人们把重心放在研究个别基因、个别蛋白质的结构与功能,形成了一种碎片化的研究模式。然而,20世纪末的人类基因组计划引发人们对生命的全局性关注,并导致许许多多与各种生物大分子或小分子相关的组学的出现,如蛋白质组学、转录组学、代谢组学等等。组学的核心思想正是整体性研究,即以细胞或者机体内的某一类生物分子(如全部基因表达产物或全部蛋白质)为对象进行完整的研究。

随着人类基因组计划以及各种组学研究取得巨大进展,研究者不再满足于研究个别基因或个别蛋白质,而是将视野逐渐扩展到生物体内众多组分之间的相互作用。越来越多的科学家认识到,生命活动并非过去还原论者想象的那样简单,仅由个别单分子决定,而是由体内成千上万基因、蛋白质和代谢小分子之间广泛的相互作用构成的复杂网络来实现的。所有的生理或病理活动都基于这种复杂分子网络的结构和动力学机制。人类基因组计划发现,在人类基因组中,只有1.5%左右的序列是用来编码蛋白质的基因,大约有2万多个。但这些基因能够制造出数十万种蛋白质。人们起初认为,在人类基因组内的非编码蛋白质序列大部分都没有生物学功能,因此它们又被称为垃圾序列(junk sequences)。但是,美国启动的基因组功能研究项目——"DNA元件百科全书"(ENCODE)发现,基因组内大约80%非编码蛋白质的核苷酸序列也有生物学功能。显然,生命的复杂程度远远超出了人们的想象。

为了研究生物复杂系统,21世纪之初诞生了一门新兴的交叉学科——系统生物学。这门学科通过基于经典实验生物学技术的"湿实验"研究与计算机数据分析和数学建模技术的"干实验"研究之间的整合,从整体性角度对生物复杂系统的构成机制和活动机制进行研究。自1999年在美国西雅图成立了世界上第一个系统生物学研究机构以来,这门新学科已经在世界各发达国家和地区有了广泛的发展,在我国也有了许多相应的研究机构和专门的人才培养点,系统生物学现已成为当前国际生命科学研究的一个主流学科。

系统生物学不仅在基础研究方面备受重视,而且在人口健康领域也逐渐得到重视。随着社会经济的发展、生活方式的改变和寿命的延长,人类疾病谱从以传染病为主变为以慢性病为主。与传染病研究领域相比,研究者在慢性病的发病机制和防治方法的研究上进展缓慢。其主要原因之一是,目前的生物医学采用基于还原论的分子生物学等经典实验生命科学研究模式,通常只是从个别基因或者个别蛋白质的变化来理解慢性病的机制。系统生物学的出现为克服这种局限性提供了有力的工具:它注重从复杂的、整体的角度对慢性病的发生发展机制进行研究,并注重把分子层面的复杂行为与细胞、组织、器官、个体等不同层面的活动整合起来进行系统的分析。

显然,系统生物学的诞生也进一步体现了当前新生物学的存在及其特征。新生物学之"新"主要表现在两个方面:生物学内部的各种分支学科的重组与融合;物理学、化学、数学、信息科学和工程学等众多非生物学科与生物学之间的交叉与整合。系统生物学这门新学科一方面融合了经典的分子生物学、细胞生物学以及基因组学、蛋白质组学等各生物学分支学科的研究策略和研究技术,从生物体的局部到整体开展系统性的研究;另一方面,整合了数学、信息科学、计算机科学等非生物学科,进行海量生物数据分析以及生物分子网络的动力学建模,进而对生物复杂系统的行为进行预测。可以说,系统生物学就是新生物学的标志性学科(图2)。

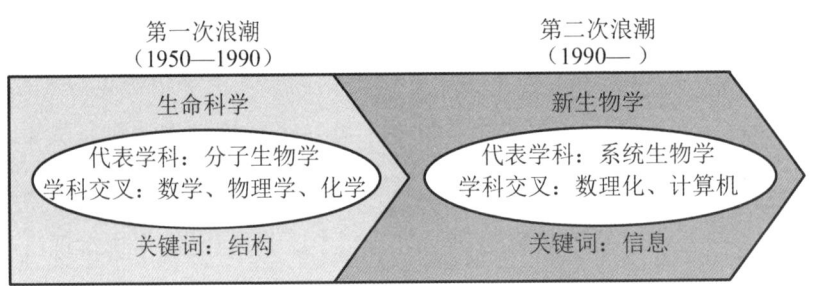

图2　生命科学多学科交叉的两次浪潮

高通量分析与大数据管理成就了基于信息处理的新生物学

"结构"一词可以说是20世纪分子生物学的关键词。利用X射线衍射技术揭示的DNA双螺旋结构为人类展示了遗传活动的分子基础,采用同一技术了解到的蛋白质三维空间结构则是认识蛋白质功能的基础。分子生物学家认为,不同种类的生物大分子的特定空间结构导致不同的生物学功能。"结构决定功能"是20世纪生命科学的基本信条。但是,对新生物学而言,"信息"一词才是关键词。可以说,21世纪的生命科学是建立在信息处理的基础之上的。

随着人类基因组计划的实施以及各种组学的出现,基因组测序以及各种高通量生物学研究技术快速发展,生物学数据量以指数级速度增长。在2001年人类基因组草图发表时,美国的基因数据库(GenBank)拥有近$8×10^9$个碱基序列。近年来,由于采用了第二代核酸测序技术——深度测序,高通量测序能力迅猛提高。2012年,基因数据库拥有的碱基序列已经达到$2.7×10^{11}$个,即数据量大约是每18个月翻一番。为了应对大数据的存储、处理及分析问题,研究者越来越依靠先进的数学和高性能计算机。2012年3月,NIH宣布,"千人基因组计划"所测定的个体基因组序列的全部数据(总量预计达到200 TB)将由亚马逊公司旗下的云计算公司亚马逊网络服务(Amazon Web Services)负责存储并对外开放。

生物学信息的处理不仅面临着"海量"数据的巨大挑战,还面临着复杂数据的巨大挑战——生物数据库里面的数据类型已经远远不止DNA序列了,还包括大量基于质谱图谱的蛋白质组数据和代谢小分子数据,以及基于生物分子成像技术和芯片技术的生物分子、细胞、组织和个体等三维甚至四维动态数据。为了处理并分析复杂的生物学大数据,研究者需要利用物理学、信息科学乃至天文学、地球科学等各种学科的最新技术。显然,生物信息处理能力已经成为生命科学发展不可或缺的基础。各个发达国家纷纷加强了生物信息处理能力的建设。目前,NIH拥有世界上最大的生物学数据库和生物信息研究中心——美国国立生物技术信息中心(NCBI)。欧洲分子生物学实验室下属的欧洲生物信息学研究所的体量仅次于NCBI。2012年7月,英国政府和私立基金会决定联合投资7500万英镑,在欧洲生物信息学研究所再建设一个新的生物信息技术中心。该中心将为学术界和产业界的研究人员提供支持,并开展产业导向的生物信息领域的临床转化研究。

高通量研究和大数据处理不仅帮助人们进一步全面、深入地认识生命,在维护人类健康和抗击疾病方面也发挥了重要作用。国际疾病分类体系(ICD)已有110年的发展历史,现在被世界广泛采用的ICD是世界卫生组织在1994年修订的版本。随着核酸和蛋白质等各种生物分子数据,特别是疾病相关数据和个体患者数据规模化、高效地获取,需要把这些海量生物医学研究信息整合到疾病分类体系中,从而能更精确地定义疾病,提供新的医疗实践指南。为此,美国国立研究理事会在2011年11月发布报告《迈向精准医学——构建生物医学研究知识网络和疾病分类体系》,提出了构建基于生物学信息和大数据的人类疾病分类新体系的基本方案。

该方案的要点是建立"信息共享空间"和"知识网络"。其中,信息共享空间中要有大规模患者群体的数据可供研究。当前的任务是在医疗环境中开展试点研究,广泛采集信息共享空间所需的个体患者的分子数据和表型数据;同时制定数据共享标准,让研究人员能够从中挖掘有用的信息。而知识网络则通过整合个体患者的组学数据以及其他类型的数据,使生物学数据与生物学研究知识相结合,从而提高数据的生物学和临床价值。在信息库建设的基础上制定新的疾病分类体系,从而发展出更精确诊断、更有效治疗的精准医学。

就在美国发布该报告的同时,欧洲科学基金会也发布了报告《健康研究分类系统——目前的方法和未来建议》。报告建议,应该通过不断开发新的信息组合和利用的方法,降低健康研究领域的分类成本并提高分类系统的灵活性。可以说,生命科学目前获得的海量信息正在让人们重新审视传统的医学观念,而获取和利用生物学信息的方法正在成为未来抗击疾病的重要武器。

新的科研模式打造旨在解决社会重大需求的新生物学

20世纪的分子生物学采用了物理学和化学的研究模式,即以科学问题为导向的假设驱动的科学。在分子生物学时代,研究者通常是在个人好奇心的驱使下提出研究课题,并选择相应的研究内容,其研究成果与应用前景没有紧密联系,与社会需求常常脱节。随着人类基因组计划的实施,生命科学不再是科学家在象牙塔里从事的"纯科学",而是解决人类社会面临的巨大挑战的重要工具。美国科学家在2009年关于新生物学的报告中指出,新生物学可以用来解决来自粮食、环境、能源以及健康等4个方面的挑战。

传统的个体化科研体制和经费资助结构难以支撑新生物学开展面对社会重大需求的研究。新生物学的实施需要不同国家、不同科研团体和部门的精密设计及跨界合作,需要来自政府、学术机构和民间组织等不同经费渠道的共同支持。例如"千人基因组"研究就是一个国际大协作的成功范例。该研究论文仅仅署名就包括了美国、加拿大、英国、德国、中国等14个国家的110个研究机构的300多名研究人员.他们分属总体协调组、数据生产组、数据分析组、结构变异分析组、外显子分析组、功能解释组、数据协调中心组和样品制备组等。显然,如果不进行多项资源的有效整合,不注意各种研究队伍的技术特长和工作任务之间的充分协调,新生物学的巨大潜能就很难得到释放。

在新生物学形成的过程中,工程学的参与是一个重要特色。工程学的本质就是预测性的设计。在信息不完整的情况下,工程学致力于建立可以在特定的条件下稳定运行的系统。由于生物系统的复杂性,研究者通常获得的信息有限,因此,工程学方法为解决生物学中复杂的内在问题提供了新思路。2011年1月,在由美国科学促进会主办的论坛上,麻省理工学院的研究人员发表报告《第三次革命——生命科学、物理学和工程学的会聚》,认为融合了生命科学、物理学和工程学的"会聚"作为新的科研模式,将可能为生物医学和其他科学领域带来革命性进步。会聚技术不是简单把一个学科的研究方法用于另一个学科,而是学科相互影响和相互融合。这些研究人员认为,在会聚研究领域,多学科的思维与分析技术将有助于发现新的科学原理;物理学家和工程师将与生物学家和医生一起去解答众多的医学难题。

合成生物学的诞生也体现出当前工程学对生命科学发展的影响。这门新学科建立在系统生物学和工程学的理论和方法基础之上。其主要任务是,通过标准化的生物模块的分析与设计,将生物复杂系统内的多元成分从功能性方面联系在一起,并致力于以生物模块作为原料,构建出新的生物系统,最终实现人工细胞或生物仿生系统在工业或医疗领域的应用。合成生物学的目标是,发现生物系统中的核心设计原则,并利用这些设计原则去进行生物系统的预测和改造。

人类正在面对人口老龄化和生活方式改变带来的健康和疾病问题的挑战。虽然世界各国,尤其是美国等发达国家和地区在人口健康领域给予巨大的经费投入,并在生命科学的前沿领域取得了许多重大成果,但是,在提高人类健康水平和抗击疾病方面的实际情况并不乐观。由此,NIH在2003年正式提出了转化型研究的新研究模式,即形成"从实验室到病床"的一个双向开放的研究过程。转化型研究希望打破基础研究与药物研发和临床研究之间的现有屏障,在其间建立起直接关联,同时把基础研究获得的知识成果快速转化为临床方面的防治新方法。

当前,基于转化型研究模式的转化医学已经得到了发达国家和地区的高度重视。美国政府已在40多所大学建立了转化医学中心。美国国会在2011年12月批准在NIH成立一个专门开展转化型研究的新机构——美国国立转化科学推进中心,通过政策倾斜和提供经费等措施,推动美国医学研究机构之间转化型研究合作。在我国,转化医学也正在得到人们越来越多的关注和支持,许多院校和科研机构都成立了转化医学研究中心,为我国转化医学的未来发展打下了坚实的基础。卫生部2012年发布的战略研究报告《健康中国2020》中明确提出"推动有利于国民健康的医学模式的转化"。可以说,转化型研究的出现代表了新生物学在生物医学领域里研究模式的革命性转变。

原载于《2013科学发展报告》,文字有改动。

人类细胞图谱计划面临的挑战

动植物等多细胞生物,通常都是由一个细胞——受精卵,通过连续不断的细胞分裂和细胞分化方式发育而成。在这种个体发育过程中,亲代与子代细胞之间以及同代细胞之间具有人类家族谱系那样的"亲缘关系",故称为细胞谱系(cell lineage)。对细胞谱系的研究不仅是发育生物学的主要任务,而且在抗击疾病和衰老等方面也有着重要的应用前景。20世纪70年代,英国科学家苏尔斯通用微分干涉显微镜对秀丽隐杆线虫(C. elegans)的整个发育过程进行了持续的观察,描绘出了迄今为止在多细胞生物种类中第一个完整的细胞谱系图(Sulston & Horvitz, 1977)。这种线虫是一种长约1毫米、非常简单的无脊椎动物。其在从受精卵发育为成虫的整个过程中总共分裂产生1090个体细胞。苏尔斯通绘制的线虫细胞谱系图清楚地揭示了这1090个体细胞中每一个细胞的身世和命运。例如,其中的131个细胞会在发育过程的特定时期死去。

随着当前生命科学研究技术的发展,尤其是单细胞测序技术的成熟,研究者于2016年10月在英国伦敦召开会议,建议实施一个远比线虫细胞谱系研究宏大的国际合作研究计划——人类细胞图谱(HCA),其组织委员会由来自10个国家的不同研究机构的27名科学家组成。2017年5月,HCA发表了关于会议总结的报告,系统地论述了HCA的意义、目标、任务和实施路径。在他们看来,HCA的基本目标是:"采用特定的分子表达谱来确定人体的所有细胞类型,并将此类信息与经典的细胞空间位置和形态的描述连接起来。"(Regev et al.,2017)但是,与线虫相比,人体大约有30万亿到50万亿个细胞,HCA面临的挑战显然要远远超过人类基因组计划。

要获得完整的细胞图谱面临的挑战

传统生物学对细胞类型的确定,主要是根据其稳定不变的表型特征,如细胞形态、空间位置和生理性质等,如通过形态差异来区分神经细胞和神经胶质细胞。据此人们推测,人体的细胞类型可能有200—300种。而HCA则试图从分子水平来对细胞进行分类。2018年,中国科学家发展了一种高通量的单细胞转录组测序技术,并用该技术对小鼠不同生命阶段的近50种器官组织的40余万个细胞进行了单细胞转录组分析,构建了首个建立在基因表达谱基础之上的哺乳动物细胞图谱(Han et al., 2018)。研究者根据这些转录组数据进行了相应的细胞分类,例如,把受孕小鼠和未受孕小鼠乳腺组织中形态相同的细胞依据其基因表达差异划分出不同的类型。

这种按照分子信息来进行细胞分类的策略显然比传统的细胞分类方法更精确,但同时也使得细胞类型的标准变得模糊,甚至有时变得比较随意。例如,哺乳动物机体内的分泌器官胰岛是由α细胞、β细胞、γ细胞及PP细胞等4种分泌型细胞组成。过去人们认为,这些β细胞是一种高度均一的胰岛素分泌细胞。但是,德国科学家根据Flattop蛋白的表达与否,把成年小鼠的胰岛β细胞分为两个亚群。不表达该蛋白的属于未成熟的β细胞;表达该蛋白的则属于成熟的β细胞(Bader et al., 2016)。另外一项利用专一结合人体β细胞不同膜蛋白的抗体技术的研究揭示,成人的胰岛中存在4种亚型的β细胞(Dorrell et al.,

2016)。HCA的组织者已经意识到这样一个问题：他们首先面临的挑战是，缺乏对细胞类型和细胞状态的严格定义。细胞类型意味着稳态特征，而细胞状态是指瞬态特性。由于所有细胞都处于变化之中，所以这两个概念间的边界难以划分，而在分子水平的细胞分类显然让这个问题更为复杂化。

HCA的组织者提出其理想的终极目标：(1)确定人体中的每一个细胞；(2)确定每个细胞的空间位置；(3)通过细胞谱系确定在人的一生中每一时刻出现过的每个细胞；(4)根据健康状态、基因型、生活方式和外界环境的不同，对每一个个体的细胞图谱进行注释。可以这样说，这一终极目标的实现意味着生命科学的终结。面对这样的终极目标，HCA的组织者不得不承认："当然，要构建这样的终极图谱是完全不可能的。"

退而求其次，HCA的组织者把实际目标定为"一个基于所有人类细胞的稳定属性和瞬态特征的综合性参考目录，包括各种细胞的位置和丰度"。值得注意的是，HCA的组织者还试图通过两个研究策略把其实际目标分解得更容易实现。首先是借鉴人类基因组计划分阶段完成的方式，"明智的策略是制订一系列构建细胞图谱'草图'的阶段性目标。这些'草图'将逐渐地增加(人类细胞图谱)分辨的精度、覆盖的广度和解释的深度"(Regev et al., 2017)。

按照这一策略，HCA已经发表了许多阶段性工作。例如，2018年3月8日，英国桑格研究所在其网站上宣布，25万个发育细胞作为HCA的第一步，已经完成单细胞转录组测序工作。美国伯德研究所紧随其后也发布了50多万个人体免疫细胞的单细胞转录组测序数据。此外，中国科学家对人类胚胎8—26周发育过程中前额叶皮层的2300多个细胞进行了单细胞转录组测序，发现了神经干细胞、兴奋性神经元、抑制性神经元、星形胶质细胞、少突胶质细胞、小胶质细胞等6个大类的细胞，并进一步把这6个大类的细胞精确划分为35个独立的细胞亚型(Zhong et al.,2018)。

虽然这种分阶段研究的策略能够推进HCA的相关工作,不停地产生HCA的各种"草图",但要想获得人体数十万亿个细胞的"全图"显然并非易事。以人类基因组计划的"小目标"——弄清人类基因组究竟有多少个基因为例,从2001年人类基因组"草图"的发表后将近20年的时间里,研究者尚未得到一个确定性结论。2001年发表的人类基因组"草图"提出了"高可信度"基因数为26 588个;2004年的人类基因组"全图"预测出的基因数目在20 000—25 000个;NIH专门负责收集基因的项目"哺乳动物基因收集"在2009年宣称人类基因组只有18 877个基因;美国科学家2018年在预印本网站bioRxiv发表的研究论文提出,人类基因组用来编码蛋白质的基因数目是21 306个。

HCA的组织者拟采用的第二个研究策略是"局部采样"。在他们看来,"为了得到人体细胞的精确图谱去对人体中所有细胞进行研究是不可能的,也没有这个必要"。他们提出,在HCA的研究过程中,可以先进行少量稀疏的细胞采样,经过分析后再决定更深度的采样方式。此外,作为分子层面的细胞类型分析,同样可以进行"局部分析",即首先对采集到的细胞进行低覆盖度的转录组测序,以便能找到尽可能多的细胞类型;然后从中再选择少量的细胞进行深度测序,从而能够帮助解释来自低覆盖度的测序数据并增加检测的精度。

如果细胞分类仍然采用传统的表型特征如形态辨识方法,那么这种"局部采样"的研究策略具有一定的合理性。一方面可以按照明确的可操作的标准从一群具有稳定表型特征的细胞中采集样本;另一方面由样本分析得到的结果也具有相应的代表性。但是,HCA的分类方法是建立在分子水平之上的,根据什么标准来采集样本就成了一个问题。例如,胰岛β细胞可以按照Flattop蛋白的表达与否进行分类,也可以按照结合β细胞不同膜蛋白的抗体的特征进行分类,但这些细胞的分类标准在采样之前是无从知道的,只能是按照的传统取样方法来提取胰岛β细胞样品。此外,这些细胞分类结果也很难说具有什么样的代表性,胰岛β细胞按照Flattop蛋白的表达情况分出的亚型与按照膜蛋白的抗体结合情况分出的亚型之间是什么关系? 这两种生物标志物中谁更具有代表性?

目前,HCA分析的主要技术是单细胞转录组测序。2017年,英美科学家利用该项技术改写了成年人血液中特定的免疫细胞图谱,其中树突状细胞由4种类型扩大为6种,单核细胞由原来的2种类型变成了4种,还发现了一种新的树突状祖细胞(Villani et al., 2017)。在这项工作中,研究者首先采用了一系列特定的抗体来提取和富集血液中的树突状细胞和单核细胞,再对这些细胞进行单细胞转录组测序。显然,采用的抗体种类对提取细胞样本具有决定性的作用,也就是说如果采用了不同的抗体,就可能得到不同的细胞,从而出现不同的测序结果。此外,根据单细胞转录组测序数据,研究者对每个细胞选择了平均5326个特定的基因进行分析,寻找出关键的分子标志物,然后才确定出新的细胞类型。因此,这些新的细胞类型是建立在个别的分子标志物之上的。例如,新的树突状细胞亚类是由细胞表达的三个抗原——AXL、SIGLEC1和SIGLEC6来决定的,研究者据此把这些细胞命名为"AS树突状细胞"。显然,如果采用不同的分析技术,很有可能从这些树突状细胞的转录组数据中找到不同的生物标志物,导致不同的细胞分类。

"局部采样"策略建立在抽样的合理性以及其分析结果的代表性之上,临床研究通常采用的随机对照试验可以视为这个策略的代表。通过以上分析可以看到,在分子水平进行"局部采样"策略确定的细胞谱系其实并没有真正的代表性。一方面,研究者很难建立一个符合科学抽样标准的操作方法,只能是采集到什么细胞就分析什么细胞;另一方面,研究者只能就分析中获得的特定分子标志物进行细胞分类,看到什么分子标志物就说是什么类型的细胞。

来自个体发育和生长的挑战

HCA面临的一个更大的挑战来自时间尺度：多细胞生物从受精卵分裂到个体发育再到衰老的生长过程中，不停地产生着各种新的细胞类型，同时又有许多细胞类型消失。苏尔斯通正是通过对线虫整个生长过程的持续观察，才描绘出了一张完整的细胞谱系图。当然，HCA的组织者并没有忽视这个挑战，并提出了一些应对的措施，"对模式生物来说，可以通过识别共同的祖细胞类型来构建真正的谱系树"，但对人类来说，"更普遍的可行性做法是，通过检测每次细胞分裂时DNA变异的稳定积累（例如体细胞点突变或者微卫星位点的重复序列扩增）来追踪谱系"。

多细胞生物的发育过程非常复杂，尤其是哺乳动物等高等生物，人们现在利用新的技术常常获得与传统发育生物学观点不一致的结果。例如，研究者从受精后5—24小时的非洲爪蟾胚胎上提取了近14万个细胞，并进行了单细胞转录组测序，根据259个基因表达簇，研究者分出了69个胚胎细胞类型。此外，他们还发现许多胚胎细胞的状态比以往认为的要早得多（Briggs et al., 2018）。这意味着细胞分化在胚胎发育时期的进程要重新定义。另外，两项对斑马鱼胚胎发育时期的单细胞转录组测序研究发现，其早期细胞分化的图谱并不是经典的"树状"。在有些"分枝"点的细胞从其转录图谱来看，是处于"多种命运"的状态下，即处于某个分化路径的细胞可以发生转换而进入其他的分化路径。这种"多种命运"特征有可能使得HCA的组织者提出的策略——"通过识别共同的祖细胞类型来构建真正的谱系树"，难以实现。

更值得注意的是，对发育涉及的时间尺度的理解。传统的发育生物学认为，对哺乳动物而言，个体的绝大部分细胞类型在胚胎发育过程中都已经完成,出生之后其机体主要是一个非发育性的"成长"过程。因此,细胞谱系的研究主要关注胚胎发育时期而非生长期。例如,在构建首个哺乳动物细胞图谱的工作中,研究者特别强调了选择乳腺组织的优点,"哺乳动物乳腺提供了一个研究组织器官分化的独特模型,因为它是唯一在出生后已经完全发育好的腺体器官"。然而,个体发育的过程并非局限在出生之前。这一观点随着研究工作的推进已经有了更深入的认识。例如,过去认为,小鼠全部冠状动脉都是由心脏外表面血管在胚胎发育过程中"自外向内"扩增而来,但中国科学家利用遗传谱系示踪技术对小鼠心脏冠状动脉的细胞谱系研究发现,一部分冠状动脉居然是出生后才"自内向外"开始生长的。具体来说,冠状动脉源于两种不同的"祖细胞"——心脏壁外层的冠状动脉由心外膜下血管祖细胞发育而成,心脏壁内层的冠状动脉则来源于心内膜祖细胞;而且这两类"祖细胞"的发育时间有很大差异,心脏壁外层的冠状动脉在胚胎时期就已经开始发育,心脏壁内层的冠状动脉则在出生后1—2周才开始生长(Tian et al., 2014)。

由此可以看到,如果把细胞谱系研究简单地局限在动物胚胎发育时期,将难以获得完整的个体发育的细胞谱系图。但是,如果不把细胞谱系研究涉及的时间段确定在胚胎阶段,则意味着研究者应该关注从胚胎期到成年期的生长全过程。这对线虫的细胞谱系分析来说容易做到,因为线虫生命周期短,从受精卵发育到可以产卵的成虫不超过三天。但是,对哺乳动物来说就比较麻烦了,小鼠生长期长达数月,人则长达数年,要研究个体在数十年生长期里可能出现的细胞谱系显然不是一件易事。

如果把衰老过程视为"逆发育"过程,HCA的研究者不仅要考虑个体的成长期,而且需要考虑个体在衰老阶段的细胞图谱。已经有多项研究表明,衰老期的细胞与成年期的细胞有很大差别。早在20世纪末,研究者已经知道衰老的哺乳动物细胞具有很特殊的表型,包括停止细胞分裂、抗细胞凋亡、分泌大量的炎性细胞因子和其他种类的蛋白质。2003年一项转录组研究工作指出,年轻人的成纤维细胞与老年人的成纤维细胞有600多个基因表达的差别,研究者据此基因表达差异确定出衰老细胞特有的转录组"指纹图"(Zhang et al., 2003)。

更为复杂的是,对免疫细胞的单细胞转录组测序结果表明,在年轻老鼠同类型的免疫细胞中,各个细胞之间的基因表达谱基本一致,没有明显的差异;但在老年鼠体内的同类型免疫细胞中,各个细胞之间的基因表达差异明显增加(Martinez-Jimenez et al., 2017)。2018年,一项单细胞染色质修饰谱分析工作也发现了同样的现象:老年人体内不同免疫细胞之间的染色质上的组蛋白修饰差异要远大于年轻人的(Cheung et al., 2018)。这种个体内免疫细胞的异质性意味着,如果依照HCA对细胞图谱的分子分类标准,那么年轻人体内同一种免疫细胞很有可能在老年人体内就会变成很多种类的免疫细胞。具体的细胞类型将取决于这些衰老细胞的各种生物大分子间的差异情况。

基因组随机性突变带来的挑战

HCA目前重点关注的是细胞在转录组层面的基因表达情况。但是,真正的细胞谱系图不可能忽略基因组层面的变化,因为从根本上来说,"谱系"的核心是"血缘关系"。传统的生物学观点认为,在实现体细胞一代又一代增殖的有丝分裂过程中,子代细胞的基因组拷贝是由亲代细胞基因组完整而准确地复制和分配而来的,因此,用来构成不同组织器官的各种类型的体细胞都拥有同样的基因组。也就是说,在个体发育过程中产生的各种体细胞之间的"血缘关系"都是相同的,所有体细胞的基因组都来自受精卵的基因组,因此,细胞之间的差别与基因组序列关系不大,不需要关注基因组。但是,在人类基因组计划完成的后基因组时代,研究者已经证明这种观点是错误的。事实上,在每一个个体内,不同的体细胞基因组存在着广泛的差异。

这种传统的"基因组同一性"观点在苏尔斯通研究线虫细胞谱系图的时代不构成大问题,当时他仅仅依据细胞形态的信息进行细胞谱系构建。但是,按照HCA的组织者自己确定的目标——在分子水平上进行细胞类型的分析,研究不考虑基因组层面的信息显然就说不过去。笔者注意到,在讨论如何获得人类发育过程中的细胞谱系图的技术策略时,HCA的组织者已经考虑到要研究基因组层面的变化,"通过检测每次细胞分裂时DNA变异的稳定积累(例如体细胞点突变或者微卫星位点的重复序列扩增)来追踪谱系"。

美国科学家在2018年发表的一项研究看起来很符合HCA的组织者的思路。在这项工作中,研究者对三个人体胚胎的前脑组织的细胞进行了单细胞全基因组序列分析,发现这些细胞中广泛存在着单核苷酸变异(SNV),平均每个细胞有200—400个SNV;研究者重构了受精卵最早5次分裂过程中的细胞谱系图,并计算出突变率是每个细胞在每次分裂过程中产生大约1.3个SNV。研究者进一步指出,在胚胎发育的后期,包括神经发生时期,由于氧化损伤作用将导致突变率进一步增加,而且胚胎发育期间的突变会明显多于生长期(Bae et al.,2018)。

体细胞的突变通常源于DNA复制过程中随机产生的复制错误。有研究文章指出,基因组在复制过程中随机产生的突变可以传递到下一代;细胞分裂的次数越多,细胞内积累的复制突变就越多(Tomasetti et al.,2017)。此外,另一项单细胞全基因组测序研究也发现,在人体早期胚胎发育过程中,细胞每分裂一次平均产生三个体细胞突变;更重要的是,这些体细胞突变将以不对称的方式传递给子代细胞。因此,这些随机突变的产生和不对称传递必然导致各个细胞之间的基因组序列有所差别,需要对每个细胞都加以分析才能知道其基因组序列的变异情况。

基因组不仅存在点突变等微小的序列差异,而且还广泛存在着较大的染色体结构差异,如基因拷贝数变异(CNV)。一项研究工作指出,有丝分离过程通常会导致小鼠胚胎干细胞基因组广泛形成CNV。此外,染色体结构差异在人类胚胎早期发育过程中也是很常见的事件,不仅在大多数卵裂期胚胎的细胞里发现具有非整倍体的基因组,而且在随后的分裂球的细胞内也可以看到各种大片段基因组DNA缺失或者扩增,这意味着早期胚胎细胞拥有的是高度不均一的"镶嵌型"基因组(Vanneste et al., 2009)。

值得注意的是,"镶嵌型"基因组在机体的各种体细胞内广泛分布。通过单细胞测序技术对人脑部额皮质的神经细胞基因组分析发现,新产生的CNV存在于13%—41%的神经细胞内(McConnell et al., 2013)。研究者还发现,随机产生变异的"镶嵌型"基因组在人体的整个生长期一直在不停地形成。例如,在大脑海马的齿状回区域,每个神经细胞每年大约出现40个体细胞突变,其突变率是胚胎发育期前额皮质的神经细胞的两倍(Lodato et al., 2018)。换句话说,人体从胚胎发育到身体衰老,可能就不会产生基因组序列完全一致的两个细胞。

HCA需要面对的另一个更大挑战是环境导致的体细胞基因组序列的随机变异。人类生活的各种环境因素时时刻刻在影响着体内的细胞。众所周知,吸烟会引发基因组变异。2015年,一项研究系统地分析了吸烟与突变的关系,发现吸烟的程度与突变程度高度相关,并涉及碱基置换、插入/缺失突变和CNV等多种突变。更有甚者,即使只是晒晒太阳也有可能引发突变。一项研究指出,长期紫外线照射能够引起正常人体皮肤的上皮细胞基因组发生突变,每个细胞基因组中大约每100万个碱基平均出现2—6个突变,而且在正常皮肤细胞发现的突变中有许多是已知癌基因突变(Martincorena et al., 2015)。显然,环境与基因组突变之间的关系是复杂的、随机的,并且是不可忽略的。

由此可见，由于细胞增殖过程中的随机复制错误，以及由于生长环境所导致的随机突变，使得机体内的体细胞广泛地拥有具有不同变异序列的"镶嵌型"基因组。这种"镶嵌型"基因组明显增加了体细胞的遗传复杂性和细胞类型的多样化。更麻烦的是，HCA的组织者如果不是采集"所有"细胞而是用"局部采样"的方式进行细胞图谱研究，势必会遗漏并无从得知没有采集到的细胞里随机出现的基因组变异信息。

不同种类的生物分子标志物之间非线性关系的挑战

HCA最主要的策略是从分子水平来对细胞进行分类，"这个实施方案显然就是通过确定一系列分子标志物来描述每个人类细胞。例如，可以通过描述编码人类蛋白质的大约2万个基因的表达水平来描述每个人类细胞，……当然，这种分子标志物的集合还将包括非编码基因的表达水平、转录本可变剪接的水平，每个启动子和增强子的染色质状态，以及每个蛋白质表达水平和它们的每一种翻译后修饰状态等"。换句话说，细胞内的各种生物大分子的表达水平和修饰状态等信息都将被HCA提取出来并用于细胞的分类。

HCA的组织者提出的这种实施方案看上去很全面，几乎把人们能够想到的生物大分子的信息都包括了。但是，一个由此而来的问题并没有得到很好的思考和解答：这些不同类型的生物大分子之间是什么关系？其中最主要的是要回答基因表达水平与蛋白质表达水平的关系。按照分子生物学的"中心法则"，基因组上的基因被转录为mRNA，然后根据mRNA合成蛋白质。过去人们认为，基因转录水平与蛋白质合成水平是线性关系。如果基因表达水平高，即作为模板的mRNA的拷贝数多，则蛋白质表达水平高，即合成出来的蛋白质就应该多。

随着研究工作的深入，这种基因转录水平与蛋白质表达水平呈简单线性关系的观点已被多项实验所否定。2001年发表的一篇系统生物学经典论文指出，在酵母细胞中，所检测到的289种蛋白质的丰度与其对应的mRNA表达水平的相关性并不高，相关系数只达到0.61。此外，有30个蛋白质的丰度在野生型和突变型细胞之间有着明显的差异，但是，编码这些蛋白质的基因中有一半的mRNA表达水平没有出现相应的显著性变化（Ideker et al., 2001）。随后的另一项研究也同样观察到，酵母细胞的许多蛋白质表达水平和其相应的mRNA表达水平之间有较大的差异。对人体肝细胞的研究也同样表明，蛋白质表达水平和其相应的mRNA表达水平之间的相关系数只有0.48，并且这种非线性关系不是随机分布的。例如，在丰度最高的50种mRNA中，有29种是用来编码分泌蛋白的，但在丰度最高的50种蛋白质中却没有一种是分泌蛋白的。对大鼠肝脏转录组和蛋白质组的分析也得到了相同的结果：蛋白质表达水平和其相应的mRNA表达水平之间相关性不高。

  以上这几项研究都只是在测定了大量细胞的基础上得到的统计性结论。今天HCA提出的目标是要在单细胞水平上进行分析，显然这种基因表达水平和蛋白质表达水平间的关系就变得更为复杂。一项利用单分子研究技术对单个大肠杆菌细胞分析的结果表明，基因表达水平和蛋白质表达水平不仅受到各个细胞间差异之外部噪声的影响，而且还受到细胞内的内部噪声的影响，两者的丰度关系出现了明显的细胞个体差异。研究者由此得出这样一个结论，"对任何一个给定的基因而言，在单个细胞内的蛋白质拷贝数和mRNA拷贝数之间没有相关性"（Taniguchi et al., 2010）。换句话说，由于基因表达水平与蛋白质表达水平不存在相关性，因此在同时测量一个细胞里两者的表达水平时就很有可能得到不同的甚至是相反的结果。

  2016年，曾有一篇综述文章系统地分析了蛋白质表达水平与mRNA表达水平的关系，指出这种关系受到细胞内外环境变化、细胞稳态和状态变化以及mRNA的时空分布等各种影响。作者总结道："转录水平本身在许多情况下是不足以用来预测蛋白质表达水平以及解释基因型与表型的关系的。因此，获取不同层次的基因表达水平相关的高质量数据是完全理解生物学过程所必不可少的。"（Liu et al.，2016）。

HCA面临的问题是，如果研究者在一个细胞里同时获得了可用于细胞分类的基因表达水平和蛋白质表达水平的分子标志物，但这两类分子标志物的丰度不一致，例如A基因是高表达而其蛋白是低丰度，那么应该根据哪一类分子标志物来进行细胞的分类。换句话说，这两类分子标志物在用作细胞分类的标准时谁更重要。瑞典科学家在2017年发表的一项研究已经涉及这个问题。研究者首先根据56株人细胞系的基因表达谱构建了一个细胞图谱，在此基础上选择了22株细胞系，然后用近13 993种抗体检测了这些细胞株上的12 003种蛋白质的亚细胞器的空间分布；研究者还通过单细胞分析技术发现了1855种蛋白质存在着表达水平或者空间分布的差异（Thul et al.，2017）。显然，在这项工作中，研究者是把基因表达谱而非蛋白质表达谱作为细胞分类的标准。不过，德国科学家通过小鼠大脑皮层神经组织发育的研究工作对该问题给出了另外一种答案：他们发现，少突胶质细胞、星形胶质细胞、小胶质细胞和神经细胞的转录组与蛋白质组的相关系数只有0.4—0.45；在此情况下，他们提出，蛋白质组的数据能够更好地反映大脑皮层的细胞类型和差异（Sharma et al.，2015）。

从生物学现有的知识来说，基因组的表观遗传修饰、非编码RNA的转录和蛋白质翻译后修饰等显然与基因表达或者蛋白质表达之间不存在线性关系。因此，如果HCA把这些类型的信息全都视为可用于细胞分类的分子标志物，那么这将进一步导致细胞分类的复杂性和不确定性。这还只是在分子层面上反映出来的问题，如果再到更高的层次，如细胞形态或生理功能等，涉及细胞分类的各种标准之间的关系将变得更为模糊。HCA的组织者显然也意识到了这一问题，"关键在于现在始终不清楚基于形态的、分子的和生理性质的三者各自得到的分类特征是否相互兼容"。

结语

19世纪法国数学家拉普拉斯是科学史上倡导决定论的最著名人物。他于1814年提出了"拉普拉斯妖"的假设：如果一个智者知道宇宙中每个原子确切的位置和动量，并能够对这些数据进行分析，就能够用物理学定律来展现宇宙中所有事件的全过程，从过去到未来。从HCA计划设定的宏伟目标而言——提取所有的生命信息并描绘出人体每个细胞的类型、状态和运行规律，可以把该计划视为"拉普拉斯妖"在生命科学领域的翻版。从以上对该计划面对的各种挑战之讨论中可以看到，最大的挑战正是来自研究者的决定论思维与生命复杂系统的本性之间的冲突。

原载于《生命科学》杂志2018年第30卷第11期，文字有改动。

泛基因组——观察生物多样性和统一性的新视窗

人类基因组计划打开了人类认识生命的新途径。其中，最明显的改变是，研究者逐渐跳出了传统生命科学注重个别基因或蛋白质的碎片化研究模式，从整体或全局的角度来认识生物体及其生理和病理活动。更为重要的是，研究者能够在基因组序列比较之基础上去探讨生命世界里不同生物的关系，从个体差异到群体特征。例如，2006年启动的大型国际研究计划Zoonomia Project就是针对包括人类在内的数百种哺乳动物进行基因组测序，然后通过序列比较分析探讨这些物种之间的遗传变异，进而理解哺乳动物的演化规律，以及人何以为人。《科学》杂志在2023年4月发表了Zoonomia Project首批11篇研究论文的研究专辑，其中包括40种哺乳动物全基因组测序和分析。该专辑的编者认为："Zoonomia Project预示着一个新时代的到来，即对数百个物种的基因组进行联合测序和比较研究将打开一扇大门，进而可以从全新的思路来理解哺乳动物、哺乳动物进化以及人类自身。"可以说，比较基因组研究是21世纪生命科学领域一种利用基因组信息认识生命及其生理和病理活动的重要研究手段，其中最值得关注的就是泛基因组概念的提出和应用。

泛基因组是揭示生物多样性的"底层逻辑"

在 2001 年人类基因组草图发布之际,研究者给出的只是一个参考基因组序列,大约 70% 的基因组序列来自同一名志愿者。该参考基因组序列可以被用来代表人类作为物种的基因组特征。但是,来源如此单一的基因组参考序列显然不能够反映人类内部种族或个体之间的遗传多样性。

2005 年,美国研究人员在一篇链球菌基因组分析的论文中首次提出泛基因组的概念,并在同年发表的一篇题为《微生物泛基因组》的综述文章中讨论了这个新概念,即"一个细菌物种可以通过它的泛基因组来刻画。泛基因组由核心基因组和非必需基因组组成,前者指该物种的所有菌株中都存在的基因,后者指只在 1 个或 1 个以上的菌株中存在的基因"(Medini et al., 2005)。

由此可见,参考基因组只是代表核心基因组,而泛基因组还必须拥有代表种内群体遗传多样性的非必需基因组——相当于群体内个体基因组序列的总和。2009 年,中国研究人员在人类参考基因组序列的基础上整合了一个亚洲人的和一个非洲人的基因组序列,首次实现了人类泛基因组的雏形。目前,泛基因组概念和研究技术在微生物和动植物研究领域已经得到广泛的应用,仅仅 2020 年就发表了 1 万多篇涉及泛基因组的研究文章。

通过泛基因组认识生物体的基因组结构多样性

为了更好地研究人类的遗传多样性,美国和澳大利亚等国家的研究人员组建了国际人类泛基因组参考研究联合体(HPRC),其目标是"创建一个更复杂和更完整的人类参考基因组,一种基于图型的,从端粒到端粒组装的序列图谱作为全球基因组多样性代表"。2023 年 5 月,

HPRC在《自然》发布了首个人类泛基因组参考草图,包含了来自非洲、美洲、欧洲和亚洲多个国家和地区不同祖源的47个个体的二倍体基因组序列。这个人类泛基因组参考草图比目前使用的人类参考基因组序列增加了1.19亿个新碱基对和1115个基因重复片段。在新增的碱基对中有大约9000万个属于结构变异,如碱基片段的倒置、插入/缺失等。需要指出的是,由于结构变异的复杂性,过去依靠参考基因组序列只能识别人类基因组中少量的结构变异;而现在基于人类泛基因组参考序列,结构变异的检测率可以提高104%(Liao et al., 2023)。此外,人类泛基因组参考序列的应用不仅能够提高结构变异的检测率,而且能够提高对单个或数个碱基差异等基因组微小变异的检测率。在《自然》杂志同期刊发的另一篇研究论文中,美国华盛顿大学的研究人员利用人类泛基因组参考序列和新算法发现了人类基因组中数百万个新的单核苷酸变异(SNV),而且这些新发现的SNV主要位于基因组的片段重复区域内。

然而,在HPRC分析的47个不同祖源的基因组样本中,东亚人群的基因组样本只有4个,其中三个为汉族。这使得该人类泛基因组参考草图不能全面地反映以中国人口大国为代表的东亚人群基因组结构多样性。这个缺憾被我国科学家组建的中国人群泛基因组联合体(CPC)的工作及时填补。2023年6月,CPC在《自然》杂志发布了中国人群泛基因组参考图谱,在涉及的58个核心基因组样本中,包括了汉族和36个少数民族;CPC发布的图谱比人类参考基因组序列增加了近1.89亿个新碱基对和1367个编码蛋白的基因重复片段。需要强调的是,CPC从这些中国人群基因组序列中共鉴定出了近1590万微小变异和78072个结构变异,其中590万微小变异和34 223个结构变异在人类泛基因组参考草图中并没有被报道过(Gao et al., 2023)。

从物种的角度来看,现实世界中有许多物种,尤其是人工培育的由多个品系组成的物种,其遗传多样性的程度要比人类的高很多。泛基因组研究策略显然是研究遗传多样性程度高的物种之得力工具。因此,泛基因组研究策略近年来重点拓展到了农业种质资源的遗传多样性研究。牛是畜牧业最重要的经济物种,仅人工饲养的牛就超过600个品种。2022年,以美国科学家主导的国际团队组建了牛泛基因组联合体(BPC),致力于对这些人工饲养的品种和各种野生牛品种的基因组进行测序和组装,从而发展出更为完整的表征牛基因组多样性的泛基因组参考图谱。家蚕是我国农业最具特色的经济物种,我国研究团队曾通过对1078份蚕品种的基因组测序,获得了目前国际上最大规模、最完整的家蚕泛基因组图谱,鉴定出4300余万个单核苷酸多态性(SNP)、930余万个插入/缺失、340余万个非冗余结构变异和7308个新基因(Tong et al., 2022)。

泛基因组研究在农作物以及植物学领域也很普遍。值得关注的是,多个植物泛基因组研究超越了物种层面,让研究者能够在属的层面上构建超级泛基因组。2022年7月,中国农业科学院研究者牵头的研究团队发布了稻属超级泛基因组图谱,包括亚洲栽培稻核心品系、非洲栽培稻、普通野生稻和短舌野生稻,鉴定到近16万个结构变异(Shang et al., 2022)。同年8月,华中农业大学牵头的研究团队发布覆盖了玉蜀黍属全部物种的超级泛基因组图谱,为单个玉米基因组的3倍,其中约37%序列是玉米基因组所没有的(Gui et al., 2022)。2023年6月,我国研究团队发布了包括野生、地方种和现代栽培谷子品种在内的狗尾草属泛基因组,由7万多个基因家族组成,并含有6000万个SNP、670万个插入/缺失和20余万个非冗余结构变异(He et al., 2023)。

利用泛基因组寻找生物体的基因功能差异

基因组结构的遗传多样性意味着不同种群或人群以及个体之间存

在着潜在的生理差异和病理差异。利用泛基因组技术找到的遗传多样性越丰富，研究者对生命的功能差异的认识就越完整，进而更好地推动对人类遗传学和复杂疾病的研究。例如，研究者从人类泛基因组参考草图中发现了1115个蛋白质编码基因的拷贝数变异（CNV）。与人类参考基因组序列相比，这些CNV增加了0.6—4.4 Mbp的基因序列，且这些CNV基因与人类健康高度相关，包括淀粉酶（4—10个拷贝）和β-防御蛋白（3—7个拷贝）。又如，中国人群泛基因组参考图谱表明，中国人群特有的结构变异中近50%重叠分布在6426个蛋白质编码基因区的上游和下游各100 kbp处，其中，4344个基因被长度超过1 kbp的结构变异所破坏。在这些基因中最常见的功能富集与免疫功能相关。

不同于线性的参考基因组序列，人类泛基因组是基于图形组装的多维度图谱，有利于寻找含有片段重复等复杂结构的基因组区域内的微小变异。研究者通过人类泛基因组草图，从基因组片段重复区域内发现了数百万SNV，进而构建了基因间基因转换的全基因组图谱，包括498个受体和454个供体热点，共影响大约800个蛋白质编码基因的外显子。这些基因中有38个编码基因被认为是"受限基因"，即这类基因在进化上是保守的，其突变往往会对生物体的生存或适应性产生有害影响。其中一些受限基因如凝血因子Ⅷ或补体C4B与疾病有关。

泛基因组研究策略还能够更好地促进遗传变异和表型变异的相关性研究。目前这方面常用的研究策略是基于SNP的全基因组关联研究（GWAS），即将个体基因组序列与参考基因组的进行比对，然后将得到的SNP与表型进行关联分析。但是，如果GWAS分析涉及的表型没有在参考基因组上找到相应的功能基因，就会出现GWAS定位区间与实际功能基因之间偏差较大甚至检测不到的情况。传统的基因组分析技术在遗传变异和表型变异的关系研究方面存在着明显的空白，被称为遗传度缺失。如果采用拥有大量结构变异的泛基因组为参考基因组进行GWAS分析，就可以很好地解决这类因单一参考基因组而导致的遗传度缺失问题。在狗尾草属泛基因组的研究文章中，作者明确指出，在对某些性状的分析中，基于结构变异的GWAS显著提高了基于SNP的GWAS效率，且其中某些信号只能通过结构变异检测到；此外，连锁不平衡分析显示，约36.9%的结构变异与相邻SNP（±50 kbp）不相关，表明与结构变异相关的大量遗传信息未被SNP标记所捕获（He et al.，2023）。玉蜀黍属的超级泛基因组研究也得到相似的结论——相比于常用的SNP和插入/缺失等遗传变异，结构变异能解释更多的表型变异，而且有37%的结构变异是不能被已知的SNP或插入/缺失标记所替代（Gui et al.，2022）。

由此可见，利用泛基因组研究能够获得单一参考基因组所没有的遗传变异。尤其是结构变异，进而能够识别出与这些遗传变异相关的表型变异，并可帮助基因定位和功能位点挖掘。例如，在番茄超级泛基因组的研究中，我国研究者对321个番茄群体中的结构变异和代谢物进行了GWAS分析，检测到17种果味挥发物和249种果实代谢产物的显著相关信号，表明结构变异与番茄的农艺性状变异和代谢物变化具有显著的相关性（Li et al.，2023）。此外，研究者在玉蜀黍属超级泛基因组的研究中，发现一个结构变异与植株的干旱胁迫相关；该结构变异是一个近2000个碱基长度的转座子插入，其插入位置位于目标基因上游的调控元件内，可能破坏了该元件与其转录因子的结合，导致目标基因在叶片细胞中的表达受到抑制，从而影响了植株的干旱胁迫响应（Gui et al.，2022）。

泛基因组是认识生物统一性的"直通车"

泛基因组不仅能够反映出物种内的遗传多样性，而且能够表征整个物种的共性特征。这种两面性源自组成泛基因组的两个基本构件：

可变的非必需基因组和稳定存在的核心基因组。前者指只在部分种群/品系或个别个体中存在的基因，后者指在物种内所有群体或个体内都存在的基因。因此，研究者构造泛基因组之目的不仅仅是用于研究遗传多样性，还可以通过泛基因组来认识群体的共性特征。正如HPRC所强调的，"泛基因组计划的一个核心目的是，在泛基因组参考图谱中记录下人类基因组之间的遗传相似性和差异性"。需要指出的是，在肿瘤研究领域，"泛"的概念正在从比较基因组层面推广为一种研究肿瘤发生和发展的各种现象或规律的新策略。

通过泛基因组探寻群体的共性特征

人类遗传学研究表明，不同的种族/人群具有不同的遗传特征。揭示这些遗传特征将有助于对不同人种或人群的生理和病理研究。当前人类基因组学研究以及公共数据库的数据大部分来自欧美人群，非欧美人群的遗传学数据比较单薄；即使在人类泛基因组草图中，亚洲人群的基因组信息的代表性也很不充分。中国人群泛基因组参考图谱的发布及时补上了这个空白。我国研究者通过对这两个泛基因组图谱的比较发现，中国人群基因组中存在特有的223个结构变异热点，涉及807个蛋白质编码基因——这些基因显著富集在一些重要的功能通路上，如氧运输和血红蛋白结构。例如，珠蛋白基因簇的区域内存在两个中国人群特异性结构变异，包括一段20 kbp的缺失序列和一段10 kbp的重复序列。显然，这一发现将为研究中国人群贫血症特有的致病机制提供全新的线索。此外，通过该泛基因组图谱鉴定到的一些中国人群特有的结构变异，显著富集在从东亚人群中发现的疾病相关变异中。这些疾病包括尿石症、肾结石和甲状腺肿，其相关变异在一些亚洲地区非常普遍（Gao et al., 2023）。

基于泛基因组策略的共性特征研究同样被应用于动植物领域。例如，在家蚕泛基因组图谱的研究中，我国研究者鉴定了涉及家蚕育种的468个驯化相关基因和198个改良相关基因，发现中国实用种和日本实用种之间只共享不到3%的改良作用位点，从而找到了这两种家蚕类型间能够产生强杂交优势的遗传基础。实验室常用的小鼠近交品系大致分为两类，经典实验室品系和野生来源品系。欧美研究者曾对12个常用的实验室小鼠近交系和4个野生来源近交系进行了全基因组从头测序和分析，发现小鼠参考基因组中有2567个区域表现出巨大的序列多样性，占小鼠基因组的0.5%—2.5%。这些多样性区域往往是品系特有的，被称作品系单体型多样区，主要是编码免疫、感知、神经、行为和有性繁殖等反映个体性状差异的相关基因。例如，野生来源近交系WSB/EiJ小鼠的基因组在IRG、Nlrp1、Raet1等多个区域携带全新等位基因，与其他15个品系均不相同(Lilue et al., 2018)。也就是说，尽管作为近交系的各小鼠品系之间的遗传背景高度一致，但比较基因组研究揭示出，不同品系之间依然携带着其品系特有的遗传特征。

对于在属内进行基因组比较研究的超级泛基因组研究而言，还可以比较同一个属内不同物种之间的特征和演化关系。例如，在稻属超级泛基因组研究中，研究者揭示了非洲栽培稻和亚洲栽培稻两个不同种之间对影响水稻株型的基因是如何进行独立变异的：野生稻种中存在一个由多个串联锌指基因构成的RPAD位点；在向栽培稻的演化过程中，为了适应其对应的环境，非洲栽培稻与亚洲栽培稻在RPAD位点两端分别发生了大片段缺失，从而各自拥有了RPAD位点两端不同的锌指基因，导致非洲栽培稻匍匐生长而亚洲栽培稻的株型变为直立。在玉蜀黍属超级泛基因组的研究中，研究者注释了58 944个基因，并基于大的插入和删除变异——存在-缺失变异(PAV)鉴定出了核心基因组和非必需基因组，其中44.34%的基因是非必需基因；通过分析玉米野生近缘种大刍草和现代玉米的691个基因型，重构了三个玉米亚群和8个大刍草亚群,从而认为大刍草向玉米的驯化过程中可能同时发生了"老"基因的丢失和"新"基因的获取。

采用"泛肿瘤"研究策略探寻肿瘤发生和发展规律

最能体现基于泛基因组的共性特征研究的工作是在肿瘤领域。肿瘤最主要的特点是,在基因组层面广泛存在着肿瘤患者个体间异质性。为此,NIH在2006年牵头启动了一个国际合作项目——"癌症基因组图集"(TCGA),对33种肿瘤类型的上万名患者的肿瘤样本进行基因组测序和分析。在2015年该项目结束时,研究者已发现了近1000万个肿瘤相关的突变。需要强调的是,在TCGA实施过程中专门衍生出一个泛癌图谱计划,重点关注高度异质性肿瘤内部隐藏着的共性特征,从而揭示控制癌症发展和进展的规律。正如2018年《细胞》杂志在刊发一系列泛癌图谱计划的论文时发表的社论所指出:"该图谱提供了一个独特而全面、深入和连贯的理解——肿瘤是如何、在哪里以及为什么在人类中出现的。"

TCGA研究涉及的33种肿瘤类型之划分是基于病理性状和解剖位置等传统肿瘤分类方法,而泛癌图谱计划则通过整合基因组、蛋白质组和其他组学数据,把这33种类型的肿瘤划分为28种整合分子群(Hoaley et al., 2018)。这种分子分型方法不仅重新界定了肿瘤的类型,而且有助于揭示不同肿瘤类型在分子层面的共同特征。此外,研究者采用"泛癌"策略对TCGA中1万多个样本的基因组数据进行致病性生殖细胞系突变分析,发现了不同肿瘤类型之间的共同突变。具有代表性的是5种癌基因(*RET*、*AR*、*PTPN11*、*MET*和*CBL*)上携带的33种致病或可能致病的突变;其中21个*RET*基因突变存在于11种肿瘤类型之上(Huang et al., 2018)。

"泛癌"的研究思路还可以用于肿瘤发生发展中的重要活动进行系

统的比较研究。例如,研究者利用TCGA计划获得的基因组和转录组数据,对33种肿瘤类型近9000个样本基因组上的增强子进行分析,发现这些肿瘤样本的一个共性特征:"基因组整体水平的增强子活性与非整倍体正相关,而与基因突变的程度没有相关性。"过去的研究发现,不同类型的肿瘤在进行远端转移时具有不同的特征,但对它们是否具有共同特征并不清楚。2019年,荷兰研究者采用"泛转移瘤"策略比较了20多种实体瘤的2520对转移性和原发性肿瘤样本的全基因组序列,发现这些不同类型的转移瘤中全基因组复制(WGD)程度都要比相应的原发性肿瘤高很多,前者的WGD平均值达到了55.9%。因此,基因组内有程度高的WGD是这些不同类型的转移性肿瘤之共同特征(Priestley et al.,2019)。

肿瘤患者不仅具有明显的个体间异质性,在个体同一肿瘤组织内还广泛存在着细胞间异质性(ITH)。显然,如何认识肿瘤细胞的ITH及其变化规律是研究者面对的一个巨大挑战。近年来发展起来的单细胞RNA测序技术(scRNA-seq)为研究细胞间异质性提供了新的"武器"。以色列研究者通过对大规模的单细胞RNA测序数据进行了整合,形成了一个当前最全面的泛癌单细胞RNA数据库,从中揭示出24种肿瘤类型的1163个肿瘤样本的转录ITH模式。研究者进一步利用这些ITH数据去发现不同肿瘤中具有共性的ITH稳定表达程序——论文作者定义为元程序(MP),鉴定出41种具有特定功能的MP类型;并将这种MP分析技术扩展到6种常见的非恶性细胞类型,通过这些MP绘制出肿瘤微环境中细胞与细胞之间的相互作用(Gavish et al.,2023)。

这种"泛癌"的研究策略不仅用于分子层面和细胞层面的肿瘤生物学研究,而且被用于肿瘤临床数据的分析。美国研究者对TCGA计划涉及的33种类型肿瘤的11 160名患者样本的临床数据进行整合,形成了TCGA泛癌临床数据源(TCGA-CDR)。其中包括4种主要的临床结局终点——总生存期(OS)、无病期(DFI)、无病进展期(PFI)、疾病特定生存期(DSS)。基于TCGA-CDR,研究者为这些肿瘤类型中的每一种推荐了可以使用的临床结局终点(Liu et al., 2018)。由此可见,"泛癌"的底层逻辑与泛基因组研究是一致的,即在确定生物体或生理病理活动的差异性同时从中提取出相似性,实现"个性"与"共性"之统一。

原载于《生命科学》杂志2023年第35卷第9期,文字有改动。

一

基础研究的再认识

基础研究当今在中国正得到前所未有的重视。早在2018年,国务院就发布了《关于全面加强基础科学研究的若干意见》。为深入贯彻落实这个文件,科技部、发改委、教育部、中国科学院和自然科学基金委于2020年联合印发了《加强"从0到1"基础研究工作方案》的通知。2021年11月,时任总理李克强在国家科学技术奖励大会上发表的讲话里明确提出:"我们要持之以恒加强基础研究,不断提高原始创新能力。"在2021年12月颁布的《中华人民共和国科学技术进步法》(本文简称"科技进步法")修订版中,基础研究得到进一步的强调,并单独成为一章,明确提出:"国家加强基础研究能力建设,尊重科学发展规律和人才成长规律,强化项目、人才、基地系统布局,为基础研究发展提供良好的物质条件和有力的制度保障。"中国科学院发布了《中国科学院关于加强基础研究的若干意见》(本文简称"基础研究十条")。此外,地方政府也纷纷出台促进基础研究的措施,如上海市政府于2021年10月印发了《关于加快推动基础研究高质量发展的若干意见》。

基础研究这一概念于20世纪中叶随着美国主导的科学建制化开始流行,并被视为现代工业社会的研究与开发(R&D)框架内的一个重要组成部分。在第15版《不列颠百科全书》的条目R&D里给出了这样的描述:"基础研究被定义为科学家或其他人所开展的没有明确目的之研究工作,仅仅是为了揭示自然的奥秘。在现代工业社会设定的R&D框架内,基础研究(有时称为'纯科学')通常并非完全'纯粹',往往带有某种一般性目的,如一个有可能解决某个工业领域难题的技术前沿研究。比方说制药公司实验室所进行的基因剪切或克隆研究。"该条目还定义了R&D框架内不同研究类型间的关系:"应用研究推进基础研究的发现,把这些发现进行开发以满足特定的需求;进入开发阶段则涉及新的或改良的产品或者工艺实现产业化的各种必要步骤。"在美国政府历年来发布的统计报告《科学与工程指标》中,同样是把R&D分为三个部分进行统计:基础研究,应用研究,开发。其中,基础研究的经费保持在年度R&D总支出的15%—18%。然而,笔者发现,这个如此重要并被广泛使用的概念,在当前的语境中尚有许多内容需要梳理和讨论。

基础研究具有不同的层次和类型

基础研究有不同的层次,有些基础研究工作"深",其研究成果揭示出世间万物的普遍联系,如牛顿的万有引力定律和达尔文的自然选择理论等;有些基础研究工作"浅",其研究成果通常只是反映了部分事物之间的特定关系,如某种生物的代谢通路或者细胞信号转导通路。前者在我国往往被称为原创性基础研究,并有一个形象的说法——"从0到1"。为了解决我国基础研究缺少"从0到1"原创性成果的问题,国家四部委在2020年专门发布了《加强"从0到1"基础研究工作方案》。也就是说,并非所有基础研究工作都是原创性的,我国的基础研究成果大多是非原创性的。

需要注意的是,基础研究的"原创性成果"并没有一个绝对的判定标准。首先,不同学科的基础研究涉及的对象不一样,结果的普适性也就不同。例如热力学第二定律等物理学法则适用于宇宙间万物,"中心法则"等生命科学规律仅属于生命世界。生命科学的分支学科如免疫学或神经生物学的发现则适用范围更窄。但是,各门学科均有其学科特有的原创性基础研究。例如,相对于当今某一种蛋白质三维结构解析的一般性基础研究成果而言,20世纪中叶美国化学家鲍林提出的蛋白质螺旋结构可以视为分子生物学领域一个原创性基础研究成果,因为螺旋通常是各种蛋白质都拥有的基本结构。其次,从科学研究的进程来看,"从0到1"很少是从"绝对的0"开始的。例如,DNA双螺旋结构模型的提出是一个典型的"从0到1"的重大原创性成果,但是,这个研究成果是建立在孟德尔、摩尔根的遗传学研究成果之上的,尤其是建立在埃弗里通过肺炎球菌转化实验证明了DNA而非蛋白质是遗传物质的研究成果之上。

基础研究通常被划分为两种类型,一种是科学家好奇心驱动的、没有明确目的自由探索,另一种是国家和社会需求或科学前沿目标导向的基础研究。在2022年实施的"科技进步法"第十九条中明确规定:"国家加强规划和部署,推动基础研究自由探索和目标导向有机结合。"对今天的中国科学院而言,其基础研究类型被确定为以目标导向为主,在"基础研究十条"中,第一条的标题就是"把围绕国家战略需求和科学前沿重大问题的定向性、体系化基础研究作为主要任务"。当然,在该文件中也提到,"保持一定的高水平自由探索研究"。

由此可见,基础研究不仅可以是目标导向的,而且这类定向性基础研究在国家科技创新体系中占有重要的位置。值得强调的是,应该反思一下自由探索型基础研究在现实中的实际地位。倡导自由探索最著名的人物是美国科技管理专家布什,他在《科学——无尽的前沿》(本文简称"布什报告")中明确提出:"广泛的科学进步源于学者的思想自由及研究自由,他们理应在好奇心的驱使下探索未知,自主选择研究的方向……研究自由在任何政府资助的科学规划中都必须得到保障。"

但是，在"布什报告"推动下形成的国家建制化科学体系中，由科学家好奇心驱动的自由探索实际上是得不到鼓励和支持的，因为该体制依靠的是一种围绕着科学精英开展研究活动的"精英中心化"科研范式。

自由探索通常被定义为研究者在好奇心驱动下开展没有实际应用目的之科学研究。笔者在此要特别强调一下对"研究目的"的评判。首先要注意到，这个词带有很强的主观色彩。研究者本人在开展一项具体的研究时可能清楚自己的研究目的并清晰地表达出来，也可能不清楚自己的研究目的或没有表达出来，甚至可能因为某些主客观因素故意隐藏自己开展研究的真实目的。研究目的可能是单一的，也可能是复合的，还有可能是变化的。显然，他人评判研究者之"目的"并非易事，下判断时要特别谨慎。更需要警惕的是：不要把某项研究获得的结果简单等同于驱动研究者开始进行研究之目的。当然，人们也可以建立各种"客观"标准来进行评判。例如，美国国防部于1963年开展了"后见之明"（Hindsight）项目，评估在武器创新过程中科学和技术活动分别所作的贡献，结论是基础研究的贡献不大。随后美国国家科学基金会也进行了类似的评估项目——"追溯研究"（TRACES），得到的结论是基础研究贡献巨大。这两个评估项目的差异之一是，评估回溯时间的标准不同，前者是"回溯20年"，后者是"回溯50年"。也就是说，不同的判别标准可能影响到最终对基础研究之目的和价值等问题的判断。还有一点需要注意：我们能用今天的观念回到几年前乃至几十年前的历史现场去判断当时某位研究者之真实研究目的吗？

基础研究与应用研究之间有着复杂的关系

许多人认为纯粹的基础研究不应该考虑应用，例如在"布什报告"中写道："进行基础研究并不考虑实际目的。"但是，在当代建制化的R&D框架中，很难找到这样纯粹的基础研究。《不列颠百科全书》也明确表达了类似的观点,认为该框架下的基础研究"往往带有某种一般性目的"。著名的英国学者贝尔纳在其名著《历史上的科学》(*Science in History*)中甚至这样评述倡导"纯科学"的研究者:"他们热切地希望能回到理想境界,纯粹地为科学本身而研究科学,但是,这样的境界事实上从来不曾存在过。"

"布什报告"认为基础研究和应用研究联合而构成完整的科研创新体系。其"基础研究的重要性"一节中这样写道:"进行基础研究并不考虑实际目的。它产生的是一般性知识以及对自然及其规律的理解。尽管无法对任何一个问题给出完整具体的答案,但这种一般性知识提供了解答大量重要实际问题的方法。应用研究的功能就是提供这样完整的答案。"可以清楚地看到,尽管"布什报告"倡导基础研究,但目标仍是落在应用之上:"科学家们可以无所顾忌地自由追求真理,他们必然能够产生可用于解决政府、产业或其他领域实际问题的新科学知识。"美国著名学者霍尔特在"布什报告"一书的导读中也明确指出:"布什的关注点最终落在了一种特殊的进步上,那就是能够满足美国民众物质需求的各类技术。布什对实际应用的这种偏好,在《科学——无尽的前沿》及其他著作中随处可见。"

"布什报告"对于基础研究和应用研究的看法随后被美国科技界总结为一种线性模式,即基础研究和应用研究是两个相对独立的科研活动模块,先有作为创新源泉的基础研究,后才有作为技术创新的应用研究。这种科研创新的线性模式在20世纪的美国以及世界各个国家制定科技政策中发挥了重要影响。然而,这种简单化的线性模式显然很难完全反映出现实中复杂的科技创新活动。1997年,美国普林斯顿大学学者斯托克斯通过一个二维坐标体系把基础研究和应用研究之关系分为四类。其中,由求知欲驱动的纯基础研究称为"波尔象限",由应用引发的基础研究称为"巴斯德象限",纯应用研究则称为"爱迪生象限"。

斯托克斯当时没有给第四个象限取名称。在这个二维的模型中，"巴斯德象限"不仅指出应用研究也可以是基础研究的起点，而且表明应用研究和基础研究之间有时并没有明确的界限，两者的研究目标是可以融合的。

自由探索型基础研究被视为好奇心驱动的研究，通常等同于由科学问题或假设驱动的研究。但是，在当今大数据时代，出现了一种新的研究类型：数据驱动的研究。数据驱动的研究的出发点不是好奇心，其研究目的也不是去解决某个科学问题或者验证某个科学假设，而是要去获取研究对象的海量数据。在生命科学领域最具代表性的数据驱动的研究就是人类基因组计划——研究目的是测定组成人类基因组的30亿个碱基的排列顺序。需要指出的是，数据驱动的研究通常也不直接涉及具体的应用目标。例如，人类基因组计划是希望通过测定碱基序列而发现基因组包含的所有基因和其他组成元件，并未涉及具体应用。因此，数据驱动的研究往往被称为"发现的科学"。这种发现的科学既可以支撑假设驱动的基础研究，也可以服务于需求驱动的应用研究。

在《科学》杂志2021年发表的一篇社论《庆祝基因组》中明确指出："人类基因组测序的成功宣告了大科学的生物学时代到来，并且产生了一种全新的科研生态系统，以用于开展那些复杂的、技术驱动的、数据密集型的多学科研究项目，从而能够持续不断地改进我们对肿瘤、微生物、大脑以及其他生物学领域的认识。"显然，数据驱动的研究既不是传统意义上的基础研究，也不是单纯的应用研究，而更适合纳入到斯托克斯教授没有命名的第四个象限。笔者建议把该象限称为"第谷象限"（图3）——第谷对众多天体的运行进行了精密的观测，这些天体观测数据随后为开普勒创立行星运动的三大定律奠定了基础。

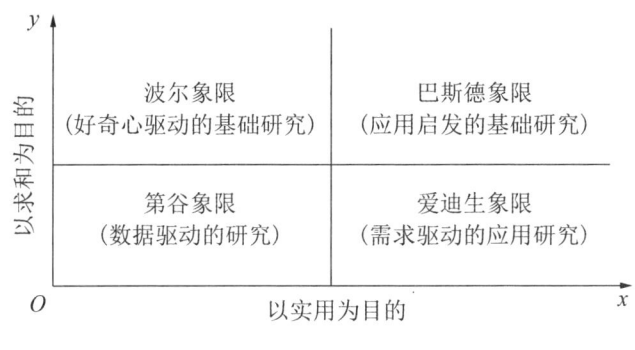

图3　斯托克斯模型(改进版)

基础研究没有标准的或者既定的模式

基础研究往往被贴上一些固定的标签,如探索性强、周期长、需要稳定支持等。但是,从以上的讨论和分析中可以看出,不同种类的基础研究具有各自的特点,其具体的研究起点、研究路径、研究方法、研究环境可能都会有所差别。首先来看一下基础研究的经费需求。我国用于基础研究的经费在全社会R&D总支出中的比例要低于美国等发达国家。因此,"科技进步法"第二十条规定:"国家财政建立稳定支持基础研究的投入机制。……逐步提高基础研究经费在全社会科学技术研究开发经费总额中的比例,与创新型国家和科技强国建设要求相适应。"

需要注意的是,不同类型的基础研究对经费的需求显然是不一样的,例如,高能物理学的研究通常需要大科学装置,如粒子对撞机或加速器,仅仅是建造这些装置就需要几十亿元甚至数百亿元的经费;天文学领域也经常需要大型的观测装置,2021年发射上天的韦布空间望远镜(JWST)的建造共花费了大约100亿美元。有些研究则不需要很多的经费,如理论物理学领域的许多研究工作。生命科学过去需要的经费不多,如孟德尔在教堂花园里利用豌豆进行的遗传学研究就所耗无几。但是,今天的生命科学领域有些研究工作也需要使用一些昂贵的设备,如结构生物学研究需要核磁仪或冷冻电镜。总的来说,人们不能笼统地把经费强度和基础研究水平划等号,更不能简单地认为原创性基础研究成果是用钱堆起来的。

从时间的角度来看,不同的基础研究需要的时间也是长短不一,一般性基础研究通常需要的时间较短,而"从0到1"的原创性研究有的可能需要长一点的时间。有的研究要"十年"去"磨一剑",例如匈牙利裔美国女科学家考里科对mRNA疫苗的研究;有的研究则显然没耗费如此长的时间。物理学史上的两个经典案例:牛顿在乡间度过的一年半时间里完成了牛顿力学体系的建构,被称为"牛顿的丰收年";爱因斯坦在专利局工作的三年时间里完成了多项重要的研究,并于1905年连续发表了包括狭义相对论在内的4篇原创性研究论文,被称为"爱因斯坦的奇迹年"。即使我们认为这些"超级天才"是例外,科学史上显然也有许多在短时间就做出重要发现的案例,如DNA双螺旋模型的提出满打满算也就是4年左右的时间。克里克在其自传里这样描写他和沃森的研究工作:"整个故事中最奇怪的一点是,无论是他还是我,研究DNA都不是我们的正式工作。……人们经常问我们花了多少时间研究DNA。这取决于你怎么定义'研究'。"(克里克,2020)此外,技术的先进性或发展程度也会影响到研究所花费的时间,这在高度依赖仪器设备的实验科学中尤为突出。人类基因组计划花了10年左右的时间才完成了测序工作,如果采用今天发展的测序技术则需要几个月甚至更短时间就能够完成同样的任务。显然,获得高水平基础研究成果尤其是原创性研究成果与研究所需要的时间长短没有线性关系。

人们在用"十年磨一剑"来形容基础研究时,不仅想强调研究工作是一个长期积累的过程,还强调了其工作时那种心无旁骛的专注。克里克在书中回忆他和沃森研究DNA双螺旋模型的工作状态时是这样说的:"在差不多两年的时间里,我们经常讨论这个问题,无论是在实验室,还是在午餐时间沿着河畔的校区花园散步,或是在家里。"但是,这种专注不是钻牛角尖。克里克是这样总结的:"如果我们有任何值得称道的地方,那就是我们对问题的不懈追求,以及当一个想法站不住脚的时候果断抛弃它。"

需要指出的是,那些长期进行高度专业化研究的专家不一定就能够在"从0到1"研究方面表现出更强的创新能力,尤其是当原创性研究需要超越现有的专业知识或者跨越学科的边界时。作为一个进入生命科学基础研究领域的新人,克里克这样评价自己:"我才意识到资历浅可能也有好处。许多科学家年届30之后就陷在自己的专业里了。他们在某个专门领域里付出了许多努力,以至于很难再做出重大改变。我恰恰相反。我知道的很少。"2021年,中国和以色列的研究人员通过对海量文献的大数据分析发现,研究团队的新鲜度与原创性高度相关,即有新成员的团队其研究成果通常比有长期合作的"旧"团队具有更高的原创性(Zeng et al., 2021)。总而言之,当我们提倡要潜心做基础研究时,不能把这个提法脸谱化、模式化。

结语:基础研究最需要的是批判理性和超越精神

基础研究目前得到了国家和社会的高度重视和支持,经费资助和体制机制保障等各种外在因素显然会有很大的提升和改进。但是,我们要认识到,从事基础研究,尤其是进行"从0到1"的原创性基础研究,更需要的是研究者内心深处具有那种"仰望星空"的科学探索精神。这种科学探索精神靠两个要素支撑,首先是批判理性——不迷信权威与传统、勇于批判他人与自我;其次是超越精神——超越现实的束缚、超越功利的诱惑。

原载于《生命科学》杂志2022年第34卷第2期,文字有改动。

科研活动的第三种形态——
高风险导向型技术研究

美国在第二次世界大战后迅速成长为世界头号科技强国,这主要得益于国家主导的科研体制之建立。在这个举国体制下,联邦政府设立了不同的资助机构以支持不同的科研活动,如美国国家科学基金会(NSF)注重支持基础研究,美国国立卫生研究院(NIH)则主要支持生命科学与医学方面的基础研究和临床研究。

进入21世纪,世界形势发生了巨大变化,科学也正在发生着相应的改变。为纪念影响美国现代科学体制建立的科技政策报告《科学——无尽的前沿》(本文简称"布什报告")发表75周年,美国国家科学院、国家工程院和国家医学科学院联合举行了纪念讨论会,并在会后发表了会议总结报告《无尽的前沿——下一个75年的科学》。这份报告明确指出:"当代研究体系与1945年时的相比,体量大了很多,研究者间的合作、多学科交叉和国际交流等都有了显著的增加。"更重要的是,美国参议院于2021年5月通过了一个沿用该政策报告之名字的法案——《无尽前沿法案》。这一法案不仅计划在5年时间里投入1100亿美元,以提振美国科技创新能力,而且提出了面对新科技形势的新举措。

科研活动的第三种形态:高风险导向型技术研究

《无尽前沿法案》的核心内容是要在NSF成立技术和创新理事会

(DTI),负责支持和管理前沿技术领域的所有研究活动,以保持美国在技术创新中的领先地位。可以看到,该法案不是简单地给NSF增加经费,而是要对NSF的角色做一个重要的调整:从偏重资助基础研究转变为同时要重视前沿技术创新方面的研究。提出该法案的4位参议员在法案的前言中写道:"在诸如人工智能、量子计算、先进通信和先进制造等关键技术竞争中胜出的国家将成为未来的超级大国。"(Mervis,2020)该法案甚至提议把NSF的名称改为美国国家科学技术基金会(NSTF)。

该法案规定,NSF将获得其预算中的绝大部分——1000亿美元。这使得NSF的经费有了巨大的增长,年度预算将从目前的80亿美元增加到2024年时的350亿美元。更重要的是,这种经费的增长主要是用于保障新的战略目标——技术创新研究的实现。麻省理工学院校长莱夫对此有深刻的理解,"这种经费有一个重要的限定:它不是用来扩增现有的资源,而是与现有的资源实现互补;它建立在NSF已有的优势之上并被用于填补这个研究体系的缺口"(Mervis,2020)。

NSF成立于1950年,主要架构基于"布什报告"提出的基础研究和应用研究联合构成的科研体系,"进行基础研究并不考虑实际目的。它产生的是一般性知识以及对自然及其规律的理解。尽管无法对任何一个问题给出完整具体的答案,但这种一般性知识提供了解答大量重要实际问题的方法。应用研究的功能就是提供这样完整的答案"。基于这种科技架构,美国成为世界第一的科技强国。但是,今天的世界科技形式发展让美国政府感到了巨大的压力。NSF在最新发布的权威科技统计报告《2022科学与工程指标》中是这样总结的:"包括中国在内的其他国家在研究与开发(R&D)和科学与技术(S&T)的研究支出增长幅度已经超过了美国。其结果是,美国R&D虽然有所增加,但美国在全球R&D中的占比却在下降;在某些S&T领域中,虽然美国的科研活动之绝对数量在增长,但其相对的排名却没有变化甚至在下降。"

美国科技界普遍认为,导致这种挑战的原因是研发投入的增长幅度不大,而且资助研究的传统方式也存在问题。NIH的前院长柯林斯等人撰文指出:"情况正变得清晰:尽管一些最具创新想法的项目可能会带来重大的突破,但是它们往往不符合现有的资助体系。NIH传统上倾向于资助那些渐进的、假设驱动的研究,而希望让企业资助的项目则需要能够在一个合理的时间段内给出预期的回报,以此才足以吸引投资者。但结果就是,许多最有前景的想法可能根本得不到落实。这意味着创新机会的巨大丧失。"(Collins et al., 2021)需要指出的是,这类最具创新想法的研究并非单纯的"从0到1"的自由探索。柯林斯等人在文中特别强调:"许多这类激进的想法涉及创立适用于研究多种疾病的平台、配置和资源。大多数NIH的申请计划源于'好奇心驱动',而这类激进的想法大多属于'应用驱动'的研究,即解决某个实际问题的导向型研究。"换句话说,在好奇心驱动的基础研究和功利目的驱动的应用研究之外,还存在着第三种形态的科研活动——具有很高风险的导向型技术研究。

高风险导向型技术研究的资助和管理模式

作为一个传统的科研资助机构,NSF将如何资助和管理这种高风险导向型技术研究呢?这正是《无尽前沿法案》要回答的核心问题。其解决方案就是,建立了一个全新的项目管理部门——DTI。不同于NSF现有的部门,DTI基本上复制了美国国防部高级研究计划局(DARPA)的架构。"这使得NSF可以继承DARPA的经验,包括从私营部门聘用具有固定任期的专家,聚焦于获得实在的、固定时限驱动的研究结果。"(Mervis, 2020)

DARPA成立于1958年,目标是致力于组织和资助战略性新技术的研发，为美国实现引领和塑造全球技术创新格局提供源动力。该机构最为成功的两个变革性技术创新范例是全球定位系统（GPS）和互联网。GPS源于DARPA在1963年发射的第一颗携带了被称为"Transit"全球卫星导航系统的卫星；到1968年，一个由36颗卫星组成的现代GPS系统雏形基本构成；此后，"DARPA对GPS技术进行的30年'种子投资'为美国经济的增长提供了1.4万亿美元的利润"。互联网也是源于DARPA提出和扩展了的"ARPANET"（一种原型的互联网），以及互联网数字协议的发明，"麦肯锡全球研究所的一份报告显示，从2005年到2010年，互联网已占成熟经济体GDP增长的21%"。

  DARPA不仅仅因其技术创新方面取得的成就受到赞扬，更是因其扁平的组织结构和固定时限等独特的项目管理方式而受到认可。DARPA最具特色的管理是它拥有大约100名专家型项目经理。他们通常是来自学术界和工业界等不同领域的卓越人才，其平均任期3—5年。这些项目经理不属于政府职员，不受等级森严的决策体制之约束；同时他们不对项目申请进行传统意义上的同行评议，从而也不受专业学术圈的羁绊。也就是说，DARPA的项目经理具有很大的自主权，对项目是否可以资助有着很大的决策权。一旦项目启动，这些项目经理还将领导整个项目的实施工作，包括项目的日常管理和进度监督。每个DARPA项目都规定了一个确定的截止日期。这种固定时限驱动的研究项目提升了项目的时效性和紧迫性。为此，DARPA的研究项目通常是采用合同制的形式进行，包括了明确的研究目标和相应的时间节点；DARPA将实时地跟踪项目的执行情况，如果进展不令人满意，合同可以被立即终止。可以说，正是这些特点使得DARPA在年度预算只有30亿美元的情况下取得了令人瞩目的成果。

  显然，DTI将采用DARPA模式来资助和管理NSF在整个科技领域里的高风险导向型技术研究。与此同时，DARPA模式还被计划用来资助和管理NIH在生命健康领域里的有关研究活动。美国总统拜登在2021年4月提议,政府应于2022财年提供65亿美元资金,用于在NIH内部建立高级健康研究计划局(ARPA-H),"以求在阿尔茨海默病、糖尿病和癌症等疾病的预防、检测和治疗方面取得重大突破"(Collins et al., 2021)。柯林斯等人认为,之所以要在NIH内部设立ARPA-H这样一个类似于DARPA的机构,是因为在生命健康领域目前的两类科技活动(渐进性基础研究和活跃的商业化生物技术活动)之外还有一类不容易获得现行体制资助的"激进想法",其原因在于:(1)风险太高;(2)所需费用太多;(3)所需时间过长;(4)对学者来说过于关注应用;(5)需要在多个参与方之间进行复杂的协调;(6)近期的市场前景对投资者来说太小;(7)涉及范围过大以至于没有一家企业能够判断出全部的经济收益,从而低估了其潜在的影响。显然,人类基因组计划就是这种"激进想法"的代表。从现有统计来看,这个花费了30亿美元的研究计划已经实现了大约180倍的回报。柯林斯等人认为,虽然NIH在人类基因组计划等若干类似的项目上取得了成功,"但NIH缺乏一个针对此类项目的常设机制,许多'激进想法'难以得到认可。而这正是ARPA-H能够发挥作用之处"。

DARPA模式一方面被美国政府推广到不同的科技资助机构,另一方面也得到其他世界发达国家的认可和追随。2019年,日本政府启动了促进高风险导向型技术创新研发的"登月型研发计划",着眼于资助研发有可能对未来社会和产业产生巨大改变的先进技术,如代替人类工作的虚拟替身和通用型量子计算机等。该计划不仅如DARPA一样强调所支持的项目研究内容要具有挑战性和突破性,而且采用了与DARPA模式相近的项目管理方式,包括招聘项目经理来负责组织实施,并对项目进行严格规范的评估。

德国政府于2018年颁布了文件"高技术战略2025"(HTS 2025),用于指导德国未来的科技创新。为了推进HTS 2025的实施,德国政府在2019年12月正式成立了联邦跨越式创新局(SPRIN-D)。SPRIN-D也是参照DARPA模式,聘用具备专业技能、有合同期限的项目经理,并赋予这些项目经理很大的决策权。SPRIN-D不设项目指南,而是面向HTS 2025三大跨越式创新领域——人工智能、新一代交通和重大医学突破的所有主题开放。最重要的是,与德国政府传统科技资助部门不同,SPRIN-D不资助渐进式科研项目,而是资助那些表现出突破性和前瞻性的高技术研究项目。这些项目具有在科技领域的颠覆式创新潜力,或改变市场的巨大潜力,或有望实现巨大的社会效益。

2020年7月,英国政府颁布了一份研发路线图(R&D Roadmap),希望巩固其全球科技超级大国的地位,并提出要在2027年把R&D活动支出提高至GDP的2.4%。针对该战略目标,英国政府宣布,将按照DARPA模式成立一个新的科研资助机构——先进研究发明署(ARIA),并给予8亿英镑的经费支持。英国政府在关于ARIA的政策声明中强调:"本届政府相信成立ARIA的建议将有效地增加当前公共R&D构成的多样性,从而使英国位于新一代技术转移的中心。"英国政府同样认为,现存科研体制对高风险的技术创新研究资助不够,而ARIA的成立就是用来解决这一问题的。为此,ARIA被设计出以下特点:(1)聚焦于高风险研究;(2)具有战略的、科学的和文化的自主性;(3)基于杰出人才的判断进行资助;(4)多种资助模式及其灵活的选择;(5)项目经理负责的资助;(6)导向型研究。

支撑科研活动第三种形态的认知和理念

第三种形态的科研活动的主要特点之一是研究项目通常具有高风险。因此,科技资助机构需要有承担风险的勇气,以及正确面对项目失败的心态。有人把DARPA与美国若干个的风险投资公司进行了定量的比较，认为"DARPA的表现远远优于美国最顶尖的风险投资机构和私募股权公司"。但有一点不能忽略，投资界有一句名言：高回报，高风险。成功的风险是失败，重大成功的风险对应于惨重的失败。这就好像是一枚硬币的两个面。虽然笔者没有看到对DARPA在失败方面的定量分析，但柯林斯在介绍DARPA时明确指出："失败，尤其是（项目）早期的失败以及从失败中得到的教训同样是DARPA的标志。"也就是说，评价DARPA时成败两个方面都需要考虑；对失败的正确理解和应对才是该机构取得成功的"动力"。

DARPA对失败的态度并非简单地一味"宽容"，而是在支持冒险和控制失败之间寻找平衡点，这包含两个方面。一方面是敢于选择和资助高风险项目。首先，DARPA给予项目经理在选择项目时很大的自主权，没有行政官僚决策制度和同行评议制度的约束，从而让项目经理在面对激进的、非共识的高风险想法时拥有相对自由的决策空间。据说，一个项目经理在决定是否资助某个项目时只需要说服两个人——自己所在部门的领导（或高级项目经理）和DARPA的最高领导。其次，在项目执行期间，给予项目经理相当于公司首席执行官的权力，负责组建研究团队和管理研究工作的实施。另一方面则是对项目进行独特的风险管控。DARPA实行项目经理聘任制，平均任期3—5年；且采用固定时限驱动的方式为每个项目都规定了一个确定的截止日期，项目结束时研究团队迅即解散。此外，项目采用合同制管理，具有具体的研究目标和相应的时间进度，在项目开展过程中定期对任务和进度进行审查；如果项目的进展不令人满意，DARPA可以进行经费调整，乃至提前终止合同。

这种风险管控方式有一个重要的前提，即项目需要像工程管理一样具有明确的甚至能够量化管理的任务目标。显然，DARPA资助的项目都是具有特定目标的导向型高新技术研究，如GPS和互联网项目。

从目前这些继承或者复制了DARPA模式的新型资助机构来看,提出的同样是具有各种重大目标的导向型技术研究任务。例如,"前沿导向型"——日本"登月型研发计划"提出了通用型量子计算机的研究;"需求导向型"——美国ARPA-H提出要发展预防肿瘤的疫苗等各种抗击慢性病的高新技术;"使命导向型"——日本"登月型研发计划"提出要开发能支撑全球范围合理的可持续粮食供应的生物技术;"产业导向型"——德国SPRIN-D提出要开发全新的内陆风力涡轮机。由此可见,科研活动的第三种形态——高风险导向型技术研究之引进,将给NSF等传统科技资助机构那种倡导好奇心驱动的自由探索之科研文化带来巨大的冲击。柯林斯等人在讨论ARPA-H将成为NIH的一个下属部门时特别强调:"重要的是要认识到,像DARPA那样的策略与NIH的常规运作机制有着巨大的差别,必须采用一种全新的思维方式。"

从过去DARPA的GPS和互联网项目到今天复制了DARPA模式的新型资助机构的导向型研究项目来看,这类项目具有引起科技和产业革命,甚至社会变革的颠覆性创新潜力。柯林斯对此充满信心:"ARPA-H能够把看上去不可能的(想法)转化为真实的存在,进而重塑健康和医学的未来。"显然,这种巨大的影响力使得科研活动的第三种形态涉及的因素非常复杂,不仅要考虑资助等传统科研要素,还有可能会涉及政治、法律、市场以及各种社会因素。例如,ARPA-H支持的健康领域研究项目可能让研究者要考虑与患者、医生和医院、制药公司、监管部门等多个主体之间的互动和协调。

结语:超越传统的科技体系

75年前,"布什报告"为美国的强大和社会的发展描绘了一个"二位一体"的科技体系蓝图——以自由探索为主的基础研究和具有实际目的应用研究。75年后,这个成功运行了半个多世纪的科技体系不再能够满足人们的需要,也不再适应当前复杂的环境和形势变化。美国国家科学院前院长麦克纳特认为,与75年前相比,今天更需要为所有研究机构找到解决办法,从而能够更有效和更聪明地应对这个快速变动的世界。人们从DARPA的成功经验中认识到,在经典的基础研究和应用研究模式之外还存在着第三种形态的科技活动——高风险导向型技术研究。第三种形态的科技活动不属于自由探索式研究,而是风险很大但目标明确的研究,并通过目标导向把风险放进一个确定的框架里,按照固定时限驱动的方式管理。这种形态的研究也不是渐进式科研活动,而是融合了"从0到1"原创性研究和应用驱动的研究的颠覆式、跨越式前沿技术创新。当前,众多发达国家的政府决策部门和科技界的有识之士认为,需要超越那种由基础研究和应用研究模式组成的"二位一体"科技体系,推广基于DARPA模式的第三种形态的科研活动,把其作为引领社会发展和满足人类需求的主要科技解决方案。

原载于《生命科学》杂志2022年第34卷第6期,文字有改动。

复杂时代的复杂战略——
评《NIH拓展战略规划》

美国国立卫生研究院（NIH）是国际上规模最大、最具影响力的生物医学研究机构。NIH下设27个研究所或研究中心，涉及人类各种生理活动和相关疾病的研究。美国国会每年拨付给NIH的经费通常占美国政府科研总投入的60%左右，使得NIH可以作为国际上最大的生物医学基金资助机构，去资助美国境内的各个大学和科研机构相关的研究项目，包括其下属研究所或研究中心的研究工作，以及各种海外研究项目。NIH传统的项目资助方式主要是以学术带头人（PI）为主。随着21世纪人类基因组计划的实施和大数据时代的到来，传统的资助方式已经不能适应科学研究发展的需要。近年来，NIH提出了一种新的资助思路：每5年制订一个NIH整体层面的宏观战略规划——《NIH拓展战略规划》，"以确定NIH的优先研究领域，以及这些优先研究领域如何在一个不断演化的研究版图上适应该机构的愿景和目标"。该规划的制订已经超越了NIH自身，"代表着NIH作为美国联邦政府经费管理者的一个特征"。

随着当前科技的快速发展和社会的巨大变迁，尤其是新型冠状病毒疫情大流行，人类迎来了一个复杂的时代。NIH将原有的《NIH拓展战略规划（2016—2020）》进行了迭代，形成了2021—2025财年的《NIH拓展战略规划》（本文简称"新规划"）。新规划需要考虑的内容显然比以往的战略规划更为复杂,正如时任NIH院长柯林斯在新规划的前言中所说:"我们社会未来面临的科学问题的复杂程度明显增加,不仅需要多样化的专业学科,而且需要多样化的思想、经验和人员组成。"这个新规划提出了三个优先目标:(1)生物医学与行为科学研究领域;(2)研究的实力;(3)研究的实施。同时,新规划提出了贯穿于这三个优先目标的若干主题,包括改善少数族群健康、减少卫生不平等、促进妇女健康、回应生命全过程的公共卫生挑战、促进科学合作,以及发挥数据科学对生物医学研究的推动作用,等等。那么,在这个长达40页的新规划中,有哪些要点值得我们关注呢?

应对全民健康的需求

过去的生物医学研究是围绕着疾病的机制、诊断和治疗展开,主要关注的是患病人群;今天的生物医学研究则拓展到了健康的全过程和所有人群。首先是关注健康的全过程。在第一个优先目标里明确提出,"理解影响人类健康的基本过程是关键的一步,由此才能确定如何促进和重塑健康,以及识别、预防和治疗疾病"。NIH进而给出了三个交织在一起的科学前沿:基础科学;疾病预防与健康促进;疾病处置、干预与治疗。在基础科学领域不仅有基本的生物学研究,还包括了行为的和社会的研究,涉及诸如社会的表观遗传组学和环境的表观遗传组学等前沿交叉学科。"这些研究将产生生命系统怎样在分子、细胞、个体、行为和社会等各个层面运行的知识。"疾病预防与健康促进方面的研究任务被新规划视为NIH研究愿景的核心组成部分。这些研究将加强全美的公共健康知识基础,进而建立疾病预防与健康促进的相关战略。在疾病处置、干预与治疗的前沿领域,不仅提到了细胞组织工程和再生医学等医学前沿,而且强调了精准医学——在正确的时间给予正确的患者以正确的治疗。

新规划不仅在第一个优先目标中针对新冠疫情提出了发展新型疫苗等一系列加强公共卫生需求的任务,而且在其跨领域主题中还设立了一个相关的主题,"回应生命各个阶段面临的公共卫生挑战",尽可能完整地关注公共卫生面临的各种挑战和需求,如急性和慢性疾病、长期存在或新发的传染病、肿瘤和神经退行性疾病、饮食异常、环境暴露对健康的影响等。新规划强调要关注不同年龄段特有的健康挑战,"NIH的措施包括设立针对特定年龄段人群的研究项目,以及针对某个年龄段人群特有的疾病或者常见病的研究项目"。

新规划明确提出要为全体美国人民的健康服务,并特别强调了一个"为每个人订制的研究"的NIH项目——"全民健康研究项目"。该项目的前身是美国政府在2015年提出精准医学时计划启动的一个百万人群队列研究项目——"精准医学倡议队列项目",并于2016年10月被改为现名。该项目的独特之处是它不关注疾病,"即它不聚焦某一种疾病,某一种风险因子,或者是某一类人群;反之,它使得研究者可以评估涉及各种疾病的多种风险因子"。该项目的另一个特点是重视参试人群的多样性,尤其是美国社会中很少被纳入健康研究的族群。

消除美国人群健康研究中的不平等是新规划所关注的,如项目"少数族群健康和卫生不平等问题的合作研究"涉及的主要是美国印第安人或阿拉斯加原住民,重视填补有关这些人群在医疗数据和知识方面存在的显著差距。此外,新规划还提到了关于"性"(sex)和"性别"(gender)方面的研究内容。"考虑性和性别在实验设计、数据收集和分析,以及成果传播中的影响之做法,将有助于每一个人去了解预防策略和干预技术的发展。"在新规划的"跨领域主题"中就有两个关注特定人群的主题:改善少数族群健康和减少卫生不平等和促进妇女健康。

跟上技术发展的步伐

新规划的制订者充分认识到当前生命与健康领域相关的科学技术正在高速发展。为此，新规划在第一个优先目标"生物医学与行为科学研究领域"里专门有一个章节——为促进发现而发展工具和技术。作为其中的一个重点，影像技术希望被用来"观看"单个分子间的相互作用、测量大脑的功能、研究体内的组织结构、实现细胞功能的三维实时影像，以及利用化学探针确定特定分子在机体内的位置等。此外，单细胞分析工具和技术也是关注的重点。新规划提出要继续推进NIH的两个单细胞技术专项，"单细胞分析计划"(SCAP)和"人类生物分子图谱计划"(HuBMAP)；前者重点发展用于研究单细胞活动的技术，后者主要是打造一个人类单细胞图谱技术的全球开放共享平台。

人类基因组计划的实施推动生物医学进入了大数据时代，其最主要的数据显然是源自分子层面的各种组学数据。为了建设好这类数据库，NIH强调要"资助那些研究和整理DNA、RNA和蛋白质等生命基本建筑材料的研究者"。基因组方面的数据资源依然是研究的重点。在新规划中专门提到了两个正在实施中的项目："DNA元件百科全书"(ENCODE)和"临床基因组"(ClinGen)。前者试图鉴定出人类和小鼠基因组中所有功能调控元件，后者目标则是整理个体的生理、病理和遗传特征，进而理解个体基因组上的微小改变或差异如何影响身体健康状态。此外，新规划还重视微生物组和脑科学方面的数据获取和研究，其中特别提到了一个宏大的先导研究计划——基于先进的创新型神经技术的大脑研究(BRAIN)，重点研究大脑回路的生理病理机制及其功能改善的方法。该项目还进一步导出了一个基于单细胞分析技术的扩展项目——"BRAIN启动细胞普查网络"，主要任务是充分获取小鼠大脑细胞图谱并用细胞类型辨识方法研究人脑组织。人工智能可能是目前分析利用海量数据最有力的技术。新规划提出,要资助一系列不同类型的研究项目来促进机器学习技术,并用于支撑大规模数据库的建设和管理。在新规划的"跨领域主题"中,还专门设立了一个数据科学主题——以数据科学推动生物医学的发现。

在疾病预防和健康促进方面,新规划提出要采用有助于预测和决策的监测新技术。新规划特别指出,临床实践过程中的医疗决策大多依赖非连续性的某个时间点上获取的测量信息,如血压值或血糖值,而这类静态的"点"信息在反映个体的健康或疾病状态方面是很有限的。因此,新规划提出要发展可连续性长时程采集机体信息和反馈人体健康状态的监测技术,如智能手表或者其他可穿戴设备。NIH支持研究人员发展连续动态血糖或血压监测仪等可穿戴的传感器和其他相关设备,用于对个体每天日常身体状态的监测。

在疾病干预与治疗方面,新规划提出要加速发展细胞工程、生物工程和再生医学的先进技术,"这些先进技术不仅推进研究工作的开展,而且创造出全新的治疗前景,它们对过去的医生而言只能是想象"。例如,受到NIH的BRAIN项目资助的研究人员正在发展一种能够将脑部信号转变为可以听到的技术,希望用来治疗因卒中或其他神经损伤导致的失语患者。此外,新规划希望发展可用于治疗老年退行性黄斑眼病的生物技术,如诱导多能干细胞(iPSC)技术。目前NIH已经得到美国食品药品监督管理局(FDA)的批准,可以进行历史上第一个利用人体iPSC进行眼部组织替代的临床试验。新规划还讨论了组织芯片和器官芯片。这些技术不仅被用于发展治疗新方法,而且用于药物的研发。在医药企业和FDA的配合下,NIH启动了"基于组织芯片的药物筛选"项目。

支持研究的技术平台也是新规划所考虑的。新规划指出,要想成功地推进生物医学研究,"需要拥有贵重的、持久的科学研究基础设施,从而能够快速地整合各种先进技术并提供给所有研究者使用"。在第二个优先目标"研究的实力"中列有一个专门的章节——支持研究的资源和基础设施，涉及基因组学、计算化学和冷冻电镜等技术平台，以及高性能计算平台和数据库。NIH数据科学战略规划还提出了优化和整合NIH资助的生物医学数据生态环境的路线图，涉及数据的基础设施、资源、工具和研究队伍。新规划不仅重视研究需要的先进仪器设备，还强调了生物医学研究需要的特殊研究资源，如发展各种用于理解普通人群和特定人群公共卫生需求的资源、发展有助了解患者群体变化趋势的资源等。新规划为此特别强调了两个项目："全球疾病负担"（GBD）和"监测、流行病调查和终点事件"（SEER）。GBD是世界上最大规模的公共卫生资源调查项目，主要是系统地定量分析全球范围内年龄、性别和居住地区疾病风险因子的长期影响，以及因各种疾病和伤害导致的健康损失程度（疾病负担）。SEER则是NIH主导的一个项目，主要是基于种族、性别和地域对美国人群患癌情况进行统计分析。

建设多元交叉的队伍

"未来5年中，NIH将稳定地加强对研究实力的支持，以最大限度地发挥该机构的可持续性研究潜力。"研究队伍显然是研究实力中最重要的部分。新规划要打造的研究队伍具有以下特点。首先是鼓励学科交叉和复合型人才，"基础性进展和有重大影响的生物医学与行为科学研究离不开多元化的研究队伍。他们通常来自不同的学科背景、受到不同学科的训练，从而能够提供丰富和必要的观点来刺激新想法的产生"。为此，NIH发展了多个交叉学科的人才培养项目，如"建立妇女研究领域的交叉学科研究经历"项目，用来培养年轻的和资深的教授开展妇女健康领域交叉学科研究的兴趣和能力。生物信息学和数据科学相关人才的培养显然也是新规划关注的重点，如NIH支持一个涉及全美

16所大学的生物医学信息学和数据科学的培训项目,大约有200名博士研究生和博士后参与了该项目。

新规划指出,要维持好不同职业发展阶段之人才队伍的恰当比例。这是可持续性开展研究的一个重要保证。尤其要确保那些处于职业生涯早期的研究者,可以有机会在即使是有限的资助中胜出。为此,NIH推出了"下一代研究者启动"项目,目的是优先资助处于职业生涯早期的研究人员以独立研究者身份申请的项目。这些研究人员或处于完成了博士后临床研究训练的10年之内,或处于其获得的高级研究职称的位置上。申请和评审基金是研究者的一个必要技能。为此,NIH针对这些年轻的研究人员设立了一个"职业早期的评审人计划",一方面通过该项目为评审专家队伍发展新成员,另一方面则帮助年轻研究人员改进他们的基金申请写作能力和批判性思维。对于那些教授级成员,NIH计划推出"为可持续转型的研究所招募教授"项目,希望通过招募新人来改变NIH资助的研究所之文化。这些招募的新教授将带来多样性和包容性。

重视人才构成的多样性是新规划的一个主要特色。NIH的"最大化增加科学和学术独立研究职位的机会"项目,就是要帮助那些具有不同背景的优秀博士后研究人员从博士后阶段进入研究机构的教授级位置,其中包括支持来自"不受关注群体"的研究人员。此外,"美国原住民研究实习"项目主要是资助来自美国印第安人或阿拉斯加原住民的学生,让他们在暑假期间进行研究实习。美国的女性研究人员往往面临研究机构内部或者外部环境中限制她们职业发展的障碍。NIH为此成立了"生物医学女性研究者工作小组",目的是发现并消除生物医学领域的女性科学家在招聘、续聘和晋升过程中的障碍。NIH为了加强人才队伍的多样性建设,早在2014年就启动了一个专项——多样性计划联合体(DPC),支持那些没有得到重视但具有发展潜力的人才。DPC

至今已经支持过数以千计的生物医学研究人员,其中68%的人来自"不受关注群体"。此外,参与DPC的单位中有一半属于传统的黑人学校以及训练西班牙裔或拉丁裔学生的研究机构。

营造平等开放的生态

随着近年来高科技的迅速发展和社会经济形态的巨大变化,医学研究和公共卫生方面的不平等现象日渐突出。因此,消除不平等和追求公平成为新规划的一个"主旋律"。为了减少医学研究中的不平等,NIH专门设立了一个"在少数族群机构中设立研究中心"的计划,用于支持那些为少数族群学生提供教育和为少数族群人口提供医疗健康服务的科教机构。该计划的目的是,提升这类机构的研究能力,使其研究者能够获得竞争性经费,并促进少数族群健康方面的研究。NIH同样也在努力提升乡村民众的健康公平性,其"临床与转化科学基金"就是用来发展和推广那些通过乡村患者的研究而得到的最佳实践方案,包括提升针对乡村社区的临床试验之便利性,以及用来提供有效医疗服务的适宜技术等。此外,NIH还利用"机构发展基金"来扩大资助的地理分布,进而帮助那些历史上很少得到过NIH资助的州提升其研究实力。

NIH作为美国政府生物医学研究基金的管理部门,开放与透明是实现其研究公平性的重要基础。新规划为此也采取了许多措施。首先,NIH在确定其优先目标时广泛征求了各方面的意见,其中包括研究人员、科研团体、专业学会、公共组织、美国国会和相关的管理部门等。其次,NIH明确要为公众了解其研究基金的有关信息提供便利。新规划强调:"NIH将继续发展与NIH的RePORTER(一种NIH的网络查询工具)相配套的其他辅助工具,以便今后能够更好地满足信息交流的需求。"NIH每年资助临床试验的经费高达30亿美元,并拥有世界上最大的公共临床研究注册和试验结果数据库。其包括了33万多个已完整注册的研究项目,可以通过网站进行访问。此外,NIH发展了多种工具,以便于其工作人员与广大的科学共同体进行交流,并提出了"可以找得到、可以看得到、可共同使用、可重复使用"(findable, accessible, interoperable, reusable)的FAIR原则,目的是要保证受其资助的研究成果可以被整个科学共同体所共享。

为了应对全球化以及复杂性之挑战,新规划制订了一系列战略合作措施。首先是与联邦政府及其相关管理部门形成充分的合作,包括多个联合基金或合作研究项目,如NIH和FDA联合资助的"控制烟草"研究计划;还包括协调工作机制,例如NIH、FDA和CDC等多家部门组建了"疼痛研究机构间协调委员会"。其次是形成"公共-私营-合作机制"(PPP)。新规划明确指出,"PPP提供了一种机制从战略层面加速了目标的实现和先进性的提升,而靠NIH独自的努力是不容易实现的"。这种合作机制的代表就是在2020年应对新冠疫情启动的"加快发展COVID-19的治疗方法与疫苗"项目。国际合作也是新规划所考虑的,包括与联合国有关机构的合作抗击艾滋病和新冠疫情,以及参加各种健康领域相关的世界性组织,如世界最大的公共研究基金会"慢性病全球联盟"。新规划还重视与社会公众的合作关系,并认为"公众的参与对NIH的研究至关重要"。这种合作关系涉及方方面面,包括患者、研究人员、疾病维护组织、地区和州属的社会团体等。此外,新规划还特别强调:NIH将继续为不受关注群体提供同等的研究机会。

结语:大胆的预见

在《NIH拓展战略规划(2016—2020)》中,NIH订立了14个宏大的目标或预见。虽然设定短期目标被认为在生物医学研究领域是有风险的,但是5年过后,NIH已经在这些目标上取得了显著的进展,其中有

4个目标已经完全实现。新规划在其结尾部分给出了35个目标,远远超过上一个5年规划,"重要的是NIH依然坚信,受其资助的研究力量能够比以往任何时候更快地推进创新的疆域"。

原载于《生命科学》杂志2021年第33卷第11期,文字有改动。

一

基于"平衡原则"的科技伦理治理

人具有两重属性,既是自然人,又是社会人。作为自然人,其活动要遵循生命世界的自然规律;作为社会人,其活动则要服从人类社会的人为规定。在人为规定中,规范个体行为最重要的有两种:法律体系和伦理体系。两者既有联系,又有区别。法律是由政府制定并以强制力保证实施的;伦理既可以由政府部门也可以由社会团体制定,并且不具备法律的那种强制性。更重要的是,伦理的核心任务是基于道德原则来规范人类的行为和活动,并明确给出价值判断——什么是对,什么是错,什么是善,什么是恶。

科技活动不仅是人类文明社会的基本特征,更是今天社会发展和增进人类福祉的主要动力。由此可见,科技活动不是单纯地追求客观真理,而是与社会责任和价值取向紧密相关。因此,科技活动需要通过伦理治理为其"把舵"。中国科技工作者虽然普遍认同科研伦理的重要性,但在自觉遵守和主动践行伦理规范方面做得不尽如人意。2013年,国家自然科学基金委员会资助的一项调查研究表明,近90%的科技工作者认为违反科研伦理的行为具有很大危害性,但只有不到25%的研究者表示,他们通常会在研究方案制订和实施过程中考虑可能涉及的科技伦理问题。近年来,我国高度重视科技伦理。2020年10月,国家科技伦理委员会正式成立。2022年3月,国家发布了《关于加强科技伦理治理的意见》(本文简称"治理意见"),明确提出"将科技伦理要求贯穿科学研究、技术开发等科技活动全过程"。

科技伦理治理主要涉及两个方面:科研过程和科技目标。首先,科技工作者需要在伦理规范下进行研究活动。例如,在开始临床研究时,研究者需要与受试者签署知情同意书,而且研究方案必须得到伦理委员会的审查批准才能开展。其次,由于科技成果往往是一把"双刃剑",既有可能造福人类,也有可能带来危害,所以需要用伦理判断来决定一个研究项目是否可以进行。例如,最新的克隆技术已经克隆出了猴子。显然,作为灵长类的人从理论上说,也可以用克隆技术进行克隆。但是,目前世界各国基于生命权利和人类尊严等伦理方面的考虑,明确规定不允许进行克隆人研究。

需要指出的是,科技伦理治理不仅涉及微观层面,需要针对不同类型的科技活动制定出各种具体的伦理规范,而且要从宏观层面考虑,构建一个体制机制健全的科技伦理体系,避免科技伦理治理中出现"南腔北调"或"治理真空"等系统性问题。"治理意见"对此有明确的要求——"建立健全符合我国国情的科技伦理体系"。从这样一个宏观角度来看,笔者认为"平衡原则"应该是科技伦理治理体系的一个基本运行规则。

"伦理先行"的治理要求与创新性研究活动要协调发展

现代科学技术体系的基本蓝图源自1945年美国科学研究发展局主任布什的一份科技政策报告:《科学——无尽的前沿》(本文简称"布什报告")。"布什报告"的要点之一是保障科学的自主性,要让研究者在资源充足且没有外部干预的情况下进行自由探索,"研究自由在任何政府资助的科学规划中都必须得到保障"。"布什报告"甚至这样鼓励科学研究——"科学家可以自由地追求真理而不管它会导致什么结果"。可以说,保障研究者进行"自由探索"的科学自主性已经成为当今科技体制的一个基本信条。

但需要注意的是,"布什报告"在倡导科学自主性的同时赋予科学巨大的社会责任,"如果没有科学的进步,其他方面再多的成就也无法确保我们作为一个国家在现代世界中的健康、繁荣和安全"。20世纪中叶以来,鉴于科学对社会和国家的作用和责任,科学被打造为一种建制化体系,其中研究人员成为专门从事科技活动的职业劳动者,研究工作系统性地获得了政府或社会的资助,研究成果也被广泛应用于社会各个方面。显然,这种科学建制化与科学自主性之间形成一种张力。

科技伦理是科学建制化的一个重要内容,即对科技活动要给予伦理的指导和规范。"治理意见"中的第一条要求明确提出"伦理先行"。显然,对于已经在科技伦理框架内进行的科研活动,可以很好地落实"伦理先行",但是,以创新为特征的研究活动,尤其是"从0到1"的原创性研究活动,往往会超越现有的科技伦理规范,其研究进展可能还会引发全新的伦理问题。例如,20世纪初叶英国科学家卢瑟福发现原子核的实验和德国科学家哈恩等人发现铀核裂变的实验看上去属于象牙塔里的物理学基础研究,可这些成果很快就与原子弹的研发紧密地联系起来了。又例如,CRISPR核酸序列及其降解外源DNA的机制最初只是研究者在细菌研究中发现的一个基础性研究成果,但在短短几年时间里就被发展成为可以对人类细胞的基因组进行改造的CRISPR基因编辑技术,进而引出巨大的伦理挑战。

由此可见,"伦理先行"对科技活动而言,并不像字面看上去那样简单。一方面,科技活动应该从一开始就纳入到伦理规范之中,如"治理意见"所要求的那样:"科技项目(课题)负责人要严格按照科技伦理审查批准的范围开展研究。"另一方面,科技活动的自主性必须得到保障,科技工作者要被允许和鼓励进入科研"无人区"去开拓创新。如何解决这样的矛盾？华中科技大学生命伦理学家雷瑞鹏教授曾提出科技伦理治理的基本原则——人类福祉、尊重人、公正、负责、透明性、公众参与。也许可以采用这样一种"粗线条"的解决方案：对原创性的研究工作主要是要求其不违背科技伦理原则。针对1990年启动的人类基因组计划的伦理治理可以说就是一个很好的范例。为了对这样一个前所未有的生命大科学研究项目进行伦理治理，参与项目的各国科学家于1996年在百慕大群岛讨论，通过了分享基因组数据的"百慕大原则"——全球共有，国际合作，及时公布，免费共享。显然，这种相对宽泛的伦理原则既体现了要及时地对全新科技活动进行恰当的伦理治理，同时也能够为科学研究的自主性留出一定的空间，从而实现"治理意见"所希望的，"及时动态调整治理方式和伦理规范，快速、灵活应对科技创新带来的伦理挑战"。

"伦理先行"通常是生物医学研究的基本要求。但是，临床试验需要开展的研究活动有时会与伦理规范之间出现冲突。例如，在新冠疫苗临床试验阶段，孕妇、孩童、老年人以及有常见基础疾病患者等特殊人群的招募由于安全性问题就很难通过现有的伦理要求。为此，研究人员和相关部门采取了各种折中的解决办法。例如，欧美各国最初在对待孕妇是否可以接种疫苗的问题上，采取了既不推荐也不反对的伦理"中立"策略，即让孕妇本人自愿决定接种或不接种疫苗，从而在没有开展孕妇接种新冠疫苗临床试验的情况下，避免了与伦理规范的冲突。值得强调的是，欧美各国研究人员随后开展了针对接种了新冠疫苗的孕妇群体的真实世界研究。2022年，英国研究人员发表了关于苏格兰地区近2万名接种疫苗的孕妇之研究结果，明确指出："在疫情期间给予孕妇低剂量的疫苗接种对保护妇女和胎儿的健康是很有必要的。"（Stock et al., 2022）

科技伦理治理体系要具备管控和支持的双向功能

科技伦理治理很容易被片面地理解为其功能是对科研活动进行审查和监管,例如,开展临床试验时必须获得受试者的知情同意和伦理委员会的批准,不能对人类生殖细胞和胚胎进行基因编辑和克隆人的研究,等等。但是,科技伦理治理还有一个重要的功能:需要用它来支持科研活动,使得科技工作者能够在伦理规则的保障下开展相关研究活动。在一些特定的情况下,人们还需要为那些被视为敏感性课题乃至"禁区"的科学研究提供伦理支持,从而有利于相应的科学研究活动的开展。

科技伦理治理可以用来支持研究活动。以医学研究领域里人们所熟知的"知情同意"为例:为了保护受试者的权利,研究人员通常需要得到受试者的知情同意。这是对研究人员的一种伦理监管。这种知情同意最初针对的只是具有特定研究目的或者科学问题之临床研究,称为具体知情同意。随着21世纪生物医学大数据时代的到来,受试者个人信息或样本已经融入由群体构成的数据库或样本库,并可以用于人群各种疾病问题或健康维护之不同研究目的。显然,具体知情同意的伦理规定不利于通常没有特定研究目标的生物医学大数据的收集和利用。为此,在生命伦理领域中出现了新的形式——广泛知情同意,如我国研究者在"生物样本库样本采集知情同意书"的范本中所写:"我同意所捐献样本和信息用于所有医学研究,为早日攻克疾病和病患医治作贡献。"可以说,广泛知情同意就是为了使生物医学大数据相关研究能够合规地进行而提出的新伦理规则。

传统的医学研究伦理为了保证受试者的权利和安全等,通常对临床研究的内容和方式都有很严格的要求,而这往往会导致研究活动需要很长的时间,且某些类型的研究活动很难得到伦理许可。但是,当人类社会面临新冠疫情这样突然到来的巨大危害之时,有可能需要在科技伦理的特别允许下开展某些在常规情况下难以进行的研究活动。在2020年新冠疫情爆发之初,美英两国研究人员为了加快新冠疫苗的研发,做了一项受控人类主动感染病毒试验,即将大约100名年轻健康志愿者暴露于新冠病毒之下,以此观察那些接种了候选疫苗的人能否避免病毒感染。该论文发表后引起了广泛的伦理争议。《自然》杂志为此采访了该论文的一位作者埃亚尔。作为美国罗格斯大学群体生命伦理学中心主任,埃亚尔认为,"虽然该研究引入了风险,但同时也消除了风险。总体风险虽然不是很清楚,但显然不是非常高,因此该研究具有合理性"。2022年3月,《自然–医学》发表了英国研究人员的一项受控人类主动感染病毒试验。该项研究通过对没有打过疫苗的年轻健康志愿者主动感染新冠病毒全过程的详细观察和安全性分析,建立了新冠病毒早期感染过程中的病毒动力学。这对建立更好的防控新冠病毒传播的公共卫生措施具有重要意义(Killingley et al., 2022)。这项研究是在英国负责科技伦理的相关部门的批准下实施的。

科技伦理规范与相关法律法规要合理衔接

伦理治理通常是基于抽象的道德原则,如增进人类福祉和保护人的尊严等,而且属于非强制性的;法律法规通常是具象的行为准则,并具有强制性。科技伦理规范与相关法律法规有着紧密的关系。"治理意见"就明确要求提高我国科技伦理治理的法治化水平,"坚持依法依规开展科技伦理治理工作,加快推进科技伦理治理法律制度建设"。

首先要关注伦理规范与法律法规的一致性或相互之间的配合,尽可能避免两者之间出现脱节乃至矛盾。例如,在生命伦理领域中,知情同意是基本的伦理要求之一。过去主要采用的是针对单一或特定研究目的之具体知情同意,而当今针对一般性研究目的之生物医学大数据的收集和利用,生命伦理领域则发展出了相应的广泛知情同意这样一种新的治理方式。但是,2021年11月开始实施的《中华人民共和国个人信息保护法》所对接的伦理治理方式仍然只是具体知情同意。该法对医疗健康方面的敏感个人信息之处理提出了严格的保护要求。其中,第二十八条规定:"只有在具有特定的目的和充分的必要性,并采取严格保护措施的情形下,个人信息处理者方可处理敏感个人信息";第二十九条规定:"处理敏感个人信息应当取得个人的单独同意。"也就是说,广泛知情同意这种新的伦理治理方式没有得到"个人信息保护法"相应的支持。从国外的情况来看,这种广泛知情同意的伦理治理方式最初甚至受到法律法规方面的限制。2014年3月,欧洲议会通过了一项关于生物医学数据的伦理管理修正法案,其中有一条明确规定研究人员不得采用广泛知情同意,开展研究时均须获得受试者的具体知情同意;即使受试者本人也无权给予广泛知情同意。欧洲生物医药方面的组织和科研人员对该条例表达了强烈的反对。欧洲议会一年之后同意修改这一条例,允许科研人员可以在受试者给予广泛知情同意之后,获取受试者的有关数据并用于研究。

伦理规范属于非强制性的,但在现代法治社会中,通常需要有相应的法律法规来支持或保障伦理治理的执行和效果。例如,"超说明书用药"是中外医学界常见的医生对患者进行非常规用药治疗的一种方式。这种用药风险大,因此需要获得患者的知情同意,并需要有相关的法律法规来给予保障。为此,欧洲一些国家制定了相关的法律法规,"假设患者在本应被充分告知可能存在用药风险并本可以明确拒绝该项超说明书处方用药时,医生并未实情告知甚至隐瞒真实情况,那么医生需要为自己的擅自用药承担相应的刑事或民事责任"。我国过去在超说明书用药方面没有明确的法律规定,因此医生在进行这方面的医疗实践时没有得到很好的法律管控和保障。在2022年3月1日起施行的新版

《中华人民共和国医师法》中，首次对超说明书用药进行了明确的法律规定："在尚无有效或者更好治疗手段等特殊情况下，医师取得患者明确知情同意后，可以采用药品说明书中未明确但具有循证医学证据的药品用法实施治疗。"

虽然伦理规范在抽象层面通常具有世界范围的普适性，但在具体操作层面会由于不同的社会文化特点而有所差别。例如，全球科技界都认为对人类胚胎基因组进行编辑不符合生命伦理规范，但是在对待"线粒体替代疗法"方面英美两国却出现了明显的差异。这种疗法用于患有严重线粒体疾病的女性，即将健康女性卵子的细胞核移除，然后将患病女性卵子的细胞核植入并进行体外受精，从而使得健康女性的线粒体DNA与患病女性的染色体结合产生患病女性的健康后代。这种疗法不仅得到了英国生命伦理学界的认可，而且获得了英国政府的批准得以合法实施。但是，该疗法在美国是被禁止的。由此可见，不同国情之下产生的伦理规范差别，往往需要有相应的法律法规给予支撑。

目前，我国的科研活动进展很快，但在科技伦理治理及其相关法律法规的制定方面还未能及时跟上。例如，在2015年第一届人类基因组编辑国际峰会上，针对广州中山大学黄军就教授发表的有关CRISPR技术介导的人类三核受精卵基因编辑的实验结果，中、美、英等国科学家就生殖细胞或胚胎的基因编辑涉及的科学和伦理问题进行了讨论，并发表了一个声明——在现阶段，对人类胚胎进行基因编辑的任何临床用途都是不成熟且不负责任的。然而，2018年南方科技大学贺建奎等人却依然利用CRISPR技术进行了人类胚胎基因编辑活动，并让两名基因编辑婴儿出生。尽管贺建奎的做法严重违反了生命伦理规范，但我国法律只能以"非法行医"给他定罪。也就是说，关于生殖细胞或胚胎基因编辑方面还没有配套的法律规定。"治理意见"针对这方面的挑战明确提出："'十四五'期间，重点加强生命科学、医学、人工智能等领域的科技伦理立法研究,及时推动将重要的科技伦理规范上升为国家法律法规。"

结语

理想的科技伦理治理体系应该是一个开放系统,避免形成过于"刚性"的伦理规范而导致科技创新活动,尤其是原始性创新活动受到抑制。此外,还要让科技伦理治理框架保持一种动态拓展性,能够根据科技发展及时地修定伦理规范或制定新的伦理规范,使得伦理治理在进入科技"无人区"时开放,进入科技"有人区"时及时跟进。重要的是,科技伦理治理不仅要监管和约束科技活动,还要保护和支持科技活动,从而实现"治理意见"所希望的——"促进科技活动与科技伦理协调发展、良性互动,实现负责任的创新"。

原载于《生命科学》杂志2022年第34卷第5期,文字有改动。

一 生命健康伦理治理中值得关注的三种基本关系

生命健康领域的研究事关人类福祉，"伦理先行"是生物医学研究的基本要求。早在1964年，第18届世界医学协会联合大会就通过了生物医学伦理的"基本法"——《赫尔辛基宣言》，明确规定"医学研究必须遵守的伦理标准是：促进和确保对人类受试者的尊重，并保护他们的健康和权利"。2016年，国际医学科学组织理事会（CIOMS）发布了《涉及人的健康相关研究的国际伦理准则》（本文简称"CIOMS伦理准则"），把伦理规范从医学研究扩大到涉及人的健康相关研究。近年来，我国政府和生物医药界高度重视科技伦理。2016年10月，《涉及人的生物医学研究伦理审查办法》（本文简称"旧版伦理审查办法"）发布；2020年10月，国家科技伦理委员会正式成立；2022年3月，《关于加强科技伦理治理的意见》发布；2023年2月，《涉及人的生命科学和医学研究伦理审查办法》（本文简称"新版伦理审查办法"）发布。

新版伦理审查办法与旧版相比，伦理治理的范围从强调医学研究转变为生命科学研究和医学研究并重。这种变化显然与基因编辑技术、干细胞技术和合成生物学等生命科学前沿领域的快速发展及其巨大的医学应用潜力紧密相关。与此相应的是，旧版伦理审查办法只是针对医疗卫生机构，新版则把适用范围扩大到了高等学校和科研院所等机构。此外，新版伦理审查办法的文字部分也有大量的改动，由旧版的7章50条修改为新版的6章54条。更重要的是,新版在审查机制、审查方式、审查内容、知情同意等方面有许多重大的调整。在学习新版伦理审查办法的过程中,笔者总结出了三种关系,并以此来探讨生命健康研究伦理治理的主要特征和潜在挑战。

直接与间接的伦理审查

伦理审查委员会是实施伦理治理的执行机构,如何设立以及如何开展伦理审查是整个伦理审查办法的核心问题。新版伦理审查办法在第2章"伦理审查委员会"中,不仅明确提出卫生机构、高等学校、科研院所等机构是伦理审查工作的管理责任主体,而且明确规定了有资格成立伦理审查委员会的医疗机构必须是"二级以上医疗机构和设区的市级以上卫生机构"。

机构成立伦理审查委员会的"资格"引出了一个潜在的问题:那些没有伦理审查委员会的机构可否开展涉及人的研究?新版伦理审查办法为此设立了"委托伦理审查"的新规定——第14条:"机构开展涉及人的生命科学和医学研究未设立伦理审查委员会或者伦理审查委员会无法胜任审查需要的,机构可以书面形式委托有能力的机构伦理审查委员会或者区域伦理审查委员会开展伦理审查"。这个规定与旧版的规定截然相反。旧版伦理审查办法第7条是这样规定的:"医疗卫生机构未设立伦理委员会的,不得开展涉及人的生物医学研究工作。"

新版伦理审查办法的这一规定建立了一种机构外伦理审查机制,即机构可以委托"第三方"伦理审查委员会间接地开展该机构科研工作的伦理审查。这种委托伦理审查机制显然为那些没有设立伦理审查委员会的医疗机构开展涉及人的研究提供了进行伦理审查的可能途径。按照2017年的一篇文章介绍,中国的医疗机构近3万家,但只有625家组建了伦理审查委员会,且大多是发达地区的二、三级医疗机构(陆麒、姜柏生，2017）。可以说，委托伦理审查机制为填补这种现实与需求之间的巨大差距提供了一个有效的解决办法。更重要的是，这种机制让各个机构的伦理审查委员会之间形成一个"协作网"，为特定的研究方案获得相应水平的伦理审查提供了选择的空间——如果一个机构的某个研究方案超出了其伦理审查委员会之审查能力，该机构就可以把这个研究方案委托给具备相应审查能力的"第三方"进行伦理审查。

作为一个中国科技伦理治理的新生事物，"第三方"伦理审查机制需要进一步完善其操作规则，并在今后的实践过程中不断优化，如制订选择"第三方"伦理审查委员会的具体程序以及开展对其审查工作的监管，等等。在2023年3月针对新版伦理审查办法召开的"科技伦理治理的挑战与应对"在线研讨会上，一些与会的专家学者提出，需要防范有的研究者在无法通过本机构伦理审查的情况下，寻找机构外以营利为目的而降低审查标准的伦理审查委员会。此外，新版伦理审查办法的适用范围没有明确覆盖企业。笔者认为，应该在委托伦理审查机制的基础上，为那些由企业发起或主导的医疗或健康相关的研究提供一个伦理审查解决方案。

值得指出的是，新版伦理审查办法还提出了一个不同于旧版的规定，即可以在某些特定情况下免除伦理审查——第32条："使用人的信息数据或者生物样本开展以下情形的涉及人的生命科学和医学研究，不对人体造成伤害、不涉及敏感个人信息或者商业利益的，可以免除伦理审查，以减少科研人员不必要的负担，促进涉及人的生命科学和医学研究开展。"

制定"免除伦理审查"的新规，显然是想要提高生命健康研究的伦理治理效率。但从新版伦理审查办法目前的内容来看，落实该规定时仍需要细化实施免除伦理审查的具体操作流程。目前首选的可能是"审批制"，即研究者需要把豁免伦理审查的申请和研究方案等相关材料提交给伦理审查委员会，得到免除伦理审查的批准后方可开展相关的研究。也许在某些条件下可以考虑备案制，即让研究者自行判断和决定其研究方案是否满足该办法规定的豁免范围，并在开始进行研究之时，把豁免伦理审查的报告和相关的研究材料提交给伦理审查委员会备案。

具体与广泛的知情同意

涉及人的生命科学和医学研究伦理治理的主要目标是，尊重和保护受试者或者使用人等研究参与者之个人权利，包括其参加或退出研究的自主决定权。《赫尔辛基宣言》对此有着明确的表述："虽然医学研究的主要目的是获取新的知识，但该目的从不应优先于个体研究受试者的权利和利益。"实现该目标的基本方式是，研究者首先需要获得研究参与者的知情同意。旧版和新版伦理审查办法均为"知情同意"专设了一章。

目前国际上存在两种知情同意类型，一种是传统的"具体知情同意"，另一类则称为"广泛知情同意"。CIOMS伦理准则认为，具体知情同意主要针对具有明确研究目的收集和存储样本和数据的研究项目；广泛知情同意则针对没有特定研究目的收集和存储样本和数据的研究项目。我国研究者建议在生物样本库样本采集知情同意书中采用广泛知情同意："我同意所捐献样本和信息用于所有医学研究，为早日攻克疾病和病患医治作贡献。"英国研究者在2022年10月启动了一个当前生命健康领域最大规模的人群队列研究项目——我们未来的健康。该研究项目计划招募500万英国志愿者。研究者在招募研究参与者之时采用的知情同意类型正是广泛知情同意。

广泛知情同意是生命健康领域伦理治理的一种新形式，是落实大数据驱动的大人群健康研究新范式的基本伦理保障。但是，这种知情同意的形式目前还没有得到充分的认可。2021年11月开始实施的《中华人民共和国个人信息保护法》所对接的伦理治理方式仍然只是具体知情同意："只有在具有特定的目的和充分的必要性，并采取严格保护措施的情形下，个人信息处理者方可处理敏感个人信息。"从国外的情况来看，这种伦理治理方式最初甚至受到法律法规方面的限制。2014年3月，欧洲议会通过了一项关于生物医学数据的伦理管理修正法案，其中有一条明确规定：研究人员不得采用广泛知情同意，开展研究时均须获得研究受试者的具体知情同意，即使受试者本人也无权给予广泛知情同意。欧洲生物医药方面的组织和研究者对该条例表示强烈反对。为此，欧洲议会一年之后修改了这一条例，允许科研人员可以在受试者给予广泛知情同意之后，获取受试者的有关数据并用于研究。

在旧版和新版伦理审查办法中均没有明确提出广泛知情同意这个概念，但都涉及了相关的内容。在旧版伦理审查办法中，第39条关于免除签署知情同意书的必要条件之第二项是这样规定的："生物样本捐献者已经签署了知情同意书，同意所捐献样本及相关信息可用于所有医学研究的。"新版伦理审查办法把旧版的第39条删除，但在其"知情同意"一章中增加了相关的文字。在第36条"知情同意书应当包括以下内容"中规定了12项具体内容，其中第5项是："研究数据和研究参与者个人资料的使用范围和方式，是否进行共享和二次利用，以及保密范围和措施。"第12项是："涉及人的生物样本采集的，还应当包括生物样本的种类、数量、用途、保藏、利用（包括是否直接用于产品开发、共享和二次利用）、隐私保护、对外提供、销毁处理等相关内容。"

从以上的介绍可以看到，新版伦理审查办法把旧版的第39条删除，避免了该条在知情同意书签署表述上的混淆。但是，新版所提到的生物样本和信息可以"共享"和"二次利用"的内涵没有给予明确的定义，反而不如旧版的文字"同意所捐献样本及相关信息用于所有医学研究"那样容易理解和便于在实践中操作。笔者认为,为了推进我国的大人群样本的采集保藏和健康大数据的共享利用,还需要有关部门和专家学者对广泛知情同意概念以及相关的管理实践进行深入的探讨,并给出清晰的定义和具体的实施办法。

定性与定量的伦理评估

伦理治理必须建立在基本的伦理原则之上,这类基本原则可以视为伦理治理的"定性"评估标准。在旧版伦理审查办法的第18条"涉及人的生物医学研究应当符合以下伦理原则"中,一共给出了6条基本原则:知情同意原则、控制风险原则、免费和补偿原则、保护隐私原则、依法赔偿原则、特殊保护原则;新版伦理审查办法的第17条则以"基本要求"对应旧版的伦理原则,同样也规定了6条:控制风险、知情同意、公平公正、免费和补偿与赔偿、保护隐私权及个人信息、特殊保护。可以看到,新版的6条与旧版的6条大致相同,只是将旧版的"免费和补偿原则"与"依法赔偿原则"合并为1条,并新增了1条——"公平公正"。

但是,在伦理治理的实践过程中,不仅要有定性的伦理原则或基本要求,而且需要具体的规定或操作指南,即要建立"定量"的伦理评估和判断标准。为此,在旧版和新版的伦理审查办法给出的6条伦理原则或基本要求中,每一条都给出了具体的说明或评判标准。涉及人的生命健康研究伦理治理面对的情况非常复杂,不仅要考虑客观的研究过程本身存在的不确定性,而且要评判主观的研究主体——研究者和研究参与者乃至公众和社会——利益和权利之间的关系。这些主客观因素通常还会交织在一起。由此可见,要建立合理的、科学的定量伦理评判标准是一个不容易完成的任务。

从新版伦理审查办法的6条基本要求来看,在"控制风险"和"公平公正"两条中给出的具体定量评判标准值得在这里进行进一步讨论。

新版伦理审查办法关于控制风险的量化要求是:"研究的科学和社会利益不得超越对研究参与者人身安全与健康权益的考虑。研究风险受益比应当合理,使研究参与者可能受到的风险最小化。"显然,如何度量社会利益与个体权益,如何计算研究风险受益比就成为满足"控制风险"要求的主要任务。英国研究人员曾开展一项受控人类主动感染病毒试验,通过对未打疫苗的年轻健康志愿者主动感染新冠病毒全过程的详细观察和安全性分析,揭示了新冠病毒感染的动力学(Killingley et al., 2022)。这项研究对建立更好地防控新冠病毒传播的公共卫生措施具有重要意义,但在研究参与者的安全与健康权益方面则明显具有很大的风险。

需要强调的是,旧版伦理审查办法仅仅针对医学研究,而新版伦理审查办法既针对医学研究,又针对生命科学研究。从伦理治理的角度来看,这两者均涉及人的生物样本或信息数据。但是,从研究特点来看,生命科学研究侧重于基础研究,医学研究则侧重于应用研究。两者可能面临的伦理风险是有区别的,某项生命科学的前沿研究工作有可能会超越现有的生命伦理规范,其研究进展或成果可能还会引发全新的伦理问题。在新版伦理审查办法的伦理风险评估中,并没有对这两类研究进行区分。那么,对医学研究的伦理风险定量评估能否适用于以创新为主要特征的生命科学研究,尤其具有原创性的研究活动的伦理风险定量评估?

新版伦理审查办法关于公平公正的量化要求是:"应当公平、合理地选择研究参与者,入选与排除标准具有明确的科学依据,公平合理分配研究受益、风险和负担。"这种量化评估要求对传统的临床研究或流行病学研究来说,是比较容易落实的,因为这些研究都有特定的研究参与者招募标准和明确的研究目的和(或)临床终点。但是,对于当前强调规模化和多样性的"自然人群"研究项目,要进行这种量化评估就有困难了。例如,美国2018年启动了招募全美百万志愿者的"全民健康研究"项目,"它不聚焦在某一种疾病、某一种风险因子,或者是某一类人群,由此它使得研究者可以评估涉及各种疾病的多种风险因子"。又如,英国计划招募500万名志愿者参与"我们未来的健康"项目,仅仅确定了5种相当宽泛的参与者入选标准:居住地、性别、年龄、种族、生活水平。显然,这样的"自然人群"研究项目没有传统流行病学人群队列研究那种严格并精细的入选与排除标准,也很难为健康状态如此多样化的大规模研究参与者群体公平合理地分配研究受益、风险和负担。

结语

面对当前生命科学的快速发展和医学的深刻变革所带来的生命伦理挑战,开展相关的伦理治理并非易事。新版伦理审查办法相比旧版的内容已经有了许多明显的改进,但是,新版的部分伦理审查条款仍然存在不完善之处,且某些要求和规则在具体的实践过程中可能难以落实或操作。因此,伦理审查委员会以及相关机构和管理人员需要避免机械地理解有关的伦理审查规则。此外,有关部门和专家要注意收集在伦理治理实践过程中反映出来的问题,从而有针对性地不断完善生命健康领域的伦理审查办法。正如《关于加强科技伦理治理的意见》所说的那样,"及时动态调整治理方式和伦理规范,快速、灵活应对科技创新带来的伦理挑战"。

原载于《生命科学》杂志2023年第35卷第5期,文字有改动。

一

对人类遗传资源管理涉及的三种关系之讨论

20世纪90年代初启动的人类基因组计划让科技界和政府充分认识到,承载人类遗传信息的基因组序列是一个国家重要的战略资源。我国具有独特而丰富的人类遗传资源优势,不仅拥有数量众多的少数民族,还广泛分布着在高原生态环境等特定地区的人群以及疾病核心家系等重要遗传家系。著名遗传学家谈家桢先生为此于1997年7月致信中央政府,呼吁"保护我国人类基因资源,积极参与跨世纪的基因争夺战;制定政策,营造环境"。

谈家桢先生的来信引起了中央政府的高度重视。国务院办公厅于1998年6月10日转发了科技部、卫生部联合制定的《人类遗传资源管理暂行办法》。依据该办法于1999年成立了中国人类遗传资源管理办公室,设在科技部,主要职责是对在中国境内从事的中国人类遗传资源采集、收集、买卖、出口、出境等事项进行规范和管理。国家在该办法的基础上进一步完善,形成了《中华人民共和国人类遗传资源管理条例》(本文简称《条例》),并于2019年7月1日正式实施。为了更好地贯彻实施《条例》,科技部于2023年5月26日发布了《人类遗传资源管理条例实施细则》(本文简称《细则》)。通过对这两个文件的学习,笔者认为,在我国人类遗传资源管理方面有三种关系值得进一步讨论。

遗传资源材料与遗传资源信息

按照《条例》第二条的规定,人类遗传资源由两种类型构成:人类遗传资源材料和人类遗传资源信息。"人类遗传资源材料是指含有人体基因组、基因等遗传物质的器官、组织、细胞等遗传材料。人类遗传资源信息是指利用人类遗传资源材料产生的数据等信息资料"。显然,《条例》对"人类遗传资源信息"给出的定义比较宽泛。《细则》对此给予了进一步的补充:"《条例》第二条所称人类遗传资源信息包括利用人类遗传资源材料产生的人类基因、基因组数据等信息资料。前款所称人类遗传资源信息不包括临床数据、影像数据、蛋白质数据和代谢数据。"

《细则》对人类遗传资源信息的详细界定很好地把明显不属于人类遗传资源的医学数据,如临床数据和影像数据排除出去。这些数据通常是来自个体水平的表型数据。然而,《细则》对蛋白质数据和代谢数据等生物分子数据的划分值得进一步讨论。首先,这类数据尤其是蛋白质数据,虽然通常取自细胞和组织等人类遗传资源材料,但它们往往与基因或基因组数据有所区别。其次,源自基因或基因组的转录产物——RNA,在《细则》中没有提及,即没有界定它是否属于人类遗传资源信息。这种生物大分子也是由人类遗传资源材料产生的。在当今的单细胞研究领域,RNA数据是应用最为广泛的生物分子信息,研究者往往利用RNA测序信息而非基因组测序信息来分析细胞的类型和特征。

人类遗传资源材料通常涉及采集和保藏两种主要活动,《细则》为此在第四章"行政许可与备案"的第二十九条中明确了两者的管理关系:"应当申请行政许可的人类遗传资源保藏活动同时涉及人类遗传资源采集的,申请人仅需要申请人类遗传资源保藏行政许可,无需另行申请人类遗传资源采集行政许可。"需要指出的是,在该章中提到的人类遗传资源保藏是针对人类遗传资源材料的——"人类遗传资源保藏活动是指将有合法来源的人类遗传资源保存在适宜环境条件下，保证其质量和安全，用于未来科学研究的行为"。由此引申出了一个管理问题，人类遗传资源材料和人类遗传资源信息之间是什么关系？获得了前者的行政许可是否不再需要申请后者的了？显然，两者的管理应该是有区别的。笔者注意到，从《细则》第四章的第三节"对外提供、开放使用事先报告"可见，《细则》把重点放在了人类遗传资源信息的管理；在《条例》中涉及国际合作科学研究的条款则大多用"人类遗传资源"这一笼统的术语。

临床研究与临床试验

人们有时会把临床研究与临床试验等同看待，但医疗监管部门对两者有着不同的定义。国家卫生健康委员会在2021年发布的《医疗卫生机构开展研究者发起的临床研究管理办法（试行）》中规定："临床研究，是指医疗卫生机构开展的，以人个体或群体（包括医疗健康信息）为研究对象，不以药品医疗器械（含体外诊断试剂）等产品注册为目的，研究疾病的诊断、治疗、康复、预后、病因、预防及健康维护等的活动"。国家药品监督管理局会同国家卫生健康委员会于2020年发布的《药物临床试验质量管理规范（修订版）》第十一条规定："临床试验，指以人体（患者或健康受试者）为对象的试验，意在发现或验证某种试验药物的临床医学、药理学以及其他药效学作用……以确定药物的疗效与安全性的系统性试验。"由此可见，临床研究与临床试验的一个主要区别是指两者的试验目的有所不同。

《条例》在第二章"采集和保藏"的条文中没有对临床研究与临床试验的进行区分，并在第三章"利用和对外提供"第二十条中把两者相提并论："利用我国人类遗传资源开展生物技术研究开发活动或者开展临床试验的,应当遵守有关生物技术研究、临床应用管理法律、行政法规和国家有关规定。"《细则》第二十七条则把两者从管理的角度上做了明确的区分:"为取得相关药品和医疗器械在我国上市许可的临床试验涉及的人类遗传资源采集活动不在此列,无需申请人类遗传资源采集行政许可。"

需要指出的是,《条例》针对国际合作临床试验有着专门规定。在第二十二条中有这样一句:"为获得相关药品和医疗器械在我国上市许可,在临床机构利用我国人类遗传资源开展国际合作临床试验、不涉及人类遗传资源材料出境的,不需要审批。"《细则》的第三十二条对此做了更为详尽的规定:"为取得相关药品和医疗器械在我国上市许可,在临床医疗卫生机构利用我国人类遗传资源开展国际合作临床试验、不涉及人类遗传资源材料出境的,不需要批准,但应当符合下列情况之一,并在开展临床试验前将拟使用的人类遗传资源种类、数量及其用途向科技部备案:……为取得相关药品和医疗器械在我国上市许可的临床试验涉及的探索性研究部分,应当申请人类遗传资源国际科学研究合作行政许可。"

《细则》的这条规定中关于"临床试验涉及的探索性研究部分"的提法引出了一个新的问题:如何对此进行鉴定或判别。更重要的是,这种提法表明,临床研究与临床试验的区别不仅在于研究目的之不同,而且两者的研究内容之间也是有差别的——前者着重于研究科学假设和科学问题,后者着重于验证医疗产品的有效性和安全性。由此看来,有的临床试验更接近临床研究。笔者注意到,国家市场监督管理总局在2020年发布的《药品注册管理办法》第二十一条中,把临床试验按照研究内容明确分为4类——临床药理学研究、探索性临床试验、确证性临床试验、上市后研究。

国内研究与国际合作研究

《条例》和《细则》在人类遗传资源的对内保护方面有着详细的规定。《条例》第七条规定："外国组织、个人及其设立或者实际控制的机构不得在我国境内采集、保藏我国人类遗传资源,不得向境外提供我国人类遗传资源。"《细则》对"实际控制"一词在第十二条做了详细说明,包括了4种情形,如对机构的控股,或通过表决权或其他权益对机构施加重大影响等。这样的规定实际上把我国人类遗传资源的采集、保藏和向境外提供等活动完全控制在中方单位,不仅外方单位和个人,而且中外合资单位等也被排除在外。

显然,这一严格的"内外有别"之规定针对的是人类遗传资源材料。对于人类遗传资源信息的国际合作研究管理则相对宽松。《条例》第二十八条规定:"利用我国人类遗传资源开展国际合作科学研究产生的人类遗传资源信息,合作双方可以使用。"《细则》第三十六条规定,中方信息所有者在向科技部报告并提交信息备份之后,可以将人类遗传资源信息向境外组织、个人及其设立或者实际控制的机构提供或者开放使用。当然,外方单位和研究者在这种合作研究中也有明确的义务。《细则》第十四条规定:"利用我国人类遗传资源开展国际科学研究合作,应当保证中方单位及其研究人员全过程、实质性地参与研究,依法分享相关权益。国际科学研究合作过程中,利用我国人类遗传资源产生的所有记录以及数据信息等应当完全向中方单位开放,并向中方单位提供备份。"

当然,外方单位利用人类遗传资源信息也受到国家相应的监管。《细则》第三十七条规定:"将人类遗传资源信息向境外组织、个人及其设立或者实际控制的机构提供或者开放使用,可能影响我国公众健康、国家安全和社会公共利益的,应当通过科技部组织的安全审查。应当进行安全审查的情形包括:(一)重要遗传家系的人类遗传资源信息;(二)特定地区的人类遗传资源信息;(三)人数大于500例的外显子组测序、基因组测序信息资源;(四)可能影响我国公众健康、国家安全和社会公共利益的其他情形。"

需要指出的是,人类遗传资源不仅是一个国家的资源,而且是全人类的资源。目前国际学术界上采用的人类基因组参考图谱是用大约20个人的基因组序列拼接而成的,其中有大约70%的碱基序列是来自同一个人。显然,这样单一的基因组参考图谱不能够反映人类的遗传多样性。为此,国际科学界启动了"人类泛基因组计划",要建立一个涵盖包括结构变异和单核苷酸多态性等整个基因组范围内变异信息的"人类泛基因组参考图谱",从而为人类基因组多样性研究提供一个完整的框架。2023年5月,国际人类泛基因组参考联合体在《自然》发布了首个人类泛基因组参考草图,包含了来自非洲、美洲、欧洲和亚洲多个国家不同种族47个个体的基因组数据,其中就有一个中国人的基因组数据。这个人类泛基因组参考草图比当下的人类基因组参考图谱,增加了1.19亿个新碱基——大约9000万个碱基来自结构变异。过去在使用单一参考基因组的情况下,人类基因组中存在的结构变异70%以上难以识别,但基于该泛基因组参考图谱进行基因组分析时,结构变异检测率可以提高104%。

也就是说,这些来自不同国家、不同地域、不同人种的遗传资源不仅为认识人类物种内的遗传多样性提供了必不可少的信息,而且有助于个性化医学、药物研发以及生物技术等领域的发展。因此,人类遗传资源的管理不要忽略了"增进人类福祉"这一生物医学伦理的基本原则。

结语

从以上的讨论和分析中可以看到,人类遗传资源涉及人类遗传资源材料和人类遗传资源信息,对两者之管理要有所区别。此外,人类遗传资源的管理需要精细化,不仅要把个体的表型数据及蛋白质等生物分子数据与基因组数据区分开,而且要把具有探索性的临床研究与验证性的临床试验区分开。更重要的是,在进行人类遗传资源管理时,必须兼顾对内保护和对外利用。

原载于《生命科学》杂志2023年第35卷第6期,文字有改动。

科学传播与科普创作

拥抱"碎片"

技术正在把我们带入一个信息碎片化时代,从个人计算机到互联网到移动通信,从博客到微博到微信。"五〇后"的笔者,最初不是很喜欢,更不是很适应。笔者嗜好阅读,偏爱《战争与和平》这样的大部头,但现在,笔者的日常阅读材料换成了电子邮件和手机微信。

慢慢地,笔者不再抱怨,也有了新的理解。这世界本就是一个平凡的世界,人们在日常生活中收获的思维果实,通常是灵感,是顿悟。那些理论体系,那些长篇大论,非普通人之力所能及,亦非一朝一夕之功。随着现代科技的进步,我们终于创造出了一个人人参与、日新月异的思想世界。显然,这样的思想世界肯定是一个"碎片"唱主角的世界。

随着思考的深入,笔者又有了更新的感悟。"碎片文化"古已有之,影响了西方文明的《圣经》,影响了东方文明的《古兰经》,都带有一定的碎片化特征。"碎片"还是进入现代文明的敲门砖。从普鲁斯特到乔伊斯,小说从编故事变成了表现作家思维的"意识流"。维特根斯坦在20世纪初叶发表的《逻辑哲学论》则是由526条按数字编号的短语和警句排列而成。

拈花一世界,看沙一宇宙。可以说,收集碎片然后给予升华已成当代人的一大爱好;收集"新闻与回忆"就成了文学,收集"警句与格言"就成了哲学,收集"搜索与点击"就成了大数据。切莫小看碎片,它们都有可能进入"高大上"的行列。笔者要为这别样风景的"碎片世界"添砖加瓦。

◇ 导读

复杂的科学传播

科学共同体与其他社会团体最主要的差别就在于,科学家们非常重视思想和研究工作的公开交流与讨论。可以说,学术交流是现代科学体系运转的基础。随着现代科学的建制化和出版业的发展,研究人员在科技期刊上发表研究论文成为最主要的学术交流模式。但是,建制化科学体系在取得成功并高度发展的同时,自身却逐渐演化成为高度内卷的封闭体系,进而导致基于科技期刊形式的学术交流成为一种充满功利的活动。科学界的有识之士提出,要打破这种封闭体系,让科学成为一种全社会参与的开放体系。显然,学术交流在这种变革中起着重要的作用,预印本和"开放获取"正是这次变革的两个主要"推手"。本专题第1篇文章《学术交流的"破坏性创新"——预印本》详细地介绍了预印本模式的特点以及对学术界传统的科学传播模式的挑战。这种新模式允许把未经同行评议的学术论文以预印本的方式通过网络直接发布在一个开放平台上,供科研人员及社会公众免费共享。可以说,这种预印本方式的出现,有助于打造出一个全新的普惠型学术交流生态环境。

从科学的发展历史中可以看到,在学术交流过程中并非只有纯粹的学术,还涉及各种个人或团体的利益,两者以相当复杂的方式缠绕在一起,要想把这两者完全切割清楚是很困难的;这种情况在当前学术功利化风气盛行的大环境下，在充满各种团体小圈子和内卷的学术界更为严重。第2篇文章《学术交流面临的非学术挑战》系统地分析了学术交流面临的问题与挑战，明确指出学术是"公器"，为社会和大众所利用；个人或团体所拥有的利益则是"私器"。作为"公器"的学术和作为"私器"的利益在学术交流中有着天然的冲突。笔者认为，学术交流的水平和效率之提升需要处理好利益等非学术因素所带来的挑战。最重要的是，人们需要学术交流的"初心"之回归——学术交流应该是学术优先！

21世纪初叶，科学进入了一个高速发展的阶段。这个时期的生命科学与生物技术、人工智能与信息技术等正在深刻地改变着人类自身和社会形态。与此同时，科学普及也进入了一个全新的时代，尤其是我国政府把科普活动的重要性提到前所未有的高度。2023年颁布的《中华人民共和国科学技术普及法（修改草案）》明确提出："国家把科普放在与科技创新同等重要位置。科普是国家创新体系的重要组成部分"。第3篇文章《新时代科普创作的新认识》系统地分析了当前科普创作面临的新形势、科普创作活动的新场景与新机制，以及科普创作的新手段。笔者还在文章中提出，科普工作者需要进一步拓展科普创作的广度和深度。

笔者作为一名科普工作者，第4篇文章《科普创作三问》针对科普和科普创作提出了三点自己的思考。首先是对科普活动的认识，指出科普的功能并不只是用来提升公众的科学素养，还要用来促进经济社会的发展，甚至用来促进科学的进步——例如科普在促进学科之间交叉时扮演着重要的角色。其次是讨论了科普创作的方式，认为科普创作要考虑科技知识的传播，更要注重科学精神的传播。最后是讨论了科普创作面对的受众，认为不同类型的科普创作要明确其受众范围，进而有针对性地进行创作。

第 5 篇文章《科普创作之我见》一文中，笔者总结了自己在科普创作中的经历和感悟。首先是要把握好各种传播媒介，尤其是要利用自媒体等新型传播平台进行科普创作。其次是认为理想的科普创作应该把已有知识融入科学发现的历程和作者的思考之中，要把弘扬科学的批判精神和提高理性思维能力作为科普创作者须完成的主要任务。还有一点感悟是要注重科普创作的深度和个性，作品要有新颖性和独特性，而并非只简单地普及科学知识或者传播科学进展。

本专题最后两篇文章是笔者从已经发表的科普文章中选出来的，用来展示自己的科普创作理念与风格。《人类社会行为的双重属性》讨论了人类的社会行为，明确提出人类不仅具有生物学属性，而且具有社会学属性，从而表现出比一般动物行为复杂的形态。首先，人类社会行为的不同表现形态之集合构成了一个由这两种属性之不同比例混合的连续谱分布——谱的一端以生物学属性为主，另一端则以文化属性为主。其次，在各种不同类型的人类社会行为中，生物学属性和文化属性之间表现出复杂的关系及其演化。笔者在文中通过繁衍后代这一社会行为的分析，探讨了这两种属性的关系和演化过程，进而提出，人类社会行为的双重属性使得人们在讨论或分析这类行为时，不可避免地涉及两类判断——科学判断和价值判断。因此，在涉及人类行为的讨论中，要明确是在进行科学判断的讨论还是在进行价值判断的讨论，不能把两者混为一谈。

生物体与非生物体之根本差异在于，生物体能够保存和利用信息，并把自身的信息一代又一代地遗传下去。从古至今，人们一直试图阐明生物体这种承载和传递信息的能力。这个梦想在1953年终于得到了实现——研究者发现了DNA双螺旋模型，并通过它揭示出生命的底层逻辑——"文字"，即所有的生命都是用4种碱基——A、T、G、C——作为基本"字母"写就的一本本"生命之书"。《"生命之书"的阅读与创作》回顾和总结了70年来对"生命之书"的阅读和编写工作:研究人员首先是去认识生物体内由不同碱基序列组成的各种"句子"——基因,并揭示出这些基因"句子"的含义和可能的生物学功能;其次是努力地发展出基因编辑技术等生物工程技术,从而能够改编现存"生命之书"来为人类服务。随着对"生命之书"的深入认识和研究技术的提高,研究人员不仅能够按照已有的生命"文本"来合成生命,而且能够创作出自然界不存在的、全新的"生命之书"。

一
学术交流的"破坏性创新"——预印本

科学共同体与其他社会团体最主要的差别就在于,科学家们非常重视思想和研究工作的公开交流与讨论。1660年成立的英国皇家学会的首要任务之一,就是在会员和其他科学家间建立定期的通信。1858年6月,英国科学家达尔文收到本国另一位学者华莱士寄来的一封信,介绍自己关于物种起源的观点。这封信促使达尔文加快完善自己的论文,并在1859年11月出版了著作《物种起源》。可以说,学者之间通过信件讨论观点和研究成果是近代科学发展过程中一种重要的学术交流方式。

随着现代科学的建制化和出版业的发展,研究人员在科技期刊上发表研究论文成为最主要的学术交流模式。当今的科技期刊出版业是一个庞大的产业,据统计全球科技期刊已超过42 000种;从科技界最熟悉的数据库"科学引文索引"(SCI)来看,该数据库涵盖了12 000多种学术刊物;仅在2017年一年就收录了当年发表的世界科技论文近194万篇,其中以中国研究人员作为第一作者的论文为32.3万篇。

科技期刊出版界自20世纪中叶已经逐渐成为引导科学研究,有时甚至是把持科学发展方向的巨大力量。据说著名的帕加蒙出版社老板马克斯韦尔曾在1974年该出版社的一次编辑部会议上宣称:生命科学的未来在于回答生命科学的无数个小问题,每一个问题都要有相应的专业期刊。那年,该出版社推出了大约100种新期刊!在这个科技期刊的发展进程中,出版界和学术界紧密联手,建立了专业化的学术论文发表规范。其中最主要的"行规"有三条:(1)一稿不能两投;(2)稿件要进行同行评议;(3)稿件一旦发表就属于不可以修改的"完成时"。然而,随着21世纪互联网的普及和科学技术的迅猛发展,学术交流的方式方法也正在发生着革命性的改变,例如当前席卷全球学术界和出版界的"开放获取"运动。本文将重点讨论在学术论文发表方面出现的新形式——预印本。

一稿可以两投

学术期刊接收研究论文的一个基本前提是唯一性,即一个稿件不能同时提交给两个杂志去评审,更不能把同样的文章在两个杂志上发表,即"一稿不能两投"。为了确保杂志的影响力和版权等,作者通常不能私自提前发布杂志同意录用但还没有刊载的文章。《自然》和《科学》等著名期刊甚至还有一项针对其拟登载文章的新闻报道进行管理的"禁发令",即与某篇文章相关的新闻稿在杂志的指定时间之前不得发布。

预印本的出现打破了这个游戏规则,即研究者先把未经评审的学术论文通过网络直接发布在一个开放平台上,供广大用户免费访问和使用;同时这些预印本论文又可以提交给学术期刊,通过同行评议后作为正式文章发表。最早的预印本平台是美国洛斯阿拉莫斯国家实验室在1991年建立的arXiv。目前该平台拥有的论文数量已超过140万篇。我国近年来也成立了多个预印本平台,例如,中国科学院科技论文预发布平台ChinaXiv于2016年1月开始接受研究论文,到2018年的三年时间内已有稿件1.1万多篇。最初的预印本文章主要集中在物理学和数学等理论科学领域,但如今实验科学领域也有了自己的预印本平台,其中最著名的是美国冷泉港实验室在2013年建立的生命科学预印本平台bioRxiv。预印本目前已经涉及自然科学和社会科学的方方面面。

根据2017年《科学》发表的一篇报道，其实生命科学领域早在1961年就有了预印本。当时，在美国国立卫生研究院（NIH）的支持下，成立了由相同研究领域或共同兴趣的科学家组成的"信息交换小组"（IEG）。IEG的某位组员把自己的论文稿发给NIH，NIH把文章复印后发给小组其他成员分享。随后5年间，NIH共成立了7个IEG，其中包括3600多位来自美国和海外的科学家，总共交换了2561篇预印本论文——其中超过半数的文章未被杂志进行过同行评议。这些预印本论文通常限制在小组内部交流，但经作者允许可以给小组成员以外的人浏览（Kaiser，2017）。

不论是商业性的或非营利的出版社，最初均不欢迎预印本的到来。《自然》等各种科学期刊当时都表达了对IEG的强烈反对；《科学》的一位编辑甚至称IEG的文章是"政府下属部门的低劣作品"。1966年年末，13种生物化学期刊共同禁止接受在IEG分享过的文章；在IEG的首位领导者格林看来，这是科技期刊集体在扼杀科学交流史上最具革命性的创新活动（Kaiser，2017）。不久，NIH就关闭了IEG，主要理由是不能继续承担其印制费用。到了1999年，时任NIH院长的瓦莫斯曾提出一个项目——NIH资助的预印本服务E-biomed，可这一设想很快又被出版商再一次扼杀。但是，"青山遮不住，毕竟东流去"，今天的科技出版界最终还是接受了预印本。《科学》甚至将bioRxiv建立列入2017年年度十大"科技突破"新闻之一。中国科学院科技论文预发布平台收集了近26 000种国际学术期刊的预印本，其中绝大多数期刊都接受预印本形式，包括《细胞》《自然》《科学》等著名学术期刊；只有1700多种刊物拒绝接受预印本，不到这些期刊总数的7%。

当今在物理学和数学等理论学科中，预印本平台的地位可以说在某种程度上已经超越了传统的科技期刊。在2017年的谷歌学术h5-index的计算机视觉领域排名中,arXiv位列第二。研究者目前通常会把自己的研究成果首先在预印本平台上发布。例如,英国数学家阿蒂亚在2018年9月以预印本形式发布了证明黎曼猜想的论文。与此同时,预印本平台也成为科研人员了解物理学和数学等学科的最新研究进展和动态的主要途径。当前,大约80%被引用量最多的物理学和数学期刊论文都可以在arXiv上找到相应的预印本文稿。据统计,自arXiv成立以来,几乎所有发表在高能物理学期刊上的文章都在arXiv的高能物理学板块中以预印本的形式发布过。在生命科学领域,一个得到NIH1.2亿美元资助的大型研究项目联合体4D Nucleome甚至提出这样的要求:其成员必须在向同行评议的期刊投稿之前或同时向预印本网站提交论文稿件。

学术权力的转换

同行评议是现代学术交流的基石,被公认为是科技期刊判别研究论文的科学价值和保障文章学术质量的重要手段;研究人员通常也不会去引用未经同行评议的研究论文。但是,预印本的出现打破了这个传统。在预印本的发布过程中,研究者把其文稿发送到特定的预印本平台,该平台只是检查一下文稿内容是否符合相应的科研领域,然后就可在一两天之内在线发表,免费供人阅读和随之而来的引用。也就是说,研究者的文稿在没有经过同行评议的情况下,能够以预印本的形式用于学术交流。

显而易见的是,没有同行评议的预印本模式与学术期刊相比,其知识传播速度大大加快了。但比文章发表速度加快更为重要的是,没有同行评议的预印本模式改变了当今的学术生态。在科学建制化的今天,随着在科技期刊上发表研究论文成为职业研究者的主要目标——

"不发表就玩完",期刊的审稿人也获得了很大的学术权力,可以决定文章的"生死",有时也难免出现利益冲突。权力和利益自然衍生出了一系列问题。《科学-信号》主编亚法在一篇讨论同行评议的文章中就列举了审稿人常见的6个问题,并提醒审稿人:"我们应该去帮助一项工作得到发表,而不是去努力阻止它发表。"(Yaffe,2009)。预印本的出现从根本上把发表文章和进行学术交流的权力还给了作者。

预印本模式目前正在传统的学术出版界产生"溢出效应"。生命科学领域著名的电子期刊 *eLife* 在 2018 年 6 月提出了一项颇为激进的同行评议试验,即由作者本人来决定文章是否发表,以及如何对待审稿人的意见。在新的评审方法中,杂志编辑从初次投稿中选择出可以提交给审稿人进行同行评议的稿件,审稿完成后,编辑将根据评审意见给作者一个需要其回应的决定函,由作者决定他们如何回应决定函——修改、发表或者撤稿。文章一旦发表,审稿意见、决定函和作者回复等也将一并公布。这项试验的关键点是:编辑部一旦决定将稿件发送给期刊审稿人进行同行评议,就相当于接受其发表,因为审稿人不再对稿件录用与否提意见。该杂志认为,这项改革带来的一个好处是改进了作者和审稿人之间的关系,因为审稿人不再需要决定文章是否录用,便可以将评审工作全部放在如何完善稿件上。"杂志不再是高质量文章的代名词,而是成为一个用于批判和公开透明评价的平台"(Patterson & Schekman,2018)。

在科技期刊编辑、作者和审稿人组成的权力结构中,编辑通常发挥着重要的作用,尤其是在那些"高影响力"的学术期刊,编辑可以说是占据了主导地位。这些著名期刊就好像"精英俱乐部",人人都想挤进去发文章。由于收到的稿件数远远大于期刊能够发表的文章数,编辑可以按照杂志和自己的要求来拒绝或送审论文,从而使得研究人员不得不按照编辑的喜好调整自己的研究方向或者研究内容。预印本模式显然明显淡化了编辑的地位和作用,提升了作者的地位。2018年年初,以色列科学家伯林在一篇评论中明确指出,预印本将使作者和期刊的关系发生互换,科学家不再像过去那样追着期刊投稿,而是反过来,期刊将追着科学家主动要稿件和提供出版服务。可以这样说,预印本改变了作者、审稿人和编辑之间的关系,使得同行评议和发表文章在一定程度上摆脱了利益的羁绊,令学术交流更为纯粹。

文章也能迭代

科技期刊发表一篇研究论文的基本条件是,该项工作已经取得了相对完整的研究成果。换句话说,期刊通常不会发表一篇尚未完成的研究工作。因此,研究文章一旦在杂志上登载出来,就属于"完成时",原则上除了允许对个别文字进行勘误外,文本内容和数据是不能更改的。然而,预印本却处于一种可以被不停修改其内容和数据的"进行时"发布状态!在arXiv或者bioRxiv上发布的预印本都可以被作者主动更新版本,这些更新后的不同版本都被保存下来并有明确的日期标注。一个预印本的不同版本甚至可以被分别引用。因此,预印本论文就如同计算机程序一样,从初稿发表之日起就可以被陆续迭代出一个比一个更为完善的版本。

预印本的迭代特征主要由两个因素所导致。首先是研究者对"优先权"的追求。当前的科研人员队伍极为庞大,世界上可能有许多科研人员正各自独立地做着同样的研究工作,尤其是针对热点问题的研究。谁先发表,谁就取得该项研究的优先权。因此,研究人员一旦取得了研究成果,总是想尽快发出来。如果利用预印本平台的快速发布特点及时把研究成果公布,就能抢先获得研究想法或研究成果的优先权。这一点对于年轻的研究者更为重要,其研究成果能够在被同行评议的期刊接收的数月甚至几年前便通过预印本与同行分享,从而可以迅速建立起学术影响力,并有助于申请基金或寻找工作。但是,这种为抢时间匆忙发布的预印本论文与那种被评审人和编辑反复"折腾"了很长时间才得以发表的期刊论文相比,前者的完善程度往往要低于后者。还好,预印本平台的这种版本迭代功能,在满足研究者抢先发布的同时,又提供了完善论文的理想解决方案。

导致预印本迭代的深层次因素是科学交流价值观的改变。随着当前整个社会的生活节奏加快以及功利化程度的加深,科学研究也进入一个快速变化和充满竞争的时代,研究者时刻都在渴望着出成果。把阶段性的研究结果及时地报道出来已经成为科学共同体乃至全社会所认可的知识传播方式,其中最具代表性的例子也许就是2001年2月《自然》和《科学》分别发表的人类基因组草图。该草图大约覆盖了人类基因组的90%。国际人类基因组测序联合体到2003年4月才正式宣布人类基因组全图绘制成功,2004年10月才在《自然》杂志上发表相应的论文。可以说,预印本的迭代策略就是这种新的科学传播理念的典型代表。从预印本的"设计"来看,一方面通过及时发布研究论文的早期版本让研究人员和社会提前关注相关的研究成果,并在一定程度上避免了研究工作的重复;另一方面则随着研究工作的进展实时地更迭文章的版本,以尽可能保证预印本论文的科学性和完备性。

结语

学术交流当前正处在一个重要的变革期,预印本和"开放获取"是这次变革的两个主要"推手"。从时间顺序来看,预印本交流活动可以说是开放获取运动的前奏。预印本之精神也正是开放获取所倡导的"免费共享"。两者充分利用互联网技术,联手反抗传统学术交流中权力和利益的分配模式,力图重构一个公平公开、迅捷便利的普惠型学术交流生态圈。

原载于《科学》杂志2019年第71卷第2期,文字有改动。

学术交流面临的非学术挑战

科学共同体的出现是现代科学体系形成的主要标志之一,科学共同体内研究人员之间的学术交流则是现代科学体系运转的基础。最初的学术交流形式以通信为主,如1662年成立的英国皇家学会之主要任务就是,在会员以及其他研究人员之间建立定期的通信。为了保证学术交流的稳定性和可靠性,科学通信随后被期刊这种定期出版物的形式所取代。1665年1月,世界最早的科学期刊《学者杂志》在法国出版;两个月之后,英国皇家学会的《哲学汇刊》也正式出版。据统计,全球目前科技期刊已有40 000多种,其中我国拥有5000多种,居世界第三位。自20世纪中叶以来,现代科学体系由美国发端,实现了政府主导的国家建制化,进而使得科学共同体的规模明显增大。根据科技部的统计,2019年我国全社会科研人员总量为712.93万人,规模世界第一。显然,学术交流的需求也随之有了巨大的增加,并带来了相应的社会效应和经济效应。当今的学术交流不仅要满足人员数量庞大和结构复杂的科学共同体之内在需求,还要处理好涉及经济和社会等领域各种非学术因素之外部关系。

利益相关的挑战

建制化的科学研究是一种社会职业,即通过这种职业研究活动,研究人员可以获得相应的收入以及其他经济和社会待遇。因此,作为体现研究成果的论文之发表,就不仅仅是为了学术的交流,而且也是与研究者个人利益紧密相关。20世纪美国学术界流行的口号——不发表就玩完——很好地反映了研究人员发表论文在科学共同体中的重要性。

作者署名是研究论文的首要事项。国际医学期刊编辑委员会(ICMJE)在其著名的《学术研究实施与报告和医学期刊编辑与发表的推荐规范》(本文简称"ICMJE规范")中明确指出:"作者署名关乎信誉,并具有重要的学术、社会和经济意义。"需要强调的是,当今的研究模式以团队合作为主。一项针对生物医学数据库MEDLINE收录的3000万篇论文之作者数量的分析发现,一篇文章的平均作者数从1975年以前的1.9人增加至2015—2019年的5.9人。显然,在合作研究的论文中,恰当地处理作者署名就更为重要,也更为复杂。英国医学科学院在2016年的一份关于"团队科学"的报告中指出,在生物医学研究者的职业生涯中,明显缺乏对他们作为参与者在研究工作中贡献之认可。这是阻碍他们参与多团队研究的主要因素。在今天大部分科技期刊为此提出要求,需要在论文中逐一标明各个作者的具体贡献(Fleming,2021)。

在当前这样一个深度功利化的时代,如何规范研究论文的作者署名成了科研管理部门乃至科技界面临的一大挑战。中国科学院在2018年就论文署名专门发布了《关于在学术论文署名中常见问题或错误的诚信提醒》,并于2022年2月进一步发布《关于规范学术论著署名问题负面行为清单的通知》,列出了7类学术论著署名的负面行为。中国科学技术协会也于2022年2月发表了《全国学会学术出版道德公约》,明确提出"论文署名和排序应基于对科研成果的贡献确定,不在无实质学术贡献的论文中'挂名'"。国家新闻出版署还在《新闻出版行业标准(CY/T 174—2019)》中提出了"不当署名"的5种界定标准。

作者署名问题不仅在中国,而且在全世界范围都是一个巨大的挑战。在2011年的一项对6家著名国际医学期刊上500多篇论文的通讯作者的调查中,17.6%的通讯作者承认,其论文中含有不符合"ICMJ规范"中规定的作者署名标准之"荣誉作者"。此外还有7.9%的通讯作者承认,其文章中有"幽灵作者",即这些作者的名字最终从发表的文章中消失了(Fleming, 2021)。

当代科学研究不仅保留着传统的以学术带头人(PI)为主导之小科学模式,还出现了规模化的科学家团队协同研究之大科学模式。最初的大科学模式常见于使用粒子对撞机或加速器的高能物理学研究。在这类研究论文中出现几百或上千的作者很常见。欧洲核子研究中心的强子对撞机的合作研究团队,曾经在2015年发表的一篇文章中创下了5154位作者的纪录;该合作研究团队在2022年5月发表的一篇论文又出现了8778位作者,刷新了其保持的纪录。随着人类基因组计划的实施,这种大科学模式也同样成为生命科学领域常见的研究模式。例如,2001年2月在《自然》杂志上刊登的人类基因组草图发布的文章中,仅列入正文的主要作者就有近300人,涉及包括中国在内6个国家和地区的研究机构或组织达48个;而2015年发表的一篇基因组学论文中有1000多位作者。

在当今的生命科学领域,还流行一种大科学合作研究方式——联合体,通常是由若干国家或地区多个科研团队联合开展某一具体的研究工作,如NIH牵头组建的"国际十万人队列联合体"(IHCC),其中汇集了43个国家或地区的100多个人群队列的研究,参试者总数超过5000万。显然,学术交流需要适应这种新的联合体研究模式。例如,2022年4月,《自然》杂志发表了一篇采用全基因组关联研究(GWAS)寻找与精神分裂症关联的遗传变异位点的研究论文。这是目前国际上最大的精神分裂症研究工作,由精神病基因组学联合体主导,共分析了多个国家或地区的近8万名精神分裂症患者和24万多名对照者的基因组。在这篇文章的作者署名中，列出了500多位研究者，而且专门署上了该联合体之名，并在网络版的附件中列出了该联合体的工作小组中400多位作者。

其问题在于，流行于科学界的作者署名规范仍然停留在小科学模式。例如，2021年最新版的"ICMJE规范"提出，作者署名要同时满足4个判别标准，其要点包括：(1)实质性地参与研究工作；(2)在论文写作中有重要的学术贡献；(3)赞同论文的发表；(4)同意对研究工作的所有内容的准确性和完整性负责。可以想见，在一篇数百乃至上千作者署名的研究论文中，不可能所有作者都满足这4个条件。即使是从"负面清单"的角度来看，对大科学研究论文同样不容易界定作者署名是否违规。例如，中国科学院在作者署名的"负面清单"中规定，"禁止无实质性贡献的人员参与署名"，但在那篇近9000位作者的粒子研究论文中，除了研究人员，还包括了许多维护对撞机硬件和软件的工程师。那么，怎么界定这些工程师对该研究论文的实质性贡献？

作者署名在学术界还涉及单位署名的利益问题。这一点在我国尤为突出。我国在涉及单位的科研评估时通常很强调研究者的单位署名。在对论文等研究成果的评估中，不仅要看研究人员是否为第一作者或通讯作者，而且还要看单位是不是第一署名单位。有的科研管理部门明确规定，非第一署名单位的研究论文等成果不纳入评估范围或被"打折"。2020年9月印发的《深化新时代教育评价改革总体方案》中规定，"教师成果严格按署名单位认定、不随人走"，即研究成果不属于个人，而是属于单位。在当前国内科技界，优秀的或著名的研究者往往在多个单位兼职。中国科学院为此在作者署名的"负面清单"第五条中规定，"不得因作者所属机构变化而随意变更论著工作主要完成机构。不得虚构、伪造作者所属机构，不得把论著非完成机构作为署名单位"。但在现实中，大多数具有兼职单位的作者通常都会在论文中把自己的兼职单位列为署名单位，无论这些单位是否参与了该论文的研究工作。

从以上分析中可以看到，今天的学术交流实际上科学内容和潜在利益两种要素交织在一起。从现代科学的发展历程来看，学术交流可以说从来就不是纯学术活动。"优先权"显然是研究者在交流科学内容之外需要考虑的重要利益问题。这方面最著名的案例要数17世纪末牛顿与莱布尼茨关于微积分发明的优先权之争。其中牛顿把自己给莱布尼茨的信件作为优先权应该属于自己的证据，莱布尼茨则强调自己是独立地研究并在1684年就发表了关于微积分的论文。这场争论甚至导致了英国与欧洲大陆的数学家不相往来达百年之久。在今天深度功利化的科学共同体中，对优先权的关注在学术交流中就更为明显。为了保护自己的优先权，研究者在学术会议的报告中，通常只限于介绍自己已经公开发表的论文的有关内容；如果要介绍自己尚未发表的研究工作，往往会公开地把其中的关键科学信息屏蔽，如生物学研究人员在其报告中会采用"X基因"或"Y蛋白质"这样的代称来与参会者进行交流，或者用文字明确标示"未发表数据，请勿拍摄"。显然，这样的方式保护了个人的利益，却背离了学术交流的"初心"。

随着科学在经济和社会发展中的作用和价值越来越大，其研究工作产生的知识产权也越来越受到重视，尤其是专利权成为学术交流中不可忽略的一种利益要素。《中华人民共和国专利法》规定，拟申请专利的发明需要具有新颖性，即"该发明或者实用新型不属于现有技术"，"本法所称现有技术，是指申请日以前国内外为公众所知的技术"。换句话说，如果研究者拟申请专利的内容已经发表而为公众所知，则丧失其新颖性。所以，我国研究者需要在公开发表自己的研究工作之前提交专利申请。西方国家通常在专利申请方面没有这一限制条件，申请人在其文章发表之后依然可以申请相关的专利。也就是说，专利权益不会受到学术交流的影响。由此可见,科研管理者可以通过一些措施或政策来尽可能地避免或者减少功利因素对学术交流的影响。

当前,科技期刊出版业已经发展成为一个庞大的产业。据估计,科技出版领域的全球年营业额在400亿美元左右,如国际科技期刊出版巨头爱思唯尔公司2019年的年营业额为25.38亿欧元,斯普林格公司则达到了31.12亿欧元。这种期刊产业的兴起导致了学术交流的"出版付费墙"形成,研究人员不仅要给期刊支付发表其论文的费用,而且还要为了阅读论文给期刊支付费用。科学欧洲协会主席希尔茨认为:"出版付费墙把很大一部分科学工作者乃至科研机构排斥在大量的研究成果之外,从根本上阻碍了科学事业的发展,也阻碍了科学事业被社会所接受。"

为了消除"出版付费墙"对学术交流的阻碍作用,学术界在21世纪初兴起了开放获取运动。"2012年末,对于研究结果是否应该自由获取已经不再有什么争论了;剩下的问题是落实在什么时候以什么方式进行获取"。2018年9月,来自法国等11个欧洲国家的科研资助机构和欧洲研究理事会联合发布"开放获取S计划"。其主要内容是,从2020年1月1日起,所有由上述11个国家以及欧洲研究委员会所资助的科研项目,都必须将所有研究成果发表在开放获取期刊或出版平台上。作为发表科研论文的世界第一大国,我国学术界也正在把开放获取打造为学术交流的重要方式。国家自然科学基金委员会和中国科学院早在2014年就出台了关于开放获取的有关政策,并在2018年12月初第14届柏林开放获取会议上明确表示,支持"开放获取2020倡议"和"开放获取S计划"。2021年11月,第十届"中国开放获取推介周"在北京举行,会议主题聚焦于"开放科学的意义和影响",呼吁知识的生产者和消费者在开放科学中进行公平参与。

伦理相关的挑战

由于学术因素与功利因素紧密交织在一起，所以学术交流不仅涉及与交流内容相关的学术讨论和科学判断，还涉及与交流方式相关的道德规范和价值判断。也就是说，学术交流也离不开伦理治理。为此，科学共同体和科研管理部门一方面倡导科研诚信，另一方面打击学术不端。在期刊上发表研究论文是当前学术交流的主要方式，也是属于伦理治理的主要对象。我国政府在2018年5月颁布的《关于进一步加强科研诚信建设的若干意见》中，不仅提出了许多论文发表相关的科研诚信要求，而且专门制定了一条关于"健全学术期刊管理和预警制度"的意见。中国科学院在2018年和2022年分别发布了《关于在学术论文署名中常见问题或错误的诚信提醒》和《关于规范学术论著署名问题负面行为清单的通知》。中国科学技术协会也发表了《全国学会学术出版道德公约》。

20世纪中叶以来，随着科学建制化的演进，学术交流的伦理治理之基本框架和主要规范逐渐形成和完善。然而，互联网等新型交流技术和开放共享等新型交流方式的出现，为传统的伦理治理提出了新的挑战。例如，"不能一稿两投"通常是对科研人员的基本科研诚信要求。《新闻出版行业标准（CY/T 174—2019）》明确把"一稿多投"界定为学术不端行为，包括将同一篇论文同时投给多个期刊，或将在首次投稿的约定回复期内，将论文再次投给其他期刊，等等。一些科技期刊甚至要求，论文作者不能私自提前发布杂志同意录用但还没有公开发表的文章及其相关内容。但是，预印本的出现带来一种与"不能一稿两投"规则的冲突，即研究者先把未经评审的学术论文发布到一个基于网络的论文平台上，以开放共享的形式供人们阅读和使用；然后把该论文投到某一学术期刊，如果通过评审被录用之后就以正规文章形式于该杂志上再次发表。

美国生物学家早在1961年就尝试了预印本的学术交流形式,但在当时受到了学术期刊界的共同抵制。而在今天的学术交流中,预印本成为一种重要的交流方式。得到NIH资助的染色质研究联合体4D Nucleome甚至规定:其成员必须把待发表的论文,提交给预印本网站发表。当前,大部分科技期刊都接受研究者以预印本形式提交的稿件。著名学术期刊系列PLOS在2018年初与美国冷泉港实验室签署了一项合作协议,允许投到PLOS系列杂志的稿件可以自动转发到该实验室下属的预印本网站bioRxiv上。许多著名学术期刊甚至建立了自己专属的预印本网站,如《柳叶刀》建立了自己的预印本平台。

显然,这种交流方式使得科研人员在学术期刊发表其研究论文之前,就能通过预印本网站让他人迅速分享其研究成果。预印本快捷发布的特点不仅有利于一般性的学术交流,而且在公共卫生紧急情况下更能够发挥出强大的作用——在2020年初爆发新冠疫情之后短短4个月内,仅仅medRxiv和bioRxiv两个预印本网站就发布了新冠研究相关的预印本论文3000多篇。

预印本快捷发布的关键在于它并不采用科技期刊常用的审稿方式——同行评议,平台收到论文之后通常只是检查一下内容是否符合相应的科研领域,然后就可在一两天之内在线发表。同行评议制度是当今科学共同体学术交流的重要基石,尤其是保障和提升科技期刊学术质量的主要手段。但是,随着科技界功利化程度的加深,同行评议制度也受到了利益带来的负面影响。为此,《新闻出版行业标准(CY/T 174—2019)》详细界定了审稿专家的学术不端行为类型:(1)违背学术道德的评审;(2)干扰评审程序;(3)违反利益冲突规定;(4)违反保密规定;(5)盗用稿件内容;(6)谋取不正当利益。中国科学技术协会在2022年初的《全国学会学术出版道德公约》中也对评审人员提出明确的要求:"反对科研领域的圈子文化,破除各种利益纽带和人身依附关系,抵制各种人情稿、关系稿。"

然而,没有同行评议制度的预印本网站很容易出现"鱼目混珠"等学术交流质量问题。例如,新冠疫情爆发之初,一个印度研究团队在bioRxiv上发表一篇论文,认为新冠病毒基因组含有艾滋病毒的插入片段,因此新冠病毒可能是人造的。该论文发表之时立刻引发了巨大的争论。很快印度研究人员将该论文撤回。因此,如何克服没有同行评议而带来的问题成为预印本交流中的一个巨大挑战。现在的许多预印本网站都建立了开放式的评论板块,让读者对论文进行公开的评论,从而使得作者与读者之间能够展开公开的交流与讨论。

值得强调的是,这种预印本网站的开放评论方式目前在学术出版界产生了"溢出效应",许多科技期刊把同行评议从传统的"匿名"方式改成了公开评审人姓名的新方式。2018年,生命科学领域著名的电子期刊 *eLife* 提出一项颇为激进的同行评议试验:审稿人不再对稿件录用与否提出意见,将评审目标全部集中于稿件的学术和写作方面;由作者本人来决定文章是否发表;文章一旦发表,审稿意见和作者回复等也将一并公布。该杂志主编明确指出,这项改革使得"杂志不再是保证文章质量之代名词,而是成为一个用于批评和公开透明评价的平台,用于评判一项研究工作在某个领域的重要性"。

学术交流从形式上说,强调科研人员之间思想和观点的碰撞与启发,以及研究工作有关进展和问题的汇报与讨论,其目的是要让学术内容在科研人员之间"流动"起来。由此可见,"引用"就成为学术交流的一个基本"产品","引用"可能出现在研究论文或综述文章中,也可能出现在项目申请等各种报告中,等等。因此,学术交流的伦理治理的主要内容之一就是要对"引用"进行规范化治理;而不规范的"引用"则被定为学术不端行为——剽窃。《新闻出版行业标准(CY/T 174—2019)》对

"剽窃"做了非常详细的界定。它规定了7种剽窃类型:(1)观点剽窃;(2)数据剽窃;(3)图片和音视频剽窃;(4)研究(实验)方法剽窃;(5)文字表述剽窃;(6)整体剽窃;(7)他人未发表成果剽窃。在每一种剽窃类型中又分列出若干亚类,共计34个剽窃亚类。

显然,这种对"剽窃"的精细界定能够最大限度地避免学术交流中"引用者"侵占"被引用者"的权益。但是,就像一枚钱币的两个面,这种精细界定方式同时不可避免地也会对学术交流产生抑制作用。例如,"观点剽窃"的表现形式是这样定义的:"(1)不加引注地直接使用他人已发表文献中的论点、观点、结论等;(2)不改变其本意地转述他人的论点、观点、结论等后不加引注地使用;(3)对他人的论点、观点、结论等删减部分内容后不加引注地使用;(4)对他人的论点、观点、结论等进行拆分或重组后不加引注地使用;(5)对他人的论点、观点、结论等增加一些内容后不加引注地使用。"我国古代有这样一句格言:英雄所见略同。但是,依照以上的定义,在今天的学术交流中,"所见略同"会带来极大的麻烦——假设两篇论文中某个观点出现一致或者差不多,后发论文者将很难证明该观点是自己独立提出而非"剽窃"。

在当今这个大数据时代,人们已经被海量信息淹没,仅仅美国的生物医学数据库MEDLINE截至2022年所收录的论文数量就已超过3400万篇。一些热点领域的研究论文数量很大,而且发表速度很快。例如,该数据库收录CRISPR基因编辑技术相关的论文已经有3万篇左右,其中2.5万篇是最近5年内发表的,平均每天发表14篇。显然,普通研究人员对某个领域已经很难做到全面和详细的了解,更不可能去读完所有相关的文献。此外,学术界现在鼓励交叉科学或跨学科研究,但研究人员在非自己熟悉的专业学科方面进行学术交流也并非易事。也就是说,不是每一个人都具有同样的学术水准或同样的交流能力。在相关的伦理治理中不仅要考虑理想状态,还要考虑复杂的现实情况和可行性。

目前我国学术交流领域在科研诚信和学术不端的伦理治理方面存在过泛和过严的问题。2020年7月,来自我国高校和研究机构的近70位专家和学者举行了"界定和判定科研不端行为中的问题和政策建议"的线上学术研讨会。参会者就5条政策建议达成了共识,其中第二条建议"区分科研不端与其他违反伦理行为"就明确指出:"不当署名""一稿多投""重复发表""标注不规范"等可能违反伦理的行为,或其性质尚有争论的行为,不宜界定为科研不端行为。笔者认为,更重要的是伦理治理之目的不能背离学术交流的"初心"。笔者曾在一篇文章中特别强调"科技伦理治理不仅要监管和约束科技活动,而且还要保护和支持科技活动",这一观点在学术交流的伦理治理中也应该得到体现。

结语:学术交流的根本目标是谋求人类的福祉

以上的分析清楚地表明,学术交流领域并非只有纯粹的学术,还涉及各种个人或团体的利益,两者以相当复杂的方式缠绕在一起,要想把两者完全切割清楚是很困难的,尤其是在"灰色地带"。要看到,学术是"公器",为社会和大众所利用;利益是"私器",为个体或团体所占有。作为"公器"的学术和作为"私器"的利益在学术交流中有着本质的冲突。然而,在当今这样一个功利社会,许多研究人员把学术交流变成优先考虑自己利益的手段,通过学术交流推动科学发展之"初心"被退居"二线"。由此不难理解,为什么今天许多学术会议流于形式,为什么一个"剽窃"就规定出了34种判别标准。

纵观科学发展历程中的学术交流,从来就不是一片纯洁无瑕的"净土",最著名的是牛顿与莱布尼茨关于微积分发明的优先权之争,最近则有CRISPR基因编辑技术的专利权之争。可以说,科学就是在这样不断出现利益冲突的学术交流中前进的。退后一步说,即使某个人在某次学术交流中认为自己有点吃亏,只要不是越过了学术界公认的"边界",也大可不必斤斤计较。科学研究不是商业行为,在学术交流中无论个人收益正负与否,参与者在学术交流中的学术贡献通常能够惠及专业领域的众多同行,更不用说还有可能为人类之福祉"添砖加瓦"。否则就会像当前常常看到的场景,研究人员为了保护自己的利益而将学术交流变成了一种实质内容匮乏的低效形式——只能看到早已公开的信息或戴上"面具"的事实,只能听到一片赞美或一片沉默。人们需要学术交流的"初心"之回归——学术交流应该是学术优先!

原载于《生命科学》杂志2022年第34卷第9期,文字有改动。

新时代科普创作的新认识

21世纪初叶,科学进入了一个高速发展的阶段。这个时期的生命科学与生物技术、人工智能与信息技术等正在深刻地改变着人类自身和社会形态。与此同时,科学普及也进入了一个全新的时代,广大的科普创作者显然需要对这个新时代要有一个深刻而全面的认识,并把这种新认识转化成为未来进行创作的基石。

科普创作面临的四个"新"

传统的科普创作活动处于一个相对简单的环境,一方面科学知识的传播模式是单向流动的,即由科普工作者或专家把科学知识传播给普通民众;另一方面传播媒介主要是文字,科普创作者通常以在报刊和书籍里发表的文字来进行科学知识的普及。今天的科普创作活动则面临一个较为复杂的环境,主要表现在4个方面。

新形势

过去的科普创作之主要目的是向普通民众普及科学知识,进而提升他们的科学素养;科普活动往往是为科学研究及其成果"锦上添花"。但在今天的中国,科普工作的重要性被提升到了前所未有的高度:2022年8月,科技部、中宣部和中国科学技术协会联合发布《"十四五"国家科学技术普及发展规划》(本文简称"科普规划")明确指出,我国科普工作的指导思想是"坚持把科学普及放在与科技创新同等重要的位置"。这一观点随后被进一步用法律的形式给予确立:科技部在2023年4月公布的《中华人民共和国科学技术普及法(修改草案)》(本文简称"科普法")第五条中首次提出:"国家把科普放在与科技创新同等重要位置。科普是国家创新体系的重要组成部分。"

由此可见,科普工作之目的并不只是简单地用来提升公众的科学素养,而是还要用来促进经济社会的进步和科学技术的发展,正如"科普法"在总则的第一条中所强调的:"发挥科普对支撑实现高水平科技自立自强、推动经济发展和社会进步、满足人民群众对美好生活向往需求的作用。"

这一系列重要法规和文件为当前的科普工作提供了基本框架和主要方向,科普创作工作者迎来了全新的科普创作任务。国务院在2021年6月发布了《全民科学素质行动规划纲要(2021—2035年)》(本文简称"科学素质纲要"),其中的"繁荣科普创作资助计划"就特别强调:"支持面向世界科技前沿、面向经济主战场、面向国家重大需求、面向人民生命健康等重大题材开展科普创作。"而在2022年9月发布的《关于新时代进一步加强科学技术普及工作的意见》中写道:"聚焦战略导向基础研究和前沿技术等科技创新重点领域开展针对性科普。"此外,"科普规划"也对科普创作提出了全新的要求:"发挥科普对于科技成果转化促进作用。围绕科技成果开发系列科普产品,运用科普引导社会正确认识和使用科技成果,通过科普加快科技成果转化。"

新场景

过去的科普工作之主要任务是传播科学知识,其活动场景基本上是学校或科技馆等教育性质的社会公益场所。但在今天,科普成为国家创新体系的重要组成部分,显然有了更为广阔的活动空间。例如,"科学素质纲要"计划在"十四五"时期开展5项科学素质提升行动,除了"青少年科学素质提升行动"是基于学校和科普场馆之外,其他4项提升行动都给出了可以开展科普活动的新场景。

"科学素质纲要"在"农民科学素质提升行动"中提出,"支持家庭农场、农民合作社、农业社会化服务组织等新型农业经营主体和服务主体通过建立示范基地、田间学校等方式开展科技示范,引领现代农业发展";在"产业工人科学素质提升行动"提出,"建设劳模和工匠人才创新工作室,统筹利用示范性高技能人才培训基地、国家级技能大师工作室";在"老年人科学素质提升行动"中提出,"依托健康教育系统,推动老年人健康科普进社区、进乡村、进机构、进家庭","充分利用社区老年人日间照料中心、科普园地、党建园地等阵地为老年人提供健康科普服务";在"领导干部和公务员科学素质提升行动"中则提出,"大力开展面向基层领导干部和公务员,特别是革命老区、民族地区、边疆地区、脱贫地区干部的科学素质培训工作"。

新机制

过去的科普创作活动与传统的科学研究活动很相似,主要是以"个体户"的形式进行。随着当今科学研究面临的问题越来越复杂,参与研究的技术和学科越来越多,涉及的社会经济范围越来越大,这种以个体研究活动为基础的科技创新体制已经难以适应。为此,我国科学界正在发展和加强组织化科研机制。例如,中国科学院设立了新型的建制化科研项目,"以国家战略需求和重大科学问题为牵引,通过探索建立课题组群、实验室群等科研组织方式,把相关研究机构组织起来,集中优势力量开展跨领域、跨学科协同攻关"。显然科普创作也面临着同样的形势,也需要加强组织化科普创作活动。

在国家发布的科普文件中,可以看到关于体系化、组织化科普活动的考虑,如"科学素质纲要"提出:"建立完善跨区域科普合作和共享机制,鼓励有条件的地区开展全领域行动、全地域覆盖、全媒体传播、全民参与共享的全域科普行动。"显然,对于社会经济和民众健康等有重大影响的事件更需要组织化科普活动,如"科学素质纲要"对传染病防治和防灾减灾等应急科普活动就明确要求,"建立应急科普宣教协同机制。利用已有设施完善国家级应急科普宣教平台,组建专家委员会。各级政府建立应急科普部门协同机制"。需要指出的是,作为一级学会的科普作家协会往往拥有各种专业委员会,如上海市科普作家协会拥有医学健康专委会和科幻专委会等7个专委会。这些专委会就可以成为组织化科普创作活动的平台。也就是说,科普作家协会今后应该大力加强和提升各专委会的组织协调能力,进而能够更好地开展组织化科普创作活动。

新手段

过去的科普创作之手段主要是文字,即通过在报刊和书籍里的文字来传播科学知识。今天的科普创作和传播之手段则有了更多选择,一方面音频和视频也成为重要的科普创作手段,另一方面传播的方式从静态的印刷品为主转变到了基于互联网和移动通信的动态电子产品,微博和微信等社交平台已成为我国民众获取科普内容的主要途径——在2022年8月发布的"科普规划"中可以看到这样一组数据:"全国共有科普网站2732个,科普类微博4834个,发文量200.82万篇,阅读量达到160.90亿次,科普类微信公众号9612个,发文量138.68万篇,阅读量达到28.04亿次。"

面对科技快速发展带来的科普手段之变化,国家也明确提出了相应的科普创作新思路。"科学素质纲要"在"繁荣科普创作资助计划"中强调要"大力开发动漫、短视频、游戏等多种形式科普作品";在"科幻产业发展扶持计划"中提出要"推进科技传播与影视融合,加强科幻影视创作"。此外,在科普传播方面国家也制定了一系列新举措。"科学素质纲要"不仅提出了"智慧科普建设工程",要"推进科普与大数据、云计算、人工智能、区块链等技术深度融合,强化需求感知、用户分层、情景应用理念,推动传播方式、组织动员、运营服务等创新升级",还要实施"全媒体科学传播能力提升计划",即"推进图书、报刊、音像、电视、广播等传统媒体与新媒体深度融合,鼓励公益广告增加科学传播内容,实现科普内容多渠道全媒体传播"。

科普创作发展的新维度

如果说过去的科普创作伴随着科学技术的成长而成长,那么今天的科普创作也应该随着科学技术的进步而进步。更重要的是,我国的科普事业正在进入一个全新的发展时期,国家赋予了科普工作者以极大的责任和期望。如何响应国家的战略部署,尤其是如何应对当前4个科普新特征之挑战,是广大科普工作者需要思考的问题。作为上海市科普作家协会新当选的领导,笔者认为今后的科普创作可以从两个维度来"发力"。

拓展科普创作的广度

传统的科普创作群体通常是接受过高等教育并工作在各个领域的专家和学者。但在今天,科普创作群体显然很有必要扩展。上海市科普作家协会很早就意识到这个需求,连续多年针对高校在校学生举办"上海市大学生科普创作培训班",通过该培训班,已累计培养了近600名年轻的科普创作者。在笔者看来,随着国家对青少年科学教育的重视,中小学在校学生的科普创作培训也应该纳入到我们的工作计划中来。

青少年的好奇心和创新潜力当前正在受到科学界的重视。《中国科学报》记者孙滔2023年11月在科学网发表了一篇关于在上海举行的"第六届世界顶尖科学家论坛"的专题报道,强调参会的"顶尖科学家"非常关心开发青少年的好奇心和创新能力。例如,美国科学院前院长艾伯茨在会上介绍了旧金山一所幼儿园的科学教育事例;来自荷兰的2016年诺贝尔化学奖得主费林加则更是看重孩子们对好奇心的亲身实践。他们在小学和中学开设了几个探索实验室,每个月都会带一组学生去和孩子们做实验。该报道用了这样一个题目——《顶尖科学家最关心的事,等到大学就太晚了》——来强调对青少年好奇心的保护。"科学素质纲要"也提出了"青少年科学素质提升行动",同样强调要"激发青少年好奇心和想象力,增强科学兴趣、创新意识和创新能力,培育一大批具备科学家潜质的青少年群体"。可以说,对处于基础教育阶段的青少年进行科普创作培训,不仅能够培养这些"小小科普作家"的科学兴趣和创新能力,而且能够通过他们来帮助推动中小学的科普创作工作乃至整个青少年群体的科学传播活动。

我国已经进入老龄化社会。上海市作为老龄化程度最高的城市,60岁及以上的老年人口在2022年末已达到总人口的36.8%。提高老年人的科学素养,实现健康老龄化是当今社会的一个重大需求。显然这将是科普创作的一个主要方向。在老年人群体中,有一批高素质的老专家。为此,我们也应该积极开发老龄科普创作资源,大力培养老年科普创作者,充分发挥老专家在科普活动的作用。

传统科普创作者面对的读者群体通常属于社会上的科学爱好者或专业人士。但是,今天的科普新场景需要科普创作者面向新型的读者群体。正如"科学素质纲要"所希望的——要提升全国公民的科学素质。在其5项提升行动中,不仅要考虑中小学生和大学生,还要考虑农民、产业工人、企业家、领导干部和公务员等不同类型的人群。

由此可见,科普创作工作者群体要扩展到人群的各个年龄段,从中小学生到大学生,从在职的到退休的。科普创作面对的传播对象要扩展到社会的各个阶层,不仅要有适合广大公众的一般性科普创作,而且要有针对特定群体的专项科普创作。

提高科普创作的深度

过去的科普创作工作者主要关注科学技术知识的普及,今天则把传播科学精神和科学思想作为科普的主要任务,正如"科普规划"所强调的新时代科普工作价值观:"大力弘扬科学精神和科学家精神。深刻理解和准确把握新时代科学精神和科学家精神的内涵,把科学精神和科学家精神融入创新实践。"

为了适应新时代科普的要求,科普创作工作者的作品就不能停留在一般性普及科学知识的内容。著名科普作家卞毓麟为此提出了"元科普"概念,在他看来,"元科普作品,是指工作在某个科研领域第一线的领军人物(或团队)生产的一类科普作品。这类作品是对本领域科学前沿的清晰阐释、对知识由来的系统梳理、对该领域未来发展的理性展望,以及科学家亲身沉浸其中的独特感悟"。

按照这个定义,国外许多科普作品都可以视为"元科普"类型。在上海科技教育出版社推出的科普丛书"哲人石丛书"的153种图书中,就有许多这样的"元科普"作品,如比利时科学家、1977年诺贝尔化学奖得主普里戈金撰写的《确定性的终结》(该丛书的第一本译作)。2023年由中信出版集团翻译出版的《时间起源》也是这样的作品——作者赫托格作为英国著名科学家霍金的科研合作伙伴,在该书中以通俗的文笔详尽阐释了霍金关于宇宙的最终理论以及对时间概念的新认识。然而在我国,原创的"元科普"作品还比较稀少,需要广大科普创作者,尤其是活跃在科研一线同时进行着科普创作的专家和学者给予足够的重视。

作为国家创新体系的重要组成部分,科普作品不仅仅是用来普及科学技术知识,而且还要发挥促进科技创新的功能,发挥促进科技成果转化的作用。"科普法"明确规定,要通过科普来提升公民分析判断事物和解决实际问题的能力,培育高技能产业工人和高素质农民,提高领导干部和公务员科学履职能力。因此,广大的科普创作工作者要针对国家对科普的新功能和新要求创作出相应的科普作品。

当前的科学技术发展迅速,新理论、新知识和新技术层出不穷,各种学科也在高度分化,"隔行如隔山"。为此,国家提出要"聚焦战略导向基础研究和前沿技术等科技创新重点领域开展针对性科普"。需要指出的是,多学科交叉和跨学科研究也正在成为促进科研活动的一个重要途径;2020年8月,国务院学位委员会会议决定设立第14个学科门类——交叉学科,该门类目前已经拥有6个一级学科。显然,在今天的科技活动中,能够深刻阐释一个新理论知识、一项新技术或一门新学科的"硬科普"或"高端科普"作品将扮演一个重要的角色,它们不仅能够有助于不同学科的科研人员对科学进展的理解,而且有助于推动科学共同体的交流与合作,乃至于催生出新的研究方向或研究领域。

原载于《民主与科学》杂志2023年第6期,文字有改动。

科普创作三问

在科学技术发展的历史中,科学技术普及活动(本文简称科普)就一直相伴而行。英国科学家赫胥黎1860年6月在牛津大不列颠学会的一次讲座上为公众通俗地阐述了达尔文进化论,并反驳了英国威尔伯福斯主教对进化论的攻击,从而被人们称为"达尔文的斗犬"。进入21世纪,科普有了新的内涵,其重要性也有了显著的提升。2002年6月,《中华人民共和国科学技术普及法》颁布实施;2021年6月,《全民科学素质行动规划纲要(2021—2035年)》(本文简称"科学素质纲要")发布;2022年8月,《"十四五"国家科学技术普及发展规划》(本文简称"科普规划")发布;同年9月,中共中央办公厅、国务院办公厅印发了《关于新时代进一步加强科学技术普及工作的意见》(本文简称"科普意见")。国家的这一系列重要法规和文件为重新界定和理解新时代的科普提供了基本框架。笔者拟从三个方面来探讨当今的科普与科普创作特点。

为什么要进行科普

科学知识通常是在远离公众熟悉的场景,采用特定的技术方法获得的结果,其表达中含有许多专业术语。因此,科学知识对普通大众或非专业人士来说往往不容易理解,需要采用各种科普方式转换成通俗易懂的形式。人们通常把科普理解为单向的知识流动,即专家或科普工作者把科学知识普及给公众，后者只是被动地接受前者普及的科学知识。但近年来的研究揭示，这种看法是由于20世纪科学体制化之特点造成的——随着美国政府在20世纪中叶推动的科学体制化成为国际主流，科学逐渐演化为一种封闭体系，不仅广泛存在着各种专业或学科的小圈子，而且形成了科学与公众隔绝的大圈子，从而导致了这种公众被动接受和理解科学知识的单向传播模式。

进入21世纪，科学进入一个新的变革时期。科学界的有识之士提出，需要打破封闭的科学体系，重构科学与社会之间的关系，实现科学家与公众的双向交流：一方面要让科学思想、科学方法和科学知识充分地普及社会的各个层面，另一方面要让公众的想法和需求及时地进入科学共同体的视野，并让公众成为推动科学发展的重要动力。

美国科学院2020年2月26日在纪念"布什报告"发表75周年的科技政策专题研讨会上，把科学家与公众的互动列为一个重要主题。与会专家分别从科学与社会之间的关系、科学家与公众之间的交流和互动等方面进行了讨论。在会议给出的4个结论中，第二个结论就是关于科学与公众之间的互动："传统的科学模式中，科学家没有责任与公众接触；而那些去与公众交流的科学家甚至受到诋毁。虽然这种态度已经开始发生改变，但科学家需要做更多的工作来与公众充分地互动。此外，交流应该是双向的，科学家们要去了解公众的想法和需求，以及如何做才能够赢得公众的信任。"

由此可见，今天西方科学管理者和科学家已经认识到，需要建立这种双向流动的科学传播模式。我国政府则更进一步把科普的重要性提升到了前所未有的高度——"科普意见"明确提出要"坚持把科学普及放在与科技创新同等重要的位置"，要"树立大科普理念，推动科普工作融入经济社会发展各领域各环节"；既要"发挥科技创新对科普工作的引领作用"，又要"发挥科普对科技成果转化的促进作用"。

换句话说，科普的功能并不只是用来提升公众的科学素养，还要用来促进经济社会的发展，甚至用来促进科学的进步。在今天科学界大力提倡学科之间交叉时，科普显然扮演着相当重要的角色。现代生命科学的发展过程中就有这样一个典型案例。1943年2月，奥地利物理学家薛定谔在爱尔兰都柏林三一学院开设了题为"生命是什么"的系列公开通俗讲座，据《时代》杂志当时的报道，前来听讲座的约有400人，不仅有学者和研究人员，还有内阁大臣、外交官以及社会名流。薛定谔随后把讲座的内容编写成了一本书——《生命是什么？》，从物理学家的视角通俗地探讨了生命的特征。该书的出版激发了当时众多物理学家和化学家进入生命科学研究领域，进而催生了基于物理学和化学之理论与技术的分子生物学，对20世纪的生命科学发展起到了巨大的推动作用。

科普往往被视为以通俗易懂的方式传播科学知识，重点传播那些与普通民众日常生活和切身利益相关的科学知识，因此，生活科普、大众科普成为科普的主流，尤其是那些基于新媒体技术的科普网站、博客和微信公众号等。相比这些发达的"软科普"，面向科技前沿和科技产业的"硬科普"则是当前科普工作的短板，必须下大力气补上。"科普意见"为此提出了明确的要求："聚焦战略导向基础研究和前沿技术等科技创新重点领域开展针对性科普，在安全保密许可的前提下，及时向公众普及科学新发现和技术创新成果。"

如何进行科普创作

过去有一句名言：知识就是力量。但今天社会所拥有的知识之数量已经相当多了，不夸张地说，公众已被淹没在知识的"海洋"里。从新媒体供给侧来看，根据"科普规划"公布的数据，在"十三五"期间，全国共有科普网站2732个，科普类微博4834个，发文量200.82万篇；科普类微信公众号9612个,发文量138.68万篇。可以想见,这些科普作品中的绝大部分都是普及知识。但是,如果把科普简单理解为普及科学知识是有很大局限的,我们不应该把普及科学知识作为科普的唯一任务,尤其在今天知识已经变得很容易获取的时候。

需要指出的是,科学知识的普及只是科普工作者的任务之一,弘扬科学的批判精神和提高理性思维能力应该成为科普工作者要完成的主要任务。但是,当前国内这样的科普活动还比较薄弱,正如"科学素质纲要"所指出的:"科学精神弘扬不够,科学理性的社会氛围不够浓厚。"因此,当前的科普活动需要重视"传递科学的思想观念和行为方式"。需要强调的是,在今天这样一个科学飞速发展的时代,尤其在生命科学领域,许多旧知识被更新,各种传统观点被推翻。这个时候公众更需要得到科学批判精神的普及,才有能力去理解和把握不断变化中的科学知识。

在当今这样一个功利化、快餐化的时代,在公众媒体领域弥漫着一种"语不惊人死不休"的"标题党"传播方式。这些表现形式对当前基于新媒体技术的科普创作同样有着很大的影响,尤其是生活类科普——从图文到视频,科普创作者需要细心推敲打磨标题、文章第一段落、视频前十秒,以便能够迅速抓住用户注意力,否则,用户就会很快离开作品,完看率/完播率就低,平台算法就不会推荐这种不够"吸引眼球"的作品。然而,这样的科普方式往往会把科学知识幼稚化,甚至庸俗化。在笔者看来,尽管科普的表现形式的确需要注意通俗易懂,但并非借此把科学知识消解成娱乐作品。理想的科普作品应该具有一定的深度和难度,从而让读者在阅读或观看中调动其主观能动性,使其在理解和掌握科学知识的过程中,需要像登山一样付出一定的努力,而非"如履平地"。

从以上这些讨论中可以看到,我国科普界需要关注一种新的科普形式——元科普。这类科普作品不仅具有"高端科普"或"硬科普"的特点,而且能够把科学知识融于科学认识和科学实践的历史过程中,在普及科学知识的同时再现人类认识、利用和改造自然的探索之路,从而有助于读者理解科学思想的发展,领悟科学精神之真谛。

为谁进行科普创作

要开展科学普及,显然要考虑或选择特定的科普对象。特定科普对象的划定可以让科普创作者或者科普工作者有针对性地选择文字的表述方式、知识的覆盖范围和普及内容的深浅程度。这不仅要考虑文化程度的高低,如适合中学生或适合大学生的科普作品,还要考虑具体科普知识涉及的专业范围,如针对生物学爱好者或针对数学爱好者的专业性科普读物。从严格意义上说,一个人在其拥有的专业知识范围之外的科学知识通常都需要通过科普来获取。因此,即便是专家或学者,往往也是通过科普的途径来了解新知识。当然,不同的科普类型也会具有不同范围的受众,如生活科普或大众科普的读者范围具有普适性,而"高端科普"或"硬科普"的受众面则相对要小。

科普不仅要普及科学知识,而且要普及技术知识,因此,还有许多针对特定群体的专项科普。在"科学素质纲要"提出的多项科学素质提升行动中,就有针对特定人群的科普,如"农民科学素质提升行动"明确提出,要"重点围绕保护生态环境、节约能源资源、绿色生产、防灾减灾、卫生健康、移风易俗等,深入开展科普宣传教育活动"。"科普意见"为此明确提出,要"推动科普全面融入经济、政治、文化、社会、生态文明建设"。

科普的内容不仅仅涉及科学技术知识,而且涉及科学思想和科学精神,如上文提到的"元科普",需要考虑的科普对象就不像单纯普及科学知识那样简单。例如,笔者在写作《生物学是什么》的时候,特意不划定该书的读者范围。该书基于笔者数十年从事生物学研究的经历,对生命科学体系进行了重构并对相关知识给予了新的理解。因此,该书不仅能够帮助外行窥探生物学的基本概貌和主要特征,而且也有可能引发内行对生命本质的再思考和对生物学内涵的再认识。

换句话说,如果要进行的科普的重点是反映科学精神和科学思想,而非传播具体的知识点,那么就不需要明确划定具体的传播对象,不同的人都有可能从这些科普作品中获得某些启示,并通过这类科普作品引发他们的思考。只要他们有所收获,就有望实现科普传播科学思想和科学精神之根本目的——提升公民的科学素质。"科学素质纲要"指出,"公民具备科学素质是指崇尚科学精神,树立科学思想,掌握基本科学方法,了解必要科技知识,并具有应用其分析判断事物和解决实际问题的能力"。当然,让民众提升其科学素质并非容易之事。"科学素质纲要"也提出了新时代科普发展目标:到2025年,公民具备科学素质比例超过15%;到2035年,公民具备科学素质比例达到25%。实现这一目标需要国家大力倡导,更需要全社会共同努力。

原载于《科普创作评论》杂志2023年第3期,文字有改动。

科普创作之我见

笔者自1997年10月回国,弹指一挥间,25年过去了。这是笔者人生中最重要的阶段,不仅有专业知识的进步,而且有思想认识的提高。更重要的是,个人重要的人生阶段正好赶上了世界科学的变革期和中国科学的发展期,赶上了一个千载难逢的能展现自己之大舞台,其中就包括了有利于进行科普创作的各种机会。早在2001年,笔者就试着写出了《世纪之交的生物学基础研究》一文,从生命科学的主导力量、研究模式、思维方式、研究技术、交叉研究和投入产出等6个方面谈了笔者的感悟和思考。这篇2000字的短文当年发表于《生命的化学》杂志,由此也开始了笔者的科普创作之旅。

2007年,笔者第一本科普文集《后基因组时代的思考》由上海科学技术出版社出版,共汇集了33篇生命科学相关的科普文章。在该书的自序中写道:"作者生而逢时,既得到了系统的经典生物实验科学的教育与训练,又参与了后基因组时代的科学研究工作。在这个'跨世纪'的过程中,作者就像20世纪初的物理学家面对物理学危机那样深切地感受到了生命科学中众多发现的震撼、各种观点的冲击、诸多问题的困扰。由此引发了作者一次次的思考。"此为笔者的科普创作经历之第一阶段,写作内容主要涉及生命科学,尤其是系统生物学领域。

随后几年,因研究工作和行政事务的繁忙而疏于笔耕。2016年,在一位同事兼朋友的鼓励下，笔者不仅又拿起了笔，而且勇敢地闯进了新世界——自媒体，开通了一个名为"吾家睿见"的微信公众号。在这个公众号的第一篇文章《拥抱"碎片"——我的开"公"宣言》中，笔者表达了这样的想法："随着现代科技的进步，我们终于创造出了一个人人参与、日新月异的思想世界。显然，这样的思想世界肯定是一个'碎片'唱主角的世界。"笔者此时也形成了一种融会贯通的跨学科思考能力，并借此对不同的学科和不同的主题写出了具有自己特定视角的文章。其中，既有几百字的小小碎片，也有数千字到上万字的大块文章。此为笔者的科普创作经历之第二阶段，写作内容涉及生命健康、科研管理和科学文化等多个领域。

最让笔者费尽心力和脑力的一件事是《生物学是什么》的写作。早在2008年，笔者就答应了北京大学出版社杨书澜编辑之邀，为该出版社的"自然科学是什么"丛书写一本《生物学是什么》。起初认为这是一本很容易写的科普书，但是，在为这个主题所做的前期材料准备和书稿构思的过程中，发现是给自己找了一个极具挑战性的工作。面对自找的挑战，笔者拿出了"十年磨一剑"的功夫，终于在2020年把书稿交给了出版社。"功夫不负有心人"，《生物学是什么》一书成为笔者科普创作经历中的一个"里程碑"。

在这些年的科普创作过程中，笔者一边学习一边实践，不仅形成了自己的个人写作风格，而且对科普创作有了从感性到理性的认识。趁着回国25周年之际，笔者梳理了一下关于科普文字创作的个人之见，主要涉及三个方面：传播媒介、表现形式、内容表述。在此就教于各位有识之士。

新瓶装新酒

个人科普创作所借助的经典传播媒介主要是文字，或写成文章在期刊发表，或形成书稿由出版社发行。在科技发达的今天，传播媒介有了更多的选择，音频和视频手段也成为个人创作的重要手段。更重要的是，随着互联网和移动通信的普及，文字的传播也从静态的印刷品为主转变为动态的电子产品为主；微博和微信等已成为我国民众获取文字信息的基本途径。

这些新型的信息技术催生了微信公众号等各种自媒体，为个体的科普创作提供了更便捷、更强大的传播平台。自2016年开通"吾家睿见"微信公众号至今，笔者在上面已经发表了近百篇文章，并得到了1万多人的关注。在这个过程中，充分感受到了这类"自媒体"的传播力量。

这类新型传播平台与传统的纸质媒体最重要的一个区别就在于，作品在自媒体上的发布基本上是由自己控制，缺少传统纸质媒体传播过程中的同行评议，甚至没有一个文字编辑为自己的文稿把关。因此，如何保证作品尤其是原创作品具有较好的内容质量和文字质量，是一名创作者需要面对的挑战。虽然科普创作通常建立在已有的知识基础上，但也不能停留在简单地复述现存的知识，尤其是原创科普作品一定要有新颖性。我国政府对科普创作有着很高的期望。国务院在2021年发布了《全民科学素质行动规划纲要（2021—2035年）》（本文简称"科学素质纲要"），其原则之一就是："推动科普内容、形式和手段等创新提升，提高科普的知识含量，满足全社会对高质量科普的需求。"

需要指出的是，一旦作者能够把自己的微信公众号之品牌做好，将有助于其在期刊等传统纸质媒体的影响力。笔者与中国科技核心期刊《生命科学》之间的互动就是这样一个成功的案例。该刊按惯例要对稿件进行初审和外审，发表一份文稿通常需要2—3个月。该刊2021年末给笔者开设了一个专栏——"睿观察"，并免去审稿过程。该刊主编赵国屏老师为此写了一个"编者的话"，其中有这样一段："目前这个与大家见面的'睿观察',顾名思义,就是'家睿对科学的观察'。为了展示其特色,编辑部与吴家睿研究员协商,形成共识:编辑部原则上不对专栏文章稿件采用常规的审稿流程,吴家睿研究员相应自负文责。我们期望,这样的运作,将有利于提升文章的活力,也提高发表的效率。"

总之,用好自媒体等新型传播平台进行科普创作的关键是古人早已说过的"慎独"——自媒体能够让你不受他人约束地展现出自己独特的观点和风格,但不要因此就不负责任地滥用这种权利。

语不惊人笔才休

要看到,在今天我们所处的时代,存在着一种"娱乐至死"的风气;此外,"标题党"也弥漫在各种媒体。毋庸讳言,这些表现形式对当前的科普创作同样有着很大的影响。显然,任何一种内容,哪怕只是一句话,都可以采用不同的表现形式,科普作品也不例外。对我来说,在科普创作中选择的个人表达风格是"洗尽铅华"——在自己的所有文字写作中尽可能少用形容词,更不能以居高临下的姿态卖弄学问或故作高深。

借此谈一谈我的科普观。科普文章虽然是进行科学的普及,但普及不等同于把科学幼稚化,更不是科学的庸俗化。科普的根本目标是要提升民众的科学素质。何为科学素质?在"科学素质纲要"里是这样定义的:"公民具备科学素质是指崇尚科学精神,树立科学思想,掌握基本科学方法,了解必要科技知识,并具有应用其分析判断事物和解决实际问题的能力。"科普的表现形式的确需要注意通俗易懂,但并非借此把科学知识消解成娱乐作品,更不能把支撑科学知识的科学精神给省略掉——逻辑必须清晰,理性必须弘扬。

由此引申出了一个重要的问题:科普作品的创作者和读者之间是什么样的关系?"普及"一词很容易被理解为老师和学生的关系,但在笔者看来，这应该是一种朋友关系。对朋友而言，最重要的是相互之间的尊重。把科学知识幼稚化或者娱乐化，不仅是对科学的不尊重，而且也是对读者的不尊重。我写科普文章就好像是与读者一起去攀登科学之"山"，一边聊着自己看到的风景，一边谈着自己的感悟，偶尔讨论一下爬山的路径。每当我重读自己发表的文章，我真切地感受到作为一个读者的心态——这样的文章我愿意读，不仅有收获，而且很舒服。

还有一点值得讨论的是，如今音频、视频等非文字的表现形式已经被广泛用于科普创作。甚至《细胞》等许多科技期刊在刊登研究论文时，除了保持传统的文字摘要以外，还让作者提供了一张具有科普性质的图像摘要。那么，用文字创作科普作品在今天这样一个"图像时代"还有价值吗？笔者的回答是"有"，而且是不可替代的。首先，文字不同于图像的主要区别是，后者偏感性思维，而前者重理性思维；尤其是好的文字，不仅仅是传递具体的知识，更重要的是传播抽象的思想。其次，文字作品让读者具有更大的学习自主性，不仅能够自主决定阅读方式和内容取舍，还可以通过阅读推动自我反思或与作者进行思想交流。对科普创作而言，文字还有一个特点，那就是作者可以通过文本表达方式控制阅读的难度。

今天有些科普作品把科学知识以幼稚化的形式进行表达，让读者在阅读时可以不用动脑筋而简单地进行吸收。但在我看来，这种科普"软文"对普及科学知识而言并不是一个理想的方式。高质量的科普文章需要具有一定的深度和难度，从而让读者在阅读中调动其主观能动性，使其在理解和掌握科学知识的过程中需要像登山一样付出一定的努力，而非"如履平地"。传递科学知识只是进行科普创作的任务之一，弘扬科学的批判精神和提高理性思维能力也是科普创作要完成的主要任务。这样的科普创作才能真正体现出"科学素质纲要"所希望的那样"传递科学的思想观念和行为方式"。

放之四海皆可读

传统的科普创作中有一个基本的"行规",即作者在进行科普创作时通常都会给自己划定一个相应的读者范围。常用的划定标准之一是教育程度,如专门针对中学生或者针对大学生的科普作品;另外一个常用标准是专业范围,如针对生物学爱好者或者针对物理学爱好者的专业性科普读物。读者范围的划定显然可以让作者在创作时有针对性地选择文字的表述方式、知识的覆盖范围和内容的深浅程度。

然而,这种科普创作范式目前面临着巨大的挑战。在当今这个大数据时代,信息和知识不再是稀缺资源,科普产品也前所未有地丰富,尤其是出现众多电子科普产品,如中国科学技术协会主办的"中国科普"网站,以及互联网企业主办的"搜狗百科"和"维基百科"等大型知识网站,还有数量庞大的与科普相关的博客和微信公众号等各种自媒体。更重要的是,这些电子科普知识很容易被民众利用互联网和移动通信设备进行搜索和获取。这就使得广大科普受众的知识背景和教育水平不再像过去那样有着明晰的边界。此外,这些海量的电子科普产品不仅覆盖面广,涉及科学知识的方方面面,而且更新很快,往往及时地介绍最新的科研进展。这就给创作者提出了另外一个难题:如何让其原创作品中的内容具有新颖性和独特性?

针对科普创作的新挑战,笔者在写作《生物学是什么》的时候作了如下考虑:该书的整个框架不按照生物学各学科之间的经典关系进行架构,其具体内容也不围绕着专业知识点进行复述。基于自己数十年从事生物学研究的经历,笔者以生命的本质特性和其主要的运行规律为该书的主线,系统展开相关的生物学理论与知识的介绍和分析,依据个人的感悟为读者去打开一个个视角独特的知识之"窗"。这样的创作思路使得该书实现了笔者对生命科学体系的重构以及相关知识的新解，进而形成了不同于过去那种以普及教科书内容为己任的原创作品。由此，也表现出鲜明的个性和新颖性。

  这样的创作思路同时让笔者不再划定该书的读者范围。笔者认为该书不仅能够帮助外行窥探生物学的基本概貌和主要特征，而且有可能引发内行对生命本质的再思考和对生物学内涵的再认识。此外，该书的每个章节都有自己的独到之处，无论是随意地读一段，还是认真地读全文，打开书就会有收获。

  从读者的读后信息反馈来看，该书达到了笔者预期的目的。读过该书的生物学专业人员和化学等其他专业的研究人员告诉笔者，他们都喜欢这本书。更让笔者有点意外惊喜的是，该书的责任编辑闵艳芸老师告诉笔者，一位高中生读了书后喜欢上了生物学，一定要报考生物学专业。从这些创作经历中，笔者深切地体会到，理想的科普创作应该把已有知识融入科学发现的历程和作者的思考之中，要让读者通过阅读，与作者像朋友一样进行交流探讨。

  原载于《新发现》杂志2022年第1期，文字有改动。

◆ 创作案例

人类社会行为的双重属性

人类是生命进化之树上的一个分枝,具有生命的一般属性。这在今天显然是专业人士和普通民众都认可的一个常识。然而,一旦涉及人类的社会行为,这个常识就不再那么容易取得共识了。美国著名生物学家威尔逊与他人的一次学术争论最能反映出这个问题。威尔逊教授是研究蚂蚁等各种动物社会行为方面的权威,被誉为"当代达尔文"。他在1975年出版了名为《社会生物学——新的综合》(*Sociobiology: The New Synthesis*)的专著,奠定了社会生物学这门新学科的基础。该书的前26章系统性地介绍了人类以外的各种动物之社会行为,认为这些动物的社会行为都是符合达尔文的自然选择理论的。在该书的最后一章"人:从社会生物学到社会学"中,威尔逊同样认为,人类的许多社会行为与其他动物的没有什么不同,都是因对物种的生存有益,通过自然选择演化而来的。

出人意料的是,这个观点一出立刻就受到了严厉的批评。威尔逊教授的哈佛大学同事——遗传学家列万廷与古生物学家古尔德——连同另外15个人共同署名,在1975年11月的《纽约书评》(*The New York Review of Books*)上发表了一封题为《反对〈社会生物学〉》的公开信,明确指出:"从达尔文提出自然选择学说以来,生物的遗传信息被认为在社会和政治发展中起过重要作用。从斯宾塞的'适者生存'到威尔逊的

《社会生物学》，都宣称自然选择在决定大部分人类行为特性上起着首要作用。这些理论导致了一种错误的'生物（或遗传）决定论'，即生物遗传决定了人类的社会行为，因此给这些行为提供了某种合理性。"

著名科学记者韦德在2014年出版了《棘手的遗传——基因、种族和人类历史》(*A Troublesome Inheritance: Genes, Race, and Human History*)一书，同样引起了巨大的争论。韦德曾经担任过《科学》及《自然》杂志的科学新闻记者和编辑，他在书中根据大量人类遗传学研究成果对人种进行了新的划分，并提出人种的遗传学差异对不同地区的政治、经济和社会发展具有重要影响。来自群体遗传学和人类进化研究领域的130位著名科学家迅即在《纽约时报》联合发表了一封批评该书的公开信。在这些科学家中有许多人的研究工作被韦德在书中引用。他们明确表示："我们反对韦德利用我们的发现来证明他的猜想。"由此可见，遗传因素等生物学特性在影响人类社会行为中发挥了多大的作用是一个"见仁见智"的复杂问题。

人类社会行为的遗传基础

所有生物体都拥有一个记录其遗传信息的基因组，它是采用4个化学小分子——通常是碱基A、T、G、C——作为"字母"写成的生命之"书"。基因组不仅能够代代地遗传下去，而且由不同的碱基排列顺序构成的基因决定不同类型的蛋白质，机体则利用这些蛋白质执行各种生理或病理活动。也就是说，不同的物种就是用特定的碱基排列顺序写就的不同的基因组之"书"。因此，生物的先天因素主要就是指基因组的碱基排列方式。显然，人类与非人类物种的生物学根本区别就在于，人类基因组具有其特定的碱基排列方式。1990年启动的人类基因组计划的目标就是要测定人类基因组内全部碱基排列方式。

人类基因组计划的主要目标是建立一个代表全人类的基因组参考

图谱。当前科技界在使用中的人类基因组参考图谱GRCh38.p13是用20多个个体基因组序列拼接成的。其中，有大约70%的碱基序列来自同一个人。换句话说，研究者有这样一个共识：从物种层面来看，全人类共享同一个基因组，其特定的碱基序列是人类有别于非人类生物的根本之所在。截至2008年，研究者就已经发现了数百个独一无二的人类基因序列。

人类大脑特有的结构是决定其社会行为最基本和最重要的生物学基础，如我们的大脑新皮质比非人灵长类的体积更大、褶皱更多。近年来的研究揭示，人类大脑特有结构的形成和演化离不开其基因组的特定碱基序列。例如，2015年，美国研究者发现，人类特有的非编码序列——促进基因*FZD8*表达的增强子"HARE5"——能够推动大脑发育的启动，并能够促进*FZD8*表达进而使新皮质增大（Boyd et al., 2015）。该研究成果将人类基因组的调控元件和增加大脑尺寸的可能途径明确联系起来了。至于编码蛋白质的基因，显然对大脑的影响就更明显了。研究者发现，56个小鼠细胞所没有的基因在人类神经胶质细胞得到特定的表达。把名为*ARHGAP11B*的基因转入小鼠胚胎，就能够使得小鼠大脑内基底祖细胞扩增以及新皮质增大（Florio et al., 2015）。研究发现，如果把该基因导入狨猴胚胎，会导致这种非人灵长类大脑新皮质体积的增大，还能让新皮质褶皱增加，从而扩大其表面积。

学习、求偶或生育等人类社会行为均涉及高度复杂的神经活动，通常会有多个基因参与。例如，精神分裂症是人类特有的精神病，发表在《自然》杂志的两项研究分别揭示了多个涉及精神分裂症的基因变异。第一项研究是对近2.5万名精神分裂症患者的基因组进行全外显子测序，从10个基因中分别发现了罕见的编码突变。这些基因通常在中枢神经系统的神经细胞中表达量最高，其编码的蛋白质涉及突触的形成与功能的实施；而基因突变导致个体患精神分裂症的风险明显增加

(Singh et al.，2022)。两项研究是由精神病基因组学联合体主导的，研究者采用全基因组关联研究(GWAS)分析了近8万名精神分裂症患者和24万多名对照者，总共找出了287个与精神分裂症有关联的常见变异位点(Trubetskoy er al.，2022)。

人类社会中有一小部分人存在同性恋行为。基因在性取向中起到了多大作用，一直是个悬而未决的问题。研究者曾对来自英国和美国的47万多个体进行了GWAS分析，发现了5个与同性性行为显著相关的单核苷酸多态性(SNP)。不过，它们对于发生同性性行为的影响比较有限。研究者进一步分析发现，如果把显著相关的SNP和其他所有普通的SNP结合起来，则对同性性行为产生不可忽略的影响。研究者由此认为："同性性行为和大部分复杂的人类特征一样，受到许多遗传变异的微小累加效应之影响。"(Ganna et al.，2019)在当今社会，人类生育与性行为之间逐渐分离，首次性行为的年龄越来越早，而首次生育的年龄却越来越晚。英国研究者对50多万人的基因组进行了GWAS分析，发现371个与首次性行为年龄或首次生育年龄等外化行为显著相关的SNP。研究者据此做了一个基因评分，把所有基因变异位点结合起来，能够解释首次性行为或首次生孩子时平均年龄变化的5%—6%(Mills et al.，2021)。

从进化的角度来看，动物体内这些影响认知和学习等社会行为的基因在进化过程中受到了特定的自然选择。研究者通过基因组序列比较发现，与啮齿类动物相比，灵长类动物神经系统相关基因表现出演化的加速，即在后者的这些基因编码的蛋白质中，氨基酸序列的变化更快。但是，这两类生物涉及一般性功能的管家基因的演化速率则没有差别。进一步分析发现，不同灵长类物种的神经系统相关基因的演化速率也是不一样的。这类基因在人类中的演化速率最快(Dorus et al.，2004)。显然，这类基因的演化速率差异对于动物的行为具有重要的影响。*FOXP2*基因是目前已知的与语言功能高度相关的常染色体显性基因。人类与非人类生物的*FOXP2*序列相比有两个氨基酸的差别。研究者发现,与野生型小鼠相比,转入人类*FOXP2*基因的小鼠能更快地掌握复杂技能,但这两类小鼠对于简单技能的学习能力并没有差别(Schreiweis et al.,2014)。需要强调的是,这类基因在现代人类谱系的进化中依然受到自然选择的作用。例如,调控大脑体积的关键基因*MCPH1*的一个遗传变体出现于37 000年之前的现代人类,并受到很强的正选择压力而在人类演化过程中迅速传播扩散。由此可见,自然选择在影响人类认知和学习等行为的相关基因之演化方面扮演着重要的角色。

人类社会行为具有生物学属性与文化属性

根据遗传学的基本规则,基因独自并不能决定生物体的性状,需要有环境的介入,即"基因型 + 环境 = 表型"。人类社会行为显然更易受到环境的影响。同性性行为的研究者发现,20世纪60年代出生的人中报告同性性行为的比例远高于40年代以前出生的人。显然,前者所处的社会环境对同性性行为比后者更为宽容。上文所提到的英国研究者也发现,青少年时期的社会经济环境较好的区域如发达国家或地区,女性的首次生育年龄通常会更晚一些。但是,笔者在这里要提出的观点是:不同于只有生物学属性的动物社会行为,人类社会行为具有双重属性,既有生物学属性,又有文化属性。人类社会行为的不同表现形态之集合构成了一个由两种属性之不同比例混合的连续谱分布。谱的一端以生物学属性为主,另一端则以文化属性为主。

繁衍后代是动物的基本生物学行为,甚至可以说是生命演化的主要基础。可是,人类在繁衍后代这一社会行为中,不仅有生物学属性——生殖(reproduction),而且还有文化属性——生育(fertility)。这两种属性之间随着内在的生物学特性和外在的环境条件演化出了不同的表现形式。早期人类是以基于生物学性行为的自然生殖方式来繁衍其后代，而随着文明社会的诞生和发展，生殖逐渐与生育分离。例如，在当今社会，一方面是首次性行为的年龄越来越早，另一方面却是首次生育的年龄越来越晚，因为人们可以采用各种避孕措施。

事实上，随着人工辅助生殖技术的出现，包括对人的卵子、精子和胚胎等进行人工操作，人类的生育已经超越了生殖的生物学限制。1978年7月，第一例试管婴儿在英国诞生，现今全球已经有800多万名试管婴儿。据统计，我国目前每年大约有30万名试管婴儿出生。2014年10月，先天性子宫缺失的瑞典女子采用"子宫移植"技术生下一名男婴，为世界上首例经"子宫移植"后诞生的婴儿。我国接受首例子宫移植手术的患者也于2019年1月成功产下一子，为全世界第14个。2021年6月，我国有研究者报道了他们的一项研究工作，即基于"子宫移植"技术让雄性大鼠受孕并产下幼崽。2022年初，日本甚至公映了一部假设男人能够受孕生子的电视剧《桧山健太郎的怀孕》。尽管男人能够怀孕生子的想法目前并不是现实，但这类远离生物学自然属性的人工控制或辅助生育之行为，已经成为人类繁衍后代的社会行为之常态了。

文化属性远比生物学属性复杂，不仅是与科学技术有关，而且涉及社会的许多层面，包括政治、经济、宗教、伦理和法律等。在人类生育相关的社会行为中，要数堕胎或人工流产最具有争议。2022年6月24日，美国最高法院颁布了一份推翻1973年"罗诉韦德案"的裁决书，正式取缔对女性堕胎权的宪法保障。该裁决书引发了激烈的社会纷争。在这场关于妇女堕胎权的争论中，涉及党派、宗教团体、社会阶层等各种社会力量，争论的观点覆盖到医学、政治、宗教、经济和法律等不同领域。

有性生物的生物学基础是雌性生物和雄性生物之间的基因组差别，基因组的差别则导致了性器官和性激素等各种性征差别，以及与性征相关的不同行为方式。我们可以看到,在与性征相关的人类社会行为中,同样表现出生物学属性"性"(sex)和文化属性"性别"(gender)的混合形态。

性少数群体"LGBTQ"最能够反映这两种属性的变化。原始人类显然只是在生物学的"性"之基础上实施性征相关的人类社会行为。随着社会的演化,出现了女同性恋者(lesbian,L)、男同性恋者(gay,G)、双性恋者(bisexual,B)。为了追求自己的性别取向,同性恋者往往采用"变性手术"改变其生理性征。显然,这种情况下生物学属性还在占有重要的位置。性别属性的进一步演化则出现了"跨性别者"(transgender,T)和"性别酷儿"(queer,Q)。其中,跨性别女性是生理男性却认为自己是女性,跨性别男性是生理女性却认为自己是男性,性别酷儿则认为自己不完全属于男性或女性。换句话说,这种跨性别人群只需要声明自己所希望的性别类型,就可以实现性别之间的转换,不需要进行变性手术等改变生物学属性的行动。例如,2022年6月,美国著名企业家马斯克的大儿子在年满18岁之际向加利福尼亚州的一个地方法院提交了一份将其性别更改为"女"的申请文件,经法官批准后正式成为跨性别女。

综上所述,在各种不同类型的人类社会行为中,其生物学属性和文化属性的关系通常不是固定不变的,都可以随着时间进行演化。从生育和性少数群体的案例来看,文化属性的演化要比生物学属性的演化更快。道金斯在其科普名著《自私的基因》(The Selfish Gene)中明确指出:"我们人类的独特之处,主要可以归结为一个词——'文化'……文化的传播有一点和遗传相类似,即它能导致某种形式的进化。"哈佛大学教授亨里奇同样把这两种属性之间的关系视为"文化-遗传的共同演进",即"这种文化学习能力也引起了整体文化知识的积累与形成的遗传演进之间的互动,并持续对我们的人体结构、生理机能与心理状态产生影响。"(亨里奇,2018)。道金斯用基因作为类比,提出文化的进化也有一种基本单位——"觅母"(meme),"原来基因选择的进化过程创造了大脑,从而为第一批觅母的出现准备了'汤'。能够进行自我复制的觅母一问世,它们自己所特有的那种类型的进化就开始了,而且速度要快得多"。

针对人类社会行为的科学判断与价值判断

由于人类社会行为兼具生物学属性和文化属性,因此,当人们讨论或分析这类行为时,就不可避免地涉及两类判断——科学判断和价值判断。首先,对于生物学属性相关的讨论,科学显然是必需的。例如,《科学》在2021年3月发表了一篇评论文章,对该杂志2019年发表的基因与同性性行为关系之论文进行了批评,认为该项研究采用的表型判断标准之科学性存在很大问题,GWAS作为主要研究方法有局限性,其结论也没有得到充分的验证。不论这些批评是否正确,它们都属于科学判断范畴。与此同时,对人类社会行为的讨论通常也伴随着正面或者负面的价值判断,如上面提到的批评威尔逊教授《社会生物学》的公开信就指责威尔逊有种族偏见和阶级偏见,说他在为维护资产阶级、白人种族以及男性的特权寻找遗传上的正当性。

面对两类不同的判断,人们在讨论人类社会行为时就特别需要注意进行区分,从而能够真正地进行对话和彼此的理解。笔者认为,在讨论人类社会行为时,在科学判断和价值判断之间的关系通常会出现三种误区:(1)以科学判断之名行价值判断之实;(2)两种判断相互平行,"公说公有理,婆说婆有理";(3)把科学判断视为价值判断来讨论。

我们可以从美国社会在堕胎方面的争论来看第一种误区。目前美国反堕胎团体的主要策略是要争取通过"心跳法案",以便对抗合法堕胎的法律。"心跳法案"是指,胎儿出现心跳后就视为"未出生的人类个体"的生命开始之时刻,因而不能堕胎——谋杀胎儿的生命。据美国妇科医生协会表示,胎儿的心跳最早可以发生在妊娠的6周,这也使得"心跳法案"阻止孕妇从受孕6周之后的堕胎。但是,"心跳法案"的反对者认为,将胎儿的管状心脏称为"心跳"是非常不科学的,因为这时胎儿的心脏还没有发育完全。2022年5月19日,美国俄克拉马州立法机构通过了一项比"心跳法案"更为极端的法案,即自人类精子与卵子相融合的"受孕"阶段起,几乎所有的堕胎行为都被禁止。生命被定义为从"受孕"之时就开始了。该法案的发起人在一份声明中特别强调:"我真诚地希望,这项民事责任法案将为俄克拉何马州未出生儿童的生命提供强有力的额外保护。"

论辩双方出现科学判断和价值判断"自说自话"是在人类社会行为讨论中常见的第二种误区。2021年年末,在美国俄亥俄州举行的国际游泳赛的女子比赛中,来自宾夕法尼亚大学原男子游泳队成员的男跨女的跨性别运动员托马斯的参赛引发了巨大争论。托马斯在200米女子自由泳比赛上获得冠军并创下了这个比赛项目的纪录。在500米自由泳比赛上,托马斯的成绩为4分34秒06,比第二名快14秒,打破了全美女大学生的纪录。在1500米女子自由泳比赛中,托马斯则领先第二名足足38秒,创造了该比赛有史以来的最好成绩。担任游泳裁判30年的米伦则认为不公平并在托马斯夺冠后以辞职表示抗议。她认为:"男性的游泳速度通常比女性快12%,因为他们的肺活量更大。托马斯服用了一年睾酮抑制剂,但这并没有改变她的身体。是身体在游泳,而不是性别认同在游泳。"美国奥运冠军霍格希德-玛卡也同意米伦的科学判断:"在跨性别女和生理女性比赛之前,她们需要先证明自己失去了来自男性的优势。但托马斯无法证明,虽然她按照全美大学体育协会的规定接受了激素治疗。"但是,美国高校的常春藤联盟并没有回应这些"科学判断",而是从"价值判断"的角度在声明中表示,他们支持跨性别女托马斯参加女子比赛,"坚定不移地为所有学生运动员提供包容环境,同时谴责任何形式的'恐跨'和歧视"。

第三种与人类社会行为有关的讨论误区同样很常见,即把讨论中一方的科学判断按照价值判断来对待。道金斯在1996年获得美国人文主义协会的"年度人文主义奖",表彰他作为科学传播者的贡献,该协会称这是"推进人道主义事业的重要方面"。但是,该协会于2021年收回了这个25年前授予道金斯的奖励,因为道金斯曾在推特上发文说,跨性别者从生物学意义上说不是女性,跨性别者的指称仅存在于语义和其自我认同的意义中。道金斯后来回应了这些批评,认为自己无意贬低跨性别者,他的学术讨论被误解了。但道金斯这样的解释没有被接受。该协会认为他的辩解"既没有对敏感性议题进行回应,也没有诚意"。美国无神论者组织的副总裁吉尔认为道金斯的这种言论强化了"认为跨性别者对社会危险并有害的叙述",她希望"道金斯教授在未来以更大的理解和尊重对待跨性别者的问题"。

结语:让理性引导对人类社会行为的理解

人类社会行为因其具有生物学和文化的双重属性,所以在讨论和处理人类社会行为时,不仅会涉及客观事实和相关的科学判断,而且也不可避免地涉及主观标准,很容易表现出不同的价值判断。例如,美国总统拜登在上任第一天就签发了多项支持美国跨性别者群体的行政命令,白宫的官方网站也迅即在联系人自选尊称和代词称谓的菜单中,将过去的"男/女""她/他"修改为跨性别人群的友好模式——"他们/其他/不愿分享",并在原来的"小姐/女士/先生"一栏中增加了"Mx"(非二元性别)。但是,共和党主导的佛罗里达州议会却于2022年4月通过了一项法案,剥夺迪士尼公司在该州的税收优惠和自我管辖的特权,因为迪士尼公司总裁宣布,要让50%的动画人物属于性少数群体。显然,这些争论乃至冲突背后的原因很复杂,既有理性的也有非理性的成分。但是,笔者在这里要强调的是,在讨论事关人类自己的社会行为之时,不要让情感控制思维,而要把讨论建立在理性之上:概念要清晰,逻辑要自洽,摆事实讲道理。

原载于《生命科学》杂志2022年第34卷第7期,文字有改动。

> 创作案例

"生命之书"的阅读与创作

生物体与非生物体之根本差异在于,生物体能够保存和利用信息,并把自身的信息一代又一代地遗传下去。从古至今,人们一直试图阐明生物体这种承载和传递信息的能力。这个梦想在1953年终于得到了实现——美国科学家沃森和英国科学家克里克提出了DNA双螺旋模型,借此在分子水平上清晰地解释了生物体是如何保存和传递信息;而且分子生物学也在此基础上诞生,现代生命科学的"帷幕"也就此正式拉开。70年过去了,人们从DNA双螺旋的研究中取得了哪些重要的突破?

"生命之书"的阅读

研究者从DNA双螺旋模型中认识到,生命的底层逻辑是"文字",即生命用A、T、G、C这4种碱基作为基本单元连接成长长的多核苷酸链。这样的两条多核苷酸链相互缠绕而形成DNA双螺旋。这4种碱基正是记录生命遗传信息的"字母",其中每三个碱基组成一个类似"单词"的遗传密码子,对应一个特定的氨基酸。从4种碱基中选择3种来构成1个密码子的总数为64,所以生物体拥有64个密码子"单词"。由于生物体用来合成蛋白质的天然氨基酸仅仅有20种,因此除了甲硫氨酸和色氨酸分别由一个密码子决定以外,其他18种氨基酸分别对应

2—6个密码子。生物体内的"基因"正是一段由多种密码子连接起来的碱基"句子",用来指导一种蛋白质的氨基酸组成和排序。

由此可见,大自然在创造生命时采用了写书的方式,自然界的万千生命种类就如同万千本书——只需要4个碱基作为基本的字母,就可以创作出无数的作品。因此,研究者的主要工作通常就是阅读"生命之书"中的一段段碱基序列组成的基因"句子",并揭示这些句子的含义和可能的生物学功能。

识文断字——编码基因的认识

研究者最初认为,一个编码基因用于指导一种蛋白质的合成。但随着"阅读"工作的深入,研究者发现,虽然这种"一基因一蛋白"的观点在大肠杆菌等简单生物体上基本成立,但在动植物等复杂生物体上情况就明显不一样了——这类生物体拥有大量的"断裂基因",即在一个编码蛋白质的碱基序列之间插有若干段不编码蛋白的碱基序列,其基因内编码蛋白质的碱基序列称为外显子(Exon),不编码的碱基序列则称为内含子(Intron)。换句话说,"断裂基因"就好比一个完整的"语句"被拆开,在中间加入了一些无意义的文字。研究者还注意到,生命形式越高等,断裂基因就越多。如在单细胞真核生物芽殖酵母里,只有4%的基因拥有内含子;在小鼠或人的基因组内,绝大部分基因都拥有内含子。

对拥有众多断裂基因的复杂生物体而言,一个断裂基因内多个外显子通常会受到不同的剪切和拼接,称为可变剪接;如果把不同的外显子用可变剪接方式进行连接,一个基因就能制造出多种蛋白质。据统计,人的编码蛋白质的转录链平均含有8.7个外显子,小鼠的转录链则平均含有8.4个外显子。举一个极端的例子,在小鼠的基因组内有一个称为DSCAM的基因,它有6.1万个碱基,通过剪接可以形成含有24个外显子、长为7800个碱基的mRNA。但这个基因的外显子有许多不同的剪接方式，如果把所有可能的剪接方式都考虑进去，这个基因能够产生的mRNA和蛋白质的种类，可以超过3.8万种，而小鼠基因组的全部基因数也不过是2.2万左右（Black，2000）。

研究者最初认为非编码的内含子序列没有什么功能，但许多实验表明，内含子在生命活动中也发挥着重要的作用。例如，有研究发现，内含子能够促进拥有它的断裂基因的活性。此外，部分内含子序列可以用来产生微小RNA（miRNA）等非编码RNA调控元件。2019年加拿大科学家曾通过对酵母细胞基因组内所有内含子的逐一敲除研究，发现多数内含子都可以用来调控细胞对营养匮乏的响应（Parenteau et al.，2019）。美国科学家也在同一期杂志发文揭示，酵母的34个内含子在剪切后继续稳定地存在于细胞内，并在外部压力条件下用来帮助细胞的生存。

转录产生的mRNA剪切还导致了一类环状RNA的形成，即前体mRNA除了采用常规剪切产生成熟的mRNA之外，还可以在特异性反向剪切作用下，把下游3′剪接位点在一个或多个外显子上以相反的顺序与上游5′剪接位点连接，形成环状RNA。这类环状RNA广泛存在于各种生物体内。有实验表明：一个HeLa细胞内通常就含有总数约为1万个拷贝数的环状RNA。重要的是，环状RNA还广泛地参与各种生命活动，包括调控基因转录和蛋白质合成、影响细胞内的多种生物学过程，并参与到机体的免疫调控等多种生理或病理活动中（Liu & Chen，2022）。

察言观色——表观遗传的发现

"生命之书"拥有众多编码各种蛋白质的基因，生物体必须精准地控制这些基因，以便在需要时制造出特定的蛋白质。为此，生命在基因到蛋白质合成的过程中增加了一个中间步骤,称为"转录"——把基因的碱基序列之信息转录到一条名为mRNA(信使RNA)的碱基序列之上,然后用mRNA作为模板指导蛋白质合成。也就是说,生命通过转录方式选择性地"阅读"基因。近年来的研究发现,DNA上的许多碱基序列通常被化学基团进行修饰,其中最常见的是甲基化修饰,即DNA甲基化转移酶在多核苷酸链的胞嘧啶"C"上用共价键结合一个甲基基团(CH_3)。DNA甲基化修饰的主要功能正是调控基因的转录活动,或促进某个基因的转录,或抑制其转录。以色列科学家最近发布了目前最大规模的正常人39种细胞类型的DNA甲基化图谱。他们发现,同种细胞类型的DNA甲基化模式在不同个体之间高度一致。这意味着DNA甲基化模式影响着特定的细胞分化和细胞类型的维持(Loyfer et al., 2023)。

染色质上的组蛋白修饰同样在基因转录调控中发挥着重要作用。组蛋白H3和H4的乙酰化修饰可使得染色质结构更为开放,从而有利于基因的转录;而且它们的去乙酰化则会抑制转录的进行。由于DNA和组蛋白的化学修饰通常受到机体内外环境的调节,从而成为生命响应环境变化来控制基因转录的重要手段。例如,研究者发现,一种组蛋白去甲基化酶KDM6B调控一种海龟的温度依赖型性别决定——在温度高时(如32℃),这个酶不活跃,组蛋白H3保持着甲基化状态,这种海龟发育为雌龟;在温度低时(如26℃),该酶被激活,然后将雄性性腺分化的关键基因 *Dmrt1* 启动子区域组蛋白H3上的甲基化修饰基团去除,使得 *Dmrt1* 转录,进而导致了雄龟的形成(Ge et al., 2018)。

最重要的是,这些控制基因转录活动的化学修饰往往可以通过细胞分裂的过程传递给子代细胞。显然,在这种基因的化学修饰的传递过程中,DNA碱基序列本身并没有发生改变。人们把这种DNA碱基序列的化学修饰信息传递的现象称为表观遗传;由此产生了一门新学科:表观遗传学。如果把DNA碱基序列的各种化学修饰视为不同的颜色,那么生命之"书"就不再是最初人们认识的单色印刷本,而是一本五颜六色的彩色图书——不仅用碱基序列写出的"文字"可以被复印和传递,而且用化学基团涂抹在这本"书"里的各种"颜色"也可以被复印和传递。

表观遗传现象的发现不仅打破了碱基序列是生命遗传活动唯一载体的教条,而且被一系列研究证明表观遗传信息在某些情况下可以从亲代遗传给子代。例如,在斑马鱼受精卵的发育过程中,来自父本的DNA甲基化修饰模式一直保持,直至胚胎发育的囊胚期才被消除重建;而来自母本染色体的甲基化修饰模式在胚胎发育的初期就很快被消除,然后在这些母本染色体上按照父本DNA甲基化修饰模式进行了重建(Jiang et al., 2013)。也就是说,这些源自精子的DNA甲基化修饰模式可以被遗传到子代,并用来指导子代的胚胎早期发育。最近的一项研究指出,在小鼠体内 *Ankrd26* 和 *Ldlr* 两个基因的启动子上人为产生的甲基化状态能够遗传给子代,且至少可以稳定地遗传到F6代。重要的是,这两个基因的人工甲基化所诱发的表型也可以在子代中稳定继承(Takahashi et al., 2023)。

由于生物体所在的环境是控制表观遗传修饰的主要因素,因此表观遗传活动把生命的开放性提升到了一个新的高度,使得外部环境的信息通过表观遗传修饰与机体内的DNA碱基序列上信息进行整合。这不仅能够影响个体的生理和病理活动,还能够传递给下一代。

"生命之书"的编写

人类认识自然的一个主要目的是要改造自然,为人类服务。同样,人类也不会停留在对生命的"阅读"阶段,而是努力地发展各种新技术去改造生命。为了改写"生命之书",研究者发展出了两种基本工具:识别"字母"——测定DNA上4种碱基的排列顺序;编辑"文字"——剪切和连接DNA上的碱基序列。

DNA测序技术是用来识别"生命之书"里"碱基文字"最主要的技术。早在1977年,生命科学界在测量DNA碱基序列上就取得了重大突破。其中,英国科学家桑格发明了酶法;美国科学家吉尔伯特发明了化学法;桑格还利用其技术测定了第一个生物体——噬菌体ΦX174——的全基因组序列,共有5375个碱基。桑格的测序技术被称为第一代DNA测序技术。不过,当今生命科学研究的主流是第二代测序技术,其主要特点是检测通量高。它不仅大大降低了测序成本,还明显提高了测序速度,用一代测序技术完成一个人类基因组30亿个碱基的测序需要3年左右的时间,而使用二代测序技术则可能在1周内即可完成。如今,研究者又开发出了能够检测单个多核苷酸分子的第三代测序技术。

在基因编辑领域,研究者开发出来的"基因剪刀"是各式各样的核酸酶,其中最常用的是"限制性内切酶"。这类酶能够识别DNA上特定的碱基序列,从而找到准确的剪切位点并实现DNA链内的定点切割。2012年,美国科学家通过改造细菌的核酸酶系统发展出一种全新的CRISPR-Cas9技术,现已成为进行基因编辑最强有力的工具。此外,研究者也有针对性地发展出了若干能够把DNA链间缺口连接起来的DNA连接酶。

移花接木——基因工程的诞生

20世纪70年代,随着DNA限制性内切酶的发现,研究者开始了"生命之书"的编写工作,并把这类在分子水平上对DNA碱基序列进行操作的技术称为基因工程——通常是将外源基因转入到受体细胞,从而使其特性发生改变或产生新的性状。在这个过程中,首先是利用限制性内切酶把一种生物体(供体)DNA上的特定基因切下来,将其与质粒或病毒等载体上的DNA在体外人工连接而形成新的重组DNA,然后转送到另一种生物体(受体)中进行扩增和表达。

基因工程诞生以来,为人类的福祉作出了巨大的贡献,生产治疗糖尿病的胰岛素就是一个典型范例。2022年是胰岛素用于临床治疗的第100周年。第一代医用胰岛素主要源于牛或猪的胰腺提取物,这种生产方式不仅昂贵,而且产量很低,远不能满足临床需求。1981年,美国研究者利用基因工程技术,将人的胰岛素基因导入大肠杆菌,通过大肠杆菌大量生产重组人胰岛素。从此,第一代胰岛素产品完全被这个第二代产品所取代。为了进一步提高胰岛素的疗效和安全性,研究者又对胰岛素基因进行精细的改造,获得了第三代产品——重组胰岛素类似物。

基因工程在农作物领域同样发挥了巨大的作用。当前,转基因作物已经深入到人们生活的许多方面。1983年,科学家培育出了第一个转基因作物——转基因烟草;到2002年,世界上有550万—600万烟农种植转基因烟草。1996年,美国的农场主开始种植一种转基因大豆,这种大豆被转入了植物"矮牵牛"的一种抗性基因,从而可以抵抗杀草剂。2021年,美国转基因大豆种植面积占美国大豆种植面积的95%,总产量为1.2亿吨。

推陈出新——基因编辑的迭代

虽然基于DNA限制性内切酶的基因工程技术取得了许多突出的成果,但是该技术在基因编辑的应用中也表现出来一些明显的不足,如实验流程比较复杂,结果获取需时较长,编写能力不够精准等。为此,研究者一直在努力开发更好的基因编辑技术。直至2012年,美国科学家杜德纳和沙彭蒂耶在细菌的基因编辑系统基础上发展出了一种理想的基因编辑技术——英文的缩写名称为CRISPR-Cas9。这种技术的基本原理是:利用一段设计好的RNA序列sgRNA引导DNA内切酶Cas9

至特定的DNA序列上进行剪切。该技术经过不断的迭代,目前不仅可以在细胞的基因组特定位置内插入长达36 000个碱基的外源DNA片段,而且可以在细胞内的DNA乃至RNA的序列上进行单个碱基的修改。

这类新型基因编辑技术的出现显著提升了人类抗击疾病的能力,尤其为治疗基因碱基序列异常的遗传性疾病提供了有力的武器。据统计,目前已知的单基因遗传病超过9000种,对人类的健康造成了巨大的危害。例如,血红蛋白基因异常能造成地中海贫血。目前,全球有近3.5亿地中海贫血基因的携带者。我国长江以南各省是该病的高发区,在部分高发地区这种基因的携带者在人群中超过10%。过去没有好的治疗药物或方法,重度的地中海贫血患者只能定期进行输血,现在则有望利用CRISPR技术来治疗。目前全球进入临床研究阶段的地中海贫血基因编辑治疗产品已知的有6个,其中5个是采用CRISPR技术。杜德纳在关于CRISPR技术的最新综述中进一步指出,"CRISPR在治疗某些特定疾病方面的潜力已经得到了很多的关注,但我更相信,在未来几年我们将会看到CRISPR在疾病预防方面有着全新的应用"。

值得注意的是,CRISPR技术在改良农作物品种方面也同样有着巨大的优势。它不仅可以利用外源基因来改造作物,而且能够把作物自身的基因按照设计好的目标直接进行"改写"。我国科学家高彩霞2013年在世界上首次报道了利用CRISPR技术编辑水稻和小麦DNA序列的研究工作,并在2014年报道了使用CRISPR技术修改了一种六倍体小麦的一个基因序列,从而使编辑后的小麦能够抵抗小麦白粉病的侵袭(Wang et al., 2014)。可以说,在CRISPR等一系列基因编辑技术的推动下,传统的那种不可控的作物自然育种在未来将转变为高度可控的作物设计育种。正是在这样的形势推动下,中国国家自然科学基金委员会和中国科学院联合发起了"未来作物设计项目"。

"生命之书"的创作

人工合成生命始终是研究者在探索生命奥秘过程中一个不灭的梦想。早在1828年，德国化学家维勒就在实验室中利用氰酸铵合成了尿素，首次证明了人们可以在实验室里利用简单的无机分子合成源自生物体内的有机化合物。20世纪60年代，中国科学家在世界上首次人工合成了第一个具有生物活性的蛋白质——由51个氨基酸组成的牛胰岛素；1981年又在世界上首次人工合成了具有生物活性的多核苷酸链——由76个核苷酸组成的酵母丙氨酸转移核糖核酸。随着科学技术的发展，研究者近年来在实验室合成生命的能力也在显著提高，甚至试图创作出自然界不存在的"生命之书"。

按图索骥——试管里合成的生命

2010年5月，美国生物学家文特尔发布了世界上首个"人造生命"——科学家依据一种最简单的细菌基因组序列之信息，首次全人工化学合成了这个完整的、长度超过100万个碱基的基因组，且含有这一人造基因组的人工细菌能够展现出相应的生命活动（Gibson et al., 2010）。美国和中国等多国科学家联合发起的"合成酵母基因组计划"（Sc2.0），提出了一个更为宏大的目标——把拥有大约2400万个碱基的芽殖酵母基因组序列用化学合成方式复制出来。芽殖酵母基因组共有16条染色体，Sc2.0在2014年完成了一条酵母染色体的化学合成，至2017年又完成了5条染色体的化学合成，中国科学家完成了其中4条。

20世纪90年代启动的人类基因组计划的目标是，把人类自身这部由30亿个碱基构成的"天书"通过测序技术完整地"阅读"一遍。它的实施为生命科学和医学带来了革命性的变化。在2016年5月，100多位专家学者在美国哈佛大学开会，提出了要把人类基因组这部"天书"用化学合成的方式在试管里"写"出来，称为"人类基因组计划——编写版"(HGP-Write)。可以想见，未来一旦这一计划正式实施，必将对人类认识和控制自身带来更为深远的影响和意义。

奇思妙想——人造新生命的序曲

研究者的脚步并没有停留在按照自然界已有的"生命之书"进行复制，而是开始按照人的意愿来创作全新的"生命之书"。例如，美国生物学家文特尔在其化学全合成的首个"人造生命"上进行了设计和改造，把他认为冗余的或非必需的基因"句子"从该基因组上删除，化学合成了"微型细菌基因组"，原基因组序列 1079 kbp 在改造后被缩减至 531 kbp，而基因数目也减至 473 个。这种压缩导致含有这个微型基因组的细胞自我繁殖的速度比具有全长基因组序列的细胞快了几乎 5 倍。

自然状态下的"生命之书"通常拥有 64 个"单词"——遗传密码子，用来指导 20 种天然氨基酸合成蛋白质。其中，有一些密码子是冗余的，称为同义密码子。2019 年，英国科学家发布了一个"人造"大肠杆菌。它含有一个人工设计并化学合成的人造大肠杆菌基因组，其中全新设计并合成的人工基因"句子"大约包含 400 万个碱基对。在这些人工设计的基因里，只保留了 61 个遗传密码子，删除了编码丝氨酸的 2 个同义密码子(TCG, TCA)和 1 个终止密码子(TAG)。这些改造过的基因序列仍然可以制造出正常的蛋白质(Fredens et al., 2019)。研究者进而将这个化学合成的大肠杆菌里对应 TCG 和 TCA 的 tRNA 以及相关的释放因子移除，使该人造菌株拥有了对噬菌体的完美抵抗力；此外，研究者还把该菌株里有意义密码子重新排布，合成了非天然的氨基酸聚合物和大环化合物。

研究者不仅试着修改基因"句子"和密码"单词"，而且在碱基"字母"上也做起了文章。2014 年，美国研究者宣布他们在大肠杆菌的

DNA序列里加入了两种非天然碱基——dNaM和dTPT3(被简称为X和Y碱基)。这两个碱基也能够在体内通过复制的方式传递信息(Malyshev et al.,2014)。研究者认为,这种6个碱基系统理论上可以指导合成的氨基酸数目将从20种变成172种。在2017年的论文里,这些研究者进一步证明,这两个插入到天然基因序列里的非天然碱基,能够在蛋白质合成中引入特定的天然氨基酸或非天然氨基酸。2019年,另外一组美国研究人员进一步开发出来添加了4个人工碱基的"8碱基"DNA双螺旋,并且通过结构分析技术证明,"新的DNA晶体结构完整,保持了正确的碱基配对,同时没有丢失天然DNA的关键性特征"(Hoshika et al.,2019)。研究者同时还发展出了具有8个碱基的RNA分子。

结语

DNA双螺旋模型的发现让我们认识到,生命最根本的基石就是4个碱基"字母"及其相应的"书写"规则。这一发现为我们打开了"生命之书"的阅读之门,引导我们进入了比世界上任何一个图书馆藏书都要丰富的"生命之书"殿堂。

原载于《生命科学》杂志2023年第35卷第3期,文字有改动。

外国人名译名对照表

A
阿蒂亚　Michael Atiyah
埃弗里　Oswald Avery
埃林顿　Timothy Errington
埃隆丝　Elizabeth Iorns
埃亚尔　Nir Eyal
艾伯茨　Bruce Alberts
爱迪生　Thomas Edison
爱因斯坦　Alber Einstein

B
巴斯德　Louis Pasteur
鲍林　Linus Pauling
贝尔纳　John Bernal
贝特森　William Bateson
玻尔　Niels Bohr
伯林　S. Berlin
博韦里　Theodor Boveri
布什　Vannevar Bush

C
查尔默斯　Alan F. Chalmers

D
达尔文　Charles Darwin
戴维　Ben David
道金斯　Richard Dawkins
德尔布吕克　Max Delbrück
德弗里斯　Hugo de Vries
狄更斯　Charles Dickens
第谷　Tycho Brahe
杜德纳　Jennifer Doudna

F
费林加　Bernard Feringa

费曼　Richard Feynman
福柯　Michel Foucault
弗莱明　Alexander Fleming

G
格林　David Green
戈卢伯　Todd Golub
古尔德　Stephen Gould

H
哈代　Godfrey Harold
哈恩　Otto Hahn
海森伯　Wernet Karl Heisenberg
赫托格　Thomas Hertog
赫胥黎　Thomas Henry Huxley
亨里奇　Joseph Henrich
华莱士　Alfred Wallace
霍尔特　Rush Holt
霍格希德-玛卡　Nancy Hogshead-Makar
霍金　Stephen Hawking

J
吉尔　Alison Gill
吉尔伯特　Walter Gilbert
伽莫夫　George Gamow

K
开普勒　Johannes Kepler
凯林　William G. Kaelin
考里科　Katalin Karikó
柯林斯　Francis Collins
科伦斯　Carl Correns
科南特　James Conant
克尔斯勒　Marc Kirschner

克里克　Francis Crick
库恩　Thomas Kuhn
L
拉布尔　C. Labl
拉卡托斯　Imre Lakatos
拉普拉斯　Démon de Laplace
莱夫　L. Rafael Reif
里斯　Martin Rees
列万廷　Richard Lewontin
娄伯　Jacques Loeb
罗斯福　Franklin Roosevelt
卢瑟福　Ernest Rutherford
M
马斯克　Elon Musk
马克斯韦尔　Robert Maxwell
玛格纳　Lois N. Magner
麦克纳特　Marcia McNutt
孟德尔　Gregor Mendel
米伦　Cynthia Millen
摩尔根　Thomas Hunt Morgan
N
纳斯　Paul Nurse
纳斯迈斯　Kim Nasmyth
内格里　Carl von Nägeli
牛顿　Isaac Newton
P
普里戈金　Ilya Prigogine
普鲁斯特　Marcel Proust
Q
乔伊斯　James Joyce
切尔马克　Erich von Tschermak

S
桑格　Frederick Sanger
沙彭蒂耶　Emmanuelle Charpentier
斯宾塞　Herbert Spencer
斯多倍　Hans Stubbe
斯涅克　Simons Sinek
斯特拉斯伯格　Eduard Strasburger
斯托克斯　Donald Stokes
苏尔斯通　John Sulston
T
托马斯　Lia Thomas
W
瓦莫斯　Harold Varmus
威尔伯福斯　William Wilberforce
威尔逊　Edward Wilson
韦德　Nicholas Wade
韦尔登　Raphael Weldon
维勒　Friedrich Wohler
维特根斯坦　Ludwig Wittgenstein
魏斯曼　August Weismann
温伯格　Robert Weinberg
文特尔　Craig Venter
沃森　James Watson
乌能　Mathias Uhlén
X
希尔茨　Marc Schiltz
夏普　Phillip Sharp
薛定谔　Erwin Schrödinger
Y
亚法　Michael Yaffe
伊万诺娃　Milena Ivanova

英文缩略词表

ARIA　Advanced Research & Invention Agency　先进研究发明署

ARPA-H　Advanced Research Projects Agency for Health　美国高级健康研究计划局

BPC　Bovine Pangenome Consortium　牛泛基因组联合体

BRAIN　Brain Research through Advancing Innovative Neurotechnologie　基于先进的创新型神经技术的大脑研究

CIOMS　Council for International Organizations of Medical Sciences　国际医学科学组织理事会

ClinGen　Clinical Genome　临床基因组

CNV　copy number variant　拷贝数变异

CPC　The Chinese Pangenome Consortium　中国人群泛基因组联合体

DARPA　Defense Advanced Research Projects Agency　美国国防部高级研究计划局

DFI　disease-free interval　无病期

DPC　Diversity Program Consortium　多样性计划联合体

DSS　disease-specific survival　疾病特定生存期

DTI　Directorate for Technology and Innovation　技术和创新理事会

ENCODE　ENCyclopedia of DNA Elements　DNA元件百科全书

FDA　U.S. Food and Drug Administration　美国食品药品监督管理局

GBD　Global Burden of Disease　全球疾病负担

GWAS　genome-wide association study　全基因组关联研究

HPRC　Human Pangenome Reference Consortium　国际人类泛基因组参考研究联合体

HTS 2025　Hightech-Strategie 2025　高技术战略2025

HuBMAP　Human Biomolecular Atlas Program　人类生物分子图谱计划

ICD　International Classification of Diseases　国际疾病分类体系

ICMJE　International Committee of Medical Journal Editors　国际医学期刊编辑委员会

IEG　Information Exchange Group　信息交换小组

IHCC　International Hundred Thousand Plus Cohort Consortium　国际十万人队列联合体

iPSC   induced pluripotent stem cell   诱导多能干细胞
ITH   intra-tumour heterogeneity   细胞间异质性
MP   meta-program   元程序
NBIC   Nano-Bio-Info-Cogno   纳米技术、生物技术、信息技术和认知科学
NCBI   National Center for Biotechnology Information   美国国立生物技术信息中心
NGS   next-generation sequencing   新一代测序
NIH   National Institutes of Health   美国国立卫生研究院
NSF   National Science Foundation   美国国家科学基金会
NSTF   National Science and Technology Foundation   美国国家科学技术基金会
OS   Overall survival   总生存期
PDX   patient-derived tumor xenograft   人源肿瘤异种移植模型
PFI   progression-free interval   无病进展期
PI   Principle Investigator   学术带头人
PPP   Public-Private-Partnership   公共–私营–合作机制
SCAP   Single Cell Analysis Program   单细胞分析计划
SD   segmental duplication   片段重复
SEER   Surveillance, Epidemiology, and End Results   监测、流行病调查和终点事件
SNP   single nucleotide polymorphism   单核苷酸多态性
SNV   single-nucleotide variation   单核苷酸变异
SPRIN-D   Die Bundesagentur für Sprunginnovationen   德国联邦跨越式创新局
TCGA   The Cancer Genome Atlas   癌症基因组图集
TCGA-CDR   TCGA Pan-Cancer clinical data resource   TCGA泛癌临床数据源
WGD   whole genome duplication   全基因组复制

主要参考文献

贝尔纳.历史上的科学.伍况甫,等译.北京:科学出版社,1981.
本-戴维.科学家在社会中的角色.赵佳苓,译.成都:四川人民出版社,1988.
布什,霍尔特.科学——无尽的前沿.崔传刚,译.北京:中信出版集团,2021.
查尔默斯.科学究竟是什么?.鲁旭东,译.北京:商务印书馆,2021.
达尔文.物种起源.周建人,叶笃庄,方宗熙,译.北京:商务印书馆,1981
戴亚飞,杜全生,潘庆,等.探索中前行的交叉科学发展之路.大学与学科,2021,2(4):1—13.
道金斯.自私的基因.卢允中,张岱云,陈复加,等译.北京:中信出版社,2012.
亨里奇.人类成功统治地球的秘密——文化如何驱动人类进化并使我们更聪明.赵润雨,译.北京:中信出版社,2018.
克里克.狂热的追求.傅贺,译.长沙:湖南科学技术出版社,2020.
李静海.抓住机遇推进基础研究高质量发展.中国科学院院刊,2019,34(5):586—596.
陆麒,姜柏生.谈《涉及人的生物医学研究伦理审查办法》的修订对我国伦理审查工作的影响.医学与哲学(A),2017,38(11):1—4.
玛格纳.生命科学史.李难,崔极谦,王水平,译.董纪龙,校.天津:百花文艺出版社,2002.
美国科学院研究理事会.会聚观:推动跨学科融合——生命科学与物质科学和工程学等学科的跨界.王小理,熊燕,于建荣,译.吴家睿,校.北京:科学出版社,2015.
商周.孟德尔传——被忽视的巨人.长沙:湖南科学技术出版社,2022.
斯多倍.遗传学史——从史前期到孟德尔定律的重新发现.赵寿元,译.上海:上海科学技术出版社,1981.
薛定谔.生命是什么.罗来鸥,罗辽复,译.长沙:湖南科学技术出版社,2003.
赵寿元,乔守怡.现代遗传学(第2版).北京:高等教育出版社,2008.
Abyzov A, Mariani J, Palejev D, et al. Somatic copy number mosaicism in human skin revealed by induced pluripotent stem cells. *Nature*, 2012, 492(7429): 438−442.
Alberts B, Cicerone R J, Fienberg S E, et al. Self-correction in science at work. *Science*, 2015, 348(6242): 1420−1422.
Asp M, Giacomello S, Larsson L, et al. A spatiotemporal organ-wide gene expression and cell atlas of the developing human heart. *Cell*, 2019, 179(7): 1647−1660.

Azoulay P, Fons-Rosen C, Zivin J S G. Does science advance one funeral at a time? *American Economic Review*, 2019, 109(8): 2889−2920.

Bader E, Migliorini A, Gegg M, et al. Identification of proliferative and mature β-cells in the islets of Langerhans. *Nature*, 2016, 535(7612): 430−434.

Bae T, Tomasini L, Mariani J, et al. Different mutationalrates and mechanisms in human cells at pregastrulation and neurogenesis. *Science*, 2018, 359: 550−555.

Bai S, Ge H, Qian H. Structure for energy cycle: A unique status of the second law of thermodynamics for living systems. *Science China Life Sciences*, 2018, 61(10): 1266−1273.

Baker M. 1,500 scientists lift the lid on reproducibility. *Nature*, 2016, 533(7604): 452−454.

Begley C G, Ellis L M. Drug development: Raise standards for preclinical cancer research. *Nature*, 2012, 483(7391): 531−533.

Ben-David U, Siranosian B, Ha G, et al. Genetic and transcriptional evolution alters cancer cell line drug response. *Nature*, 2018, 560(7718): 325−330.

Black D L. Protein diversity from alternative splicing: A challenge for bioinformatics and post-genome biology. *Cell*, 2000, 103(3): 367−370.

Boyd J L, Skove S L, Rouanet J P, et al. Human-chimpanzee differences in a *FZD8* enhancer alter cell cycle dynamics in the developing neocortex. *Current Biology*, 2015, 25(6): 772−779.

Boyle E, Li Y I, Pritchard J K. An expanded view of complex traits: from polygenic to omnigenic. *Cell*, 2017, 169(7): 1177−1186.

Briggs J A, Weinreb C, Wagner D E, et al. The dynamics of gene expression in vertebrate embryogenesis at single-cell resolution. *Science*, 2018, 360(6392): eaar5780.

Chen A, Liao S, Cheng M, et al. Spatiotemporal transcriptomic atlas of mouse organogenesis using DNA nanoball-patterned arrays. *Cell*, 2022, 185(10): 1777−1792.

Chen A, Sun Y, Lei Y, et al. Single-cell spatial transcriptome reveals cell-type organization in the macaque cortex. *Cell*, 2023, 186(17): 3726−3743.

Chen S, Francioli L C, Goodrich J K, et al. A genomic mutational constraint map using variation in 76,156 human genomes. *Nature*, 2024, 625(7993): 92−100.

Cheung P, Vallania F, Warsinske H C et al. Single-cell chromatin modification profiling reveals increased epigenetic variations with aging. *Cell*, 2018, 173(6): 1385−1397.

Chu J S G, Evans J A. Slowed canonical progress in large fields of science. *Proceedings of the National Academy of Sciences of the United States of America*, 2021, 118(41): e2021636118.

Collins F S, Tabak L A. Policy: NIH plans to enhance reproducibility. *Nature*, 2014, 505(7485): 612−613.

Collins F S, Schwetz T A, Tabak L A, et al. ARPA-H: Accelerating biomedical breakthroughs. *Science*, 2021, 373(6551): 163−167.

Degasperi A, Zou X, Amarante T D, et al. Substitution mutational signatures in whole-genome-sequenced cancers in the UK population. *Science*, 2022, 376(6591): eabl9283.

Dolgin E. The most popular genes in the human genome. *Nature*, 2017, 551: 427−431.

Dorrell C, Schug J, Canaday P S, et al. Human islets contain four distinct subtypes of β cells. *Nature Communications*, 2016, 7: 11756.

Dorus S, Vallender E J, Evans P D, et al. Accelerated evolution of nervous system genes in the origin of *Homo sapiens*. *Cell*, 2004, 119(7): 1027−1040.

Dufva O, Gandolfi S, Huuhtanen J, et al. Single-cell functional genomics reveals determinants of sensitivity and resistance to natural killer cells in blood cancers. *Immunity*, 2023, 56(12): 2816−2835.

Errington T M, Mathur M, Soderberg C K, et al. Investigating the replicability of preclinical cancer biology. *eLife*, 2021, 10: e71601.

Evangelou E, Warren H R, Mosen-Ansorena D, et al. Genetic analysis of over 1 million people identifies 535 new loci associated with blood pressure traits. *Nature Genetics*, 2018, 50(10): 1412−1425.

Fleming N. The authorship rows that sour scientific collaborations. *Nature*, 2021, 594(7863): 459−462.

Florio M, Albert M, Taverna E, et al. Human-specific gene *ARHGAP11B* promotes basal progenitor amplification and neocortex expansion. *Science*, 2015, 347(6229): 1465−1470.

Fredens J, Wang K, Torre D, et al. Total synthesis of *Escherichia coli* with a recoded genome. *Nature*, 2019, 569(7757): 514−518.

Ganna A, Verweij K J H, Nivard M G, et al. Large-scale GWAS reveals insights into the genetic architecture of same-sex sexual behavior. *Science*, 2019, 365(6456): eaat7693.

Gao Y, Yang X, Chen H, et al. A pangenome reference of 36 Chinese populations. *Nature*, 2023, 619(7968): 112−121.

Gates A J, Gysi D M, Kellis M, et al. A wealth of discovery built on the Human Genome Project—by the numbers. *Nature*, 2021, 590(7845): 212−215.

Gatto L, Aebersold R, Cox J, et al. Initial recommendations for performing, benchmarking and reporting single-cell proteomics experiments. *Nature Methods*, 2023, 20(3): 375−386.

Gavish A, Tyler M, Greenwald A C, et al. Hallmarks of transcriptional intratumour heterogeneity across a thousand tumours. *Nature*, 2023, 618(7965): 598−606.

Ge C, Ye J, Weber C, et al. The histone demethylase KDM6B regulates temperature-dependent sex determination in a turtle species. *Science*, 2018, 360(6389): 645−648.

Georgiou P, Zanos P, Mou T C, et al. Experimenters' sex modulates mouse behaviors and neural responses to ketamine via corticotropin releasing factor. *Nature Neuroscience*, 2022, 25(9): 1191–1200.

Gibson D G, Glass J I, Lartigue C, et al. Creation of a bacterial cell controlled by a chemically synthesized genome. *Science*, 2010, 329(5987): 52–56.

Ginsberg J, Mohebbi M H, Patel R S, et al. Detecting influenza epidemics using search engine query data. *Nature*, 2009, 457(7232): 1012–1014.

Golub T. Counterpoint: Data first. *Nature*, 2010, 464(7289): 679.

Gui S, Wei W, Jiang C, et al. A pan-Zea genome map for enhancing maize improvement. *Genome Biology*, 2022, 23(1): 178.

Guo F, Li L, Li J, et al. Single-cell multi-omics sequencing of mouse early embryos and embryonic stem cells. *Cell Research*, 2017, 27(8): 967–988.

Han X, Wang R, Zhou Y, et al. Mapping the mouse cell atlas by microwell-seq. *Cell*, 2018, 172(5): 1091–1107.

Han X, Zhou Z, Fei L, et al. Construction of a human cell landscape at single-cell level. *Nature*, 2020, 581(7808): 303–309.

He Q, Tang S, Zhi H, et al. A graph-based genome and pan-genome variation of the model plant *Setaria*. *Nature Genetics*, 2023, 55(7): 1232–1242.

Hoadley K A, Yau C, Hinoue T, et al. Cell-of-origin patterns dominate the molecular classification of 10,000 tumors from 33 types of cancer. *Cell*, 2018, 173(2): 291–304.

Horbach S P J M, Halffman W. The ghosts of HeLa: How cell line misidentification contaminates the scientific literature. *PLoS One*, 2017, 12(10): e0186281.

Hoshika S, Leal N A, Kim M J, et al. Hachimoji DNA and RNA: A genetic system with eight building blocks. *Science*, 2019, 363(6429): 884–887.

Huang K L, Mashl J R, Wu Y, et al. Pathogenic germline variants in 10,389 adult cancers. *Cell*, 2018, 173(2): 355–370.

Ideker T, Thorsson V, Ranish J A, et al. Integrated genomic and proteomic analyses of a systematically perturbed metabolic network. *Science*, 2001, 292(5518): 929–934.

Jiang L, Zhang J, Wang J, et al. Sperm, but not oocyte, DNA methylome is inherited by zebrafish early embryos. *Cell*, 2013, 153(4): 773–784.

Kaiser J. In a "forgotten experiment", biologists almost launched the preprint revolution—5 decades ago. *Science*, 2017, doi:10.1126/science.aap7593.

Killingley B, Mann A J, Kalinova M, et al. Safety, tolerability and viral kinetics during SARS-CoV-2 human challenge in young adults. *Nature Medicine*, 2022, 28(5): 1031–1041.

Kirschner M, Gerhart J, Mitchison T. Molecular "vitalism". *Cell*, 2000, 100(1): 79–88.

Kumar B, Adebayo A K, Prasad M, et al. Tumor collection/processing under physioxia uncovers highly relevant signaling networks and drug sensitivity. *Science Advance*, 2022, 8(2): eabh3375.

Lek M, Karczewski K J, Minikel K J, et al. Analysis of protein-coding genetic variation in 60,706 humans. *Nature*, 2016, 536(7616): 285−291.

Lemmon V P, Ferguson A R, Popovich P G, et al. Minimum information about a spinal cord injury experiment: A proposed reporting standard for spinal cord injury experiments. *Journal of Neurotrauma*, 2014, 31(15): 1354−1361.

Li N, He Q, Wang J, et al. Super-pangenome analyses highlight genomic diversity and structural variation across wild and cultivated tomato species. *Nature Genetics*, 2023, 55(5): 852−860.

Li M, Wang I X, Li Y, et al. Widespread RNA and DNA sequence differences in the human transcriptome. *Science*, 2011, 333(6038): 53−58.

Liao W W, Asri M, Ebler J, et al. A draft human pangenome reference. *Nature*, 2023, 617(7960): 312−324.

Lilue J, Doran A G, Fiddes I T, et al. Sixteen diverse laboratory mouse reference genomes define strain-specific haplotypes and novel functional loci. *Nature Genetics*, 2018, 50(11): 1574−1583.

Liu C X, Chen L L. Circular RNAs: Characterization, cellular roles, and applications. *Cell*, 2022, 185(12): 2016−2034.

Liu J, Lichtenberg T, Hoadley K A, et al. An integrated TCGA Pan-Cancer clinical data resource to drive high-quality survival outcome analytics. *Cell*, 2018, 173(2): 400−416.

Liu Y, Beyer A, Aebersold R. On the dependency of cellular protein levels on mRNA abundance. *Cell*, 2016, 165(3): 535−550.

Liu Y, Mi Y, Mueller T, et al. Multi-omic measurements of heterogeneity in HeLa cells across laboratories. *Nature Biotechnology*, 2019, 37(3): 314−332.

Liu Y, Yang M, Deng Y, et al. High-spatial-resolution multi-omics sequencing via deterministic barcoding in tissue. *Cell*, 2020, 183(6): 1665−1681.

Lodato M A, Rodin R E, Bohrson C L, et al. Aging and neurodegeneration are associated with increased mutations in single human neurons. *Science*, 2018, 359(6375): 555−559.

Loyfer N, Magenheim J, Peretz A, et al. A DNA methylation atlas of normal human cell types. *Nature*, 2023, 613(7943): 355−364.

Malyshev D A, Dhami K, Lavergne T, et al. A semi-synthetic organism with an expanded genetic alphabet. *Nature*, 2014, 509(7500): 385−388.

Martincorena I, Roshan A, Gerstung M, et al. Tumor evolution. High burden and pervasive positive selection of somatic mutations in normal human skin. *Science*, 2015, 348(6237): 880−886.

Martinez-Jimenez C P, Eling N, Chen H C, et al. Aging increases cell-to-cell transcriptional variability upon immune stimulation. *Science*, 2017, 355(6332): 1433−1436.

McConnell M J, Lindberg M R, Brennand K J, et al. Mosaic copy number variation in human neurons. *Science*, 2013, 342(6158): 632−637.

Medini D, Donati C, Tettelin H, et al. The microbial pan-genome. *Current Opinion in Genetics and Development*, 2005, 15(6): 589−594.

Memczak S, Jens M, Elefsinioti A, et al. Circular RNAs are a large class of animal RNAs with regulatory potency. *Nature*, 2013, 495(7441): 333−338.

Mervis J. Bill would supersize NSF's budget—and role. *Science*, 2020, 368(6495): 1045.

Mills M C, Tropf F C, Brazel D M, et al. Identification of 371 genetic variants for age at first sex and birth linked to externalising behavior. *Nature Human Behaviour*, 2021, 5(12): 1717−1730.

Mo X, Niu Q, Ivanov A A, et al. Systematic discovery of mutation-directed neo-protein-protein interactions in cancer. *Cell*, 2022, 185(11): 1974−1985.

Narasimhan V M, Hunt K A, Mason D, et al. Health and population effects of rare gene knockouts in adult humans with related parents. *Science*, 2016, 352(6284): 474−477.

Nasmyth K. The magic and meaning of Mendel's miracle. *Nature Reviews Genetics*, 2022, 23(7): 447−452.

Neimark J. Line of attack. *Science*, 2015, 347(6225): 938−940.

Nielsen M W, Andersen J P. Global citation inequality is on the rise. *Proceedings of the National Academy of Sciences of the United States of America*, 2021, 118(7): e2012208118.

Nosek B A, Alter G, Banks G C, et al. SCIENTIFIC STANDARDS. Promoting an open research culture. *Science*, 2014, 348(6242): 1422−1425.

Nurk S, Koren S, Rhie A, et al. The complete sequence of a human genome. *Science*, 2022, 376(6588): 44−53.

Nurse P. Biology must generate ideas as well as data. *Nature*, 2021, 597(7876): 305.

Parenteau J, Maignon L, Berthoumieux M, et al. Introns are mediators of cell response to starvation. *Nature*, 2019, 565(7741): 612−617.

Patterson M, Schekman R. A new twist on peer review. *eLife*, 2018, 7: e36545.

Pechincha C, Groessl S, Kalis R, et al. Lysosomal enzyme trafficking factor LYSET enables nutritional usage of extracellular proteins. *Science*, 2022, 378(6615): eabn5637.

Pielke R Jr. In retrospect: Science—The Endless Frontier. *Nature*, 2010, 466: 922−923.

Priestley P, Baber J, Lolkema M P, et al. Pan-cancer whole-genome analyses of metastatic solid tumours. *Nature*, 2019, 575(7781): 210−216.

Regev A, Teichmann S A, Lander E S, et al. The Human Cell Atlas. *eLife*, 2017, 6: e27041.

Schreiweis C, Bornschein U, Burguière E, et al. Humanized Foxp2 accelerates learning by enhancing transitions from declarative to procedural performance. *Proceedings of the National Academy of Sciences of the United States of America*, 2014, 111(39): 14253-14258.

Schrider D R, Gout J F, Hahn M W. Very few RNA and DNA sequence differences in the human transcriptome. *PLoS One*, 2011, 6(10): e25842.

Shang L, Li X, He H, et al. A super pan-genomic landscape of rice. *Cell Research*, 2022, 32(10): 878-896.

Sharma K, Schmitt S, Bergner C G, et al. Cell type-and brain region-resolved mouse brain proteome. *Nature Neuroscience*, 2015, 18(12): 1819-1831.

Sharp P A, Langer R. Promoting convergence in biomedical science. *Science*, 2011, 333(6042): 527.

Shen X, Song S, Li C, et al. Synonymous mutations in representative yeast genes are mostly strongly non-neutral. *Nature*, 2022, 606(7915): 725-731.

Shi Y, Huang L, Dong H, et al. Decoding the spatiotemporal regulation of transcription factors during human spinal cord development. *Cell Research*, 2024, 34(3): 193-213.

Singh T, Poterba T, Curtis D, et al. Rare coding variants in ten genes confer substantial risk for schizophrenia. *Nature*, 2022, 604(7906): 509-516.

Song W, Wang J, Yang Y, et al. Rewiring drug-activated p53-regulatory network from suppressing to promoting tumorigenesis. *Journal of Molecular Cell Biology*, 2012, 4(4): 197-206.

Stock S J, Carruthers J, Calvert C, et al. SARS-CoV-2 infection and COVID-19 vaccination rates in pregnant women in Scotland. *Nature Medicine*, 2022, 28(3): 504-512.

Sulston J E, Horvitz H R. Post-embryonic cell lineages of the nematode, Caenorhabditis elegans. *Developmental Biology*, 1977, 56(1): 110-156.

Tan M H, Li Q, Shanmugam R, et al. Dynamic landscape and regulation of RNA editing in mammals. *Nature*, 2017, 550(7675): 249-254.

Takahashi Y, Valencia M M, Yu Y, et al. Transgenerational inheritance of acquired epigenetic signatures at CpG islands in mice. *Cell*, 2023, 186(4): 715-731.

Taniguchi Y, Choi P J, Li G W, et al. Quantifying *E. coli* proteome and transcriptome with single-molecule sensitivity in single cells. *Science*, 2010, 329(5991): 533-538.

Thul P J, Åkesson L, Wiking M, et al. A subcellular map of the human proteome. *Science*, 2017, 356(6340): eaal3321.

Tian X, Hu T, Zhang H, et al. Vessel formation. De novo formation of a distinct coronary vascular population in neonatal heart. *Science*, 2014, 345(6192): 90-94.

Tomasetti C, Li L, Vogelstein B. Stem cell divisions, somatic mutations, cancer etiology, and cancer prevention. *Science*, 2017, 355(6331): 1330−1334.

Tong X, Han M J, Lu K, et al. High-resolution silkworm pan-genome provides genetic insights into artificial selection and ecological adaptation. *Nature Communications*, 2022, 13(1): 5619.

Trubetskoy V, Pardiñas A F, Qi T, et al. Mapping genomic loci implicates genes and synaptic biology in schizophrenia. *Nature*, 2022, 604(7906): 502−508.

Uhlén M, Bandrowsk A, Carr S, et al. A proposal for validation of antibodies. *Nature Methods*, 2016, 13(10): 823−827.

Urbina-Blanco C A, Jilani S Z, Speight I R, et al. A diverse view of science to catalyse change. *Nature Chemistry*, 2020, 12: 773−776.

Vanneste E, Voet T, Caignec C, et al. Chromosome instability is common in human cleavage-stage embryos. *Nature Medicine*, 2009, 15(5): 577−583.

Villani A, Satija R, Reynolds G, et al. Single-cell RNA-seq reveals new types of human blood dendritic cells, monocytes, and progenitors. *Science*, 2017, 356(6335): eaah4573.

Wang Y, Cheng X, Shan Q, et al. Simultaneous editing of three homoeoalleles in hexaploid bread wheat confers heritable resistance to powdery mildew. *Nature Biotechnology*, 2014, 32(9): 947−952.

Weinberg R. Point: Hypotheses first. *Nature*, 2010, 464(7289): 678.

Weinberg R. Coming full circle—from endless complexity to simplicity and back again. *Cell*, 2014, 157(1): 267−271.

Wu J R, Zeng R. Molecular basis for population variation: From SNPs to SAPs. *FEBS Letters*, 2012, 586(18): 2841−2845.

Xu C, Zhang J. Mammalian circular RNAs result largely from splicing errors. *Cell Reports*, 2021, 36(4): 109439.

Yaffe M B. Re-reviewing peer review. *Science Signaling*, 2009, 2(85): eg11.

Yang S, Palmquist K H, Nathan L, et al. Morphogens enable interacting supracellular phases that generate organ architecture. *Science*, 2023, 382(6673): eadg5579.

Zeng A, Fan Y, Di Z, et al. Fresh teams are associated with original and multidisciplinary research. *Nature Human Behaviour*, 2021, 5(10): 1314−1322.

Zhang B, He P, Lawrence J E G, et al. A human embryonic limb cell atlas resolved in space and time. *Nature*, 2023, doi: 10.1038/s41586-023-06806-x.

Zhang H, Pan K H, Cohen S N. Senescence-specific gene expression fingerprints reveal cell-type-dependent physical clustering of up-regulated chromosomal loci. *Proceedings of the National Academy of Sciences of the United States of America*, 2003. 100 (6): 3251−3256.

Zhong S, Zhang S, Fan X, et al. A single-cell RNA-seq survey of the developmental landscape of the human prefrontal cortex. *Nature*, 2018, 555(7697): 524−528.

图书在版编目(CIP)数据

新科学时代的思考/吴家睿著. -- 上海：上海科技教育出版社，2024.12. --（哲人石）. -- ISBN 978-7-5428-8334-6

Ⅰ.Z228

中国国家版本馆CIP数据核字第20246B1Y18号

责任编辑 郝　莹　伍慧玲
封面设计 木　春

XIN KEXUE SHIDAI DE SIKAO
新科学时代的思考
吴家睿　著

出版发行　上海科技教育出版社有限公司
　　　　　（上海市闵行区号景路159弄A座8楼　邮政编码201101）
网　　址　www.sste.com　www.ewen.co
经　　销　各地新华书店
印　　刷　启东市人民印刷有限公司
开　　本　720×1000　1/16
印　　张　18.75
版　　次　2024年12月第1版
印　　次　2024年12月第1次印刷
书　　号　ISBN 978-7-5428-8334-6/N·1243
定　　价　78.00元